非自然死亡

UNNATURAL CAUSES

[英国] 理查德·谢泼德 著
Richard Shepherd
李立丰 译

译林出版社

图书在版编目（CIP）数据

非自然死亡 /（英）理查德·谢泼德（Richard Shepherd）著；李立丰译.
—南京：译林出版社，2022.2（2026.1重印）
书名原文：Unnatural Causes
ISBN 978-7-5447-8927-1

Ⅰ.①非… Ⅱ.①理… ②李… Ⅲ.①法医学－病理学
Ⅳ.①D919.1

中国版本图书馆 CIP 数据核字（2021）第 226972 号

著作权合同登记号 图字：10-2020-73 号

非自然死亡 ［英］理查德·谢泼德 / 著 李立丰 / 译

责任编辑 黄 洁
装帧设计 今亮后声·小九
校 对 王 敏 王笑红
责任印制 单 莉

原文出版 Michael Joseph, 2018
出版发行 译林出版社
地 址 南京市湖南路 1 号 A 楼
邮 箱 yilin@yilin.com
网 址 www.yilin.com
市场热线 025-86633278
排 版 南京展望文化发展有限公司
印 刷 苏州市越洋印刷有限公司
开 本 850 毫米 ×1168 毫米 1/32
印 张 13.75
插 页 2
版 次 2022 年 2 月第 1 版
印 次 2026 年 1 月第 8 次印刷
书 号 ISBN 978-7-5447-8927-1
定 价 68.00 元

作者按

对我来说，对本书中出现的名字及可识别的细节加以调整，做出这个决定实属不易。毕竟，精准是我毕生追求的职业目标。然而，尽可能减轻遗属的痛苦，亦是我工作的一部分，从而让他们在翻阅本书时，无从分辨自己所看到的，是否是亲朋好友的悲惨往事，不会重返生命中的那段至暗时刻。只有那些声名在外、无法托伪者，本书才会如实陈述。除此之外，我也调整了若干涉案细节，以保守职业秘密，同时最大程度地还原其他涉案事实。

联合品位、见解与学识并不足，
凡你所说，都应让真实与坦率尽闪耀。
有了这种德行，人人都会承认，
你的见识好，而愿意和你做朋友。
当你怀疑自己的见解时，总要保持缄默，
就算确定时，出口也要显得没把握。
我们认识一些断然估值的纨绔子，
他们一旦犯错，便永远是如此。
不过，你乐于承认自己过去的谬见，
即便使每日都成为前日的批判。
给人劝告，千万不要实话便实说，
直率的真话比巧妙的假话伤害多，
教导别人必须仿佛没有在说教，
别人未知的，要像他遗忘一般来提到。
没有好教养，光讲真话没人会称赞，
那样只会让人滋生优越感。
要吝于给忠告，而那种吝啬不用去掩饰，
因为最坏的贪婪，就是贪于给主见。
别用卑下的自满把你信赖的人给出卖，
也别太过于有礼，以至于变成不正派。
引起智者的愤怒，大可不用怕，
最经得起非难者，也最值得赞扬。

——亚历山大·蒲柏，《论批评》

1

乌云压顶。视线所及，峰顶的积雪隐约可见。其他山体则如沉睡的巨人，横亘天际。只消轻触操纵杆，飞机便开始向左俯冲，似乎这一切根本不受控制，全系出于本能。随即，天际线便突兀在我的面前。这位朋友颇有些古怪：永远停留于此，在天地之间若隐若现，却永远无法抵达，不能触及。

下面，已是北唐斯[1]地界。这里绵延起伏的地势，与人体的线条颇为怪异地相似。不过，前者被高速公路整齐地切割。沿着这条深深的“切痕”，汽车首尾相顾，鱼贯驶过，像一群小鱼，泛着微光。M4 高速公路逐渐远去，陆地表面开始出现大片水域，河渠纵横，密如织网。

远处浮现出一座城镇，中间是坚固的、如心脏一样深红色的道路，两旁矗立着灰白色的当代建筑。

1 北唐斯（the North Downs），英格兰东半部的多山地带。——译注（本书页下注均为译注，以下不再一一说明。）

我不由得咽了口唾沫。

眼前的城镇，正在分崩离析。

我目瞪口呆。

地震了？

小镇的色彩变得起伏不定。建筑物好像河底的卵石，只能透过飘忽不定的流水捕捉。

空气乱流？

不是。因为镇子颜色的波动与我身体内部的某种东西保持共振，好像是晕机，却让人产生一种不祥的预感。

我使劲眨了眨眼，下意识地握紧操纵杆，仿佛可以通过修正飞机高度或者方向来让自己的感觉恢复正常。但这股源自身体内部的力量，由下而上席卷而来，几乎让我无法呼吸。

作为一个务实、理智之人，我自然希望对此给出务实、理智的解释。早餐都吃了什么？吐司？似乎完全无害才对，根本不足以解释这种暴发的病症。如果真的不是晕机，到底是怎么回事？主要的感觉，就是无可名状的忧愁，如此说来……是的，还有恐惧。预感到某种可怕的事情将要发生，甚至……渴望其发生。

突然，一个疯狂的想法充盈心间。如果这个时候从飞机上纵身跃下，将会如何？

我努力让自己稳坐云端，保持呼吸，控制飞机，假装没事。一切都将恢复正常。

之后，我瞥了眼 GPS，上面显示“亨格福德”。

城镇中心年代久远的红色建筑。亨格福德。城镇周边的灰色街道与操场。亨格福德。

之后，这一切都被甩在身后，取而代之的是萨弗纳克森林，一片浩瀚无垠的绿色植被。渐渐地，这抹壮阔的绿色让我如释重负，仿佛感觉自己正徒步林间，欣赏树影婆娑。如果说这个时候我依然心跳加速，也只是因为后怕而已。回头来看，自己身上到底发生了什么？

花甲之年的我，作为一名法医病理学家，曾经进行过不下两万次验尸。但最近的这次体验，让我在整个职业生涯中，首次开始怀疑，接触已经下葬的尸体，处理因为疾病、犯罪、屠杀、爆炸或天灾人祸而粉身碎骨的受害者，是否会给人留下精神上的创伤。

姑且不论这是不是惊恐发作，但的确吓得我必须扪心自问：要不要去看下心理医生，甚至预约一位精神病科专家？更让我担心的是，这是不是说明我希望放弃现在这份工作？

2

现在人们所说的亨格福德大屠杀，就发生在我刚刚从事法医病理学家这个职业后不久，也是我接手的首个大案。当时我年纪轻轻，一心上进，花了好长时间才最终成为一名具备资质的病理学家。经年累月的专业训练，绝非仅仅是常规的解剖及病理分析。我必须承认，一直盯着显微镜下的切片，试图发现细胞级别的微小区分，无聊透顶，差点让我半途而废。很多时候，我都需要偷偷溜进导师鲁弗斯·克朗普顿医生的办公室寻找灵感。导师慨然应允我查阅他所收集的文件档案，以及其所参与案件的相关照片影集。有时，枯坐于孤灯之下的我陷入沉思，直至深夜。在学成出师前，我时刻都在提醒自己，切莫忘记初心。

最终，我获得了执业资格，并被直接安排到盖伊医院法医学部门，在当时英国最知名的病理学家伊恩·韦斯特医生手下工作。

在当时，即 20 世纪 80 年代末，病理学家被认为应和资深警官一样，是喝大酒、说脏话的硬汉。那些完成了让别人望而却步的艰巨任务的家伙，觉得自己有资格在别人面前耀武扬威。伊恩就有这种范儿。他颇具领袖气质，不仅是一名杰出的病理学家，更是证人席上桀骜不驯的“公牛”，从来不会向律师低头服软。他懂得如何品酒、吸引异性，他口吐莲花，擅长用奇闻逸事将酒吧里的所有人都吸引过来。至于我本人，虽说有时也较为害羞，但在意识到自己只能笨拙地扮演伊恩的小弟之前，曾一度对自己的社交能力信心满满。当他在伦敦各处酒肆大放异彩之时，我只能默默和其他崇拜者站在旁边，很少敢插嘴。或者，我只是没有，起码在盛况结束后一个小时之内，想到更好的说辞而已。

伊恩作为部门负责人，很显然需要挑起重担。亨格福德大屠杀是英国国难，更使得生活在那里的居民，特别是直接受其影响的家庭，面临一场人生悲剧。正常情况下，伊恩都会第一时间奔赴现场，但因为事情发生在 8 月中旬，他当时正在休假。因此，警方打来电话时，我接下了这项任务。

开车下班途中，我的传呼机响了起来。现在我们很难想象离开了手机如何生活，但在 1987 年，只有传呼机的“滴滴”声能提醒我需要尽快回个电话。我打开收音机，以防这个不期而至的传呼与某个大事件相关。果然不出所料。

一名枪手正在伯克郡的某个偏僻小镇出没。此前，我本人从未到访过，甚至几乎从未听说过这个地方。枪手最开始在萨弗纳克森林大开杀戒，并一路逃至亨格福德镇中心，现在藏身于一处学校建筑内负隅顽抗，警方已经将他包围，并试图劝说他放下武器自首。报道这一新闻的记者认为，枪手可能已经杀死了十名受害者，但目前这里处于宵禁状态，人们尚无法获知准确的伤亡数字。

我回到了家，当时，我们家在萨里郡算得上不错的住宅。我的婚姻生活幸福，两个孩子正在花园和保姆嬉戏玩耍：这一切和我即将调查的凶案现场形成了极大反差。我猜到妻子，珍，因为忙于学业可能并没有在家。

我穿过正门，径直走向电话，同时与保姆告别。通过电话，我了解到了最新的事态进展，并与警方和验尸官商讨是否当晚便动身赶往亨格福德。他们的态度十分坚决，要求我必须去。我也承诺，妻子回来后便立刻出发。

打开收音机，我一边收听亨格福德事件的最新报道，一边为孩子们准备晚餐，之后给他们洗澡，读故事，哄他们睡觉。

“做个好梦。”我说道。一直以来，我都是这么说。

彼时，我不仅是关注子女的慈父，更是一心想要在目前自己职业生涯碰到的最大案件中一展身手的法医专家。珍回来时，这位法医专家早已整装待发。吻别爱妻后，我径直出发。

刑事侦缉处指示我在第 14 交叉路口驶离 M4 公路，并在路边等候警车前来接应。过了不久，一辆警车便停靠在我的车旁，两张严肃的面庞出现在我的眼前。

警官并没有寒暄客套。

“谢泼德医生？”

我点了点头。

“跟我们走。”

当然，我一路上都在收听广播，早就知道随着枪手丧命，屠杀已经宣告终结。27岁的男子迈克尔·瑞安，基于无人知晓的原因，携带两把半自动步枪以及一把伯莱塔手枪，徘徊于亨格福德。瑞安已经确认死亡，或者是因为吞枪自尽，或者被狙击手一枪了结了性命。媒体记者一律被挡在外面，伤者已被送往医院，居民被要求待在家中，街上剩下的不是警察，便是死者。

我开着车，经过一处路障，以极慢的车速跟在警车后面，驶入阴森可怖的空旷街道。夏日暖阳的最后一抹余晖，让这座鬼城沐浴在温和的夕阳下。活着的人都把自己关在家里，但感觉不到他们在窗边活动的任何迹象。除了我们这两辆车，其他车辆一动不动。听不到一声犬吠，花间少了猫咪的徜徉，连鸟儿也变得静默起来。

蜿蜒迂回，穿过小镇郊外，我们途经一辆斜斜地停在路边的红色雷诺。一位女士陈尸于车轮前。再向前走，向南转，瑞安家的残垣断壁还在路的左侧闷燃。这条路已经被堵死。一位警官的遗体在他的警车里一动不动，车上满是弹痕。一辆蓝色的丰田与警车迎头撞在一起，里面则是另外一具尸体。

一位男性长者躺在自家花园门口的血泊里。路边还有一位上了年岁的女性的遗体，她的脸朝下。我从广播里了解到，这位死者应该就是瑞安的母亲。她就躺在燃烧着的家门口。再往前，躺着一位男士，手里还攥着一条狗链子。8月，天黑后司空见惯的街景，与道路上发生的极度随意的杀人惨剧并置，坦白讲，这一切颇具超现实色彩。此前，英国还从未发生过类似事件。

在警察局门口，我们停了下来。先是我的车门发出关上的声音，随即警车的车门也被关上，此后，亨格福德便继续笼罩，不，是窒息在沉寂之中。几年之后，我将再次亲身经历这样伴随着恐怖气氛的死寂。一般来说，凶杀案件的现场总是人潮涌动——制服警员、便衣警探、勘验现场的技术人员，人们忙着记录、拍照、打电话、设置警戒线。但是，那天的事件似乎让亨格福德陷入冰封状态，犹如尸僵。

警察局肯定不仅仅是只有警察的屋子，总之，这里都进行过装修，地上涂了层灰泥，墙内架设了通信线路。一定有人对我表示了欢迎，我应该还和某些人握了握手。但对我来说，回头再看，这些礼节致意都应是在一声不吭的情况下完成的。

天色很快便彻底黑了下来。我搭乘一辆警车，前往案发学校，迈克尔·瑞安最后负隅顽抗并自戕的地方。

我们慢慢驶过死一般寂静的街巷，车灯照到了一辆撞毁的汽车，里面的司机很显然已经没有任何生命迹象。再一次，我走到近前查看。手电光依次滑过死者的双脚、躯干与头部。死因无可辩驳，面部留有一处枪伤。

我们后来又在几辆车旁稍作停留。死者的枪伤各有不同。有些人身中一弹，有些人则数次遭到枪击。

救援车静静地停在旁边，等待警方查验并运走遗体后，将撞毁的车辆拖走。我转向开车的警官，我的声音有如碎玻璃摩擦之声，打破了寂静。

“我觉得没有必要再到现场查看这些遗体了。他们的死因都毋庸置疑，我会在验尸时再处理。”

“即便如此，我们也需要你去看看瑞安的尸首。”他表示。

我点了点头。

在约翰·奥冈特学校，有大批警员集结。

我在楼下听取了警方的简报。

“瑞安告诉我们，他身上有炸弹。我们担心一旦移动尸体，可能会引发爆炸，因此还没有对遗体进行搜查。但是，我们希望你能现在去看一眼，确认这家伙已经死了，以防我们过去的时候他一下子引爆。没问题吧？”

“好。”

“我建议千万别翻动他，先生。”

“好。”

“是否需要件防弹背心？”

我谢绝了警方的好意。这东西是用来挡子弹的，根本没办法应付如此近距离的爆炸。并且，无论如何，我都不想去翻动瑞安的尸体。

我们拾级而上。空气里弥漫着些许学校的味道，警官打开教室的门，里面摆放着好多课桌，虽然其中一些被弄得乱七八糟，但大部分都还排列整齐。四周墙上挂满了照片和科学公式。

一切再正常不过了。唯一的例外，便是教室前面黑板附近那具呈现坐姿的尸体。

枪手穿着一件绿色的夹克。如果没有头部的枪伤，他看起来就像刚刚结束了一天打猎。他的右手耷拉在衣服的下摆处，赫然攥着一把伯莱塔手枪。

就在我走向瑞安的同时，我意识到所有警察都在安静地撤离。我听到身后的门被轻轻关上。远处传来对讲机的声音，“正在进入现场”。

我，孤身一人，和英国有史以来杀人最多的刽子手共处一室。可能还有一枚炸弹。因为受到法医病理学界巨擘基思·辛普森教授相关著述的吸引，我才以此为志业，但他未曾提及任何与此类似的场面。

我能精准地意识到周遭的一切。门后寂静无声。窗外弧光灯投射在天花板上的光影。我的手电筒发出的光束。教室里弥漫着粉笔和汗水的味道，怪异地夹杂着鲜血的腥气。我穿过教室，目光注视着墙角的尸体。我走到近前，屈膝弯腰，仔细察看。那把当天大开杀戒的手枪，正直直地对着我自己。

迈克尔·瑞安往自己的右太阳穴开了一枪。子弹穿透颅骨，从另外一侧太阳穴飞出。当我准备离开教室的时候，发现了这枚弹头的最终归宿——它嵌入了教室对面墙上的告示板里。

我向警官简短描述了一切。没有隐藏的引信。死因是右侧太阳穴的枪伤，典型的自杀迹象。

之后，我因为可以离开这块悲伤涌动的死亡之地而如释重负，在车道上不断加速。但亨格福德的死寂似乎已经浸入车内，有如一名无比沉重且不受欢迎的乘客，坐在我的身旁。瞬间，在这一天内我所目睹的一切，凶残、恐惧的一切，彻底将我击垮。我将车驶上路肩，呆坐在黑暗的车内，任由其他车辆的灯光从身边一次又一次划过，既看不到，也听不到。

直到一辆警车停在后面，有人敲击车窗，我才回过神来。

"打扰您了，先生，没事吧？"

我将自己的身份以及看到的一切，告诉这位警官。对方点了点头，上下打量，拿不定主意是否应该相信我的说辞。

"我只需要一分钟，"我告诉他，"然后马上开走。"

警官当然知道在工作状态和家庭生活之间的调整之难。他再次点了点头，回到自己的车上。他无疑会查证我讲述的故事。几分钟后，我意识到自己已经将亨格福德甩在身后，前方便是回家的路。我向警官示意、挥手告别，然后开车汇入滚滚车流。警车在后面护送了一段距离，然后掉头离去。我一个人向家的方向开去。

回到家中，孩子们早已进入梦乡，珍还在楼下，电视机开着。

"我知道你去哪儿了，"她说道，"情况很糟糕？"

是的。但我只是耸了耸肩。因为不希望让妻子看到自己的表情，我选择背对着她，同时，必须马上关上电视机，以免听到记者们眉飞色舞、急不可耐地报道亨格福德事件。死者永远都不会眉飞色舞、急不可耐了。这些逝去的男男女女，在为生活、为他们认为重要紧迫的生计奔波的过程中，被屠杀了，他们的生活戛然而止。对这些死者来说，再也没有什么是重要的，再也没有什么是迫不及待的。

当天晚些时候，我一直都在打电话，以便安排好第二天如何对人数众多的死难者进行验尸。我希望能够帮助警方重建每个死者的死亡过程，加上证人的帮助，还原瑞安的作案轨迹。重建至关重要，不仅对于每一位亲历者，乃至对于更广大的社会来说，都是如此。生而为人，我们渴望了解，了解具体的死因，了解死亡本身。

次日一早，我在威斯敏斯特停尸间进行了若干常规验尸工作：醉酒者、吸毒者、心脏病突发者。就在同事向我打听亨格福德事件的细节时，警方正在将死者的遗体运送至位于雷丁的皇家伯克郡医院的停尸间。下午 2 点，我抵达这里。拜会这里的工作人员之后，大家沿袭法医行业行之有年的传统，聚在一起喝杯茶，彼此寒暄。泡茶在过去或现在都称得上停尸间里的必要仪式，是病理学家在验尸前的一项权利，也是一种义务。

这时，门开了，帕姆·德比冲了进来。屋子里的气氛一下子变得灵动起来。帕姆是我们娇小但极为重要的秘书。

“好吧！”她说道。

一如既往作为指挥者的她，此刻正在展现令人生畏的超高效率。两位不太情愿的停尸间助理费力地抬着一台电脑，跟在她的身后。

“我应该把电脑插在哪儿？”

这并不是个问句，而是一句命令。1987年，办公电脑才刚刚起步，像极了体积硕大的巨婴。事实上，我们的办公电脑就像从恐龙蛋里破壳而出的小恐龙那么大，帕姆必须用货车把它从盖伊医院拉来。

她看到我穿着绿色的围裙，蹬着白色的雨靴，正准备对尸体进行外检，并对其内部人体组织做X光检查。验尸马上就要开始了。

“不不不，在电脑没有预热之前你不能开始，这需要至少十分钟，否则你会比我快太多。去给我泡杯茶。”她指示道。如果伊恩·韦斯特认为自己是部门老大，那他一定在自欺欺人。

当电脑和茶壶都开始嗡嗡作响后，帕姆才坐到键盘旁边。

“这一切根本没有什么意义，人人都看得出来，他们是被子弹打死的。”她说话多少有些刻薄。对于往往因为一时冲动、并无预谋的真实杀人案件，帕姆再熟悉不过。这也是她和其他同事为了放松，经常会选择阅读情节设计精巧细密的侦探小说的缘故。小说中的谋杀往往会给读者留下清晰的线索，最终一块块碎片得以拼接完整。但这种虚构往往和真实情况相去甚远，真正的罪案调查经常需要面对的，乃是彼此矛盾冲突的事实及解读。

她说得没错，今天的验尸不会发现什么秘密。但每个案件都会涉及某人的同胞、父母、子女、爱人。每位受害者，对于某个家庭或者亲友来说，都是一个特殊的存在，也为我提出了亟待破解的特殊难题。解剖室内的六张桌子一字排开，尸体间隔摆放，中间空出的桌子用来放我们取出的用于包装、记录的数以百计的物证。

首先是迈克尔·瑞安的尸体。或许大部分受害者家属并不希望让受害者的遗体与这个刽子手的尸首停放在同一停尸间，更别说一起解剖了。事实上，所有人都希望尽快将他铲除。媒体报道依旧大肆渲染凶手被特种空勤团“一枪毙命”，尽管警方已经在我当天晚上勘验现场后，向媒体确认凶手死于自杀。现在，我们依旧需要通过验尸来确认这一死因。

验尸，或者尸体解剖，一般在两种情况下进行。通常情况下，发生在医院的自然死亡，尽管死因已知，也可以进行验尸，旨在确认病人的医疗诊断或者尽可能评估治疗的效果。但这种验尸必须征求死者直系亲属的同意，后者有权予以拒绝。幸运的是，许多遗属都会表示同意。他们的这一决定给医疗人员提供了学习、提高自身技能的绝佳机会，从而造福其他病人。在我看来，同意验尸的决定实乃宅心仁厚之善行。

第二种尸体解剖，出现在死因不明或者非自然死亡的情况下。此类验尸由验尸官负责。一切可疑、异常、涉及犯罪或无法解释的死亡，不仅需要尸体解剖，还需要进行全面的法医学检验。后者是对尸体内外进行的极度全面的深入调查。之后，所有的细节都会被病理学家记录在验尸报告当中。

验尸报告必须确认死者的身份，这个过程相当冗长复杂，甚至有些时候最终也无法完成。验尸报告也要解释警方和验尸官要求进行验尸的原因。报告中会列出验尸过程中发现的问题，以及后续实验室检验的结果。

验尸报告的主体部分是病理学家对所发现的情况的精确描述，我们经常会给出对这些情况的解读，并最终给出死亡原因。如果无法确定死因，我们也会实话实说，当然，总是会讨论相关可能性。

尽管我们多年来的训练是从宏观和微观层面分析成千上万种染病器官的表征，但仔细检验死者体表，常常是验尸中最重要的组成部分。在详尽的尸体外部检验过程中，病理学家需要测量和记录每一道伤痕、每一块瘀青、每一个弹孔以及每一处刺伤的位置、尺寸和形状。与对尸体内部的医学分析相比，尸体外部检验似乎很简单，但通常后者才是重建杀人过程中的关键环节。我们可以简单地将尸体外部检验视为一种例行公事，因此草草带过。但如此一来，在尸体被火化之后，我们很可能会对草草写就的外检记录感到追悔莫及。

迈克尔·瑞安实施了大规模屠杀。他一共杀死了 16 名受害者，伤者的人数大致与此相当。迄今为止，我的职业生涯关注的都是意外、犯罪或者单纯就是厄运造成的受害者，很少见到行凶者，更别提造成如此多人伤亡的刽子手的尸体了。我能够，或者说，我应该像对待其他受害者那样，带着敬意处理瑞安的尸体吗？

我知道自己别无选择。在验尸房里，主观感受没有容身之地。我甚至怀疑，多年专业训练让我学到的最重要技巧，便是对其他人感觉有理由甚至有必要嗤之以鼻的死者，不产生任何道德意义上的抵触情绪。因此，无论我如何评价眼前这位年轻人及其所作所为，现在都必须心无旁骛。我清楚，在检验他的尸体时，需要付出与检验其他受害者相同甚至更多的心力与关注。只有经过彻底、权威的医学调查，我才能为验尸官提供所需信息，使他有信心作出正确的死因裁断。[1]我知道自己提交的这份证据对于最终裁断来说至关重要，借此可以平息未来出现任何质疑或者不可避免的阴谋论。

很难想象，现在赤身裸体躺在手术台上的这名纤弱的年轻人，刚刚实施了一场大规模屠杀。屋子里的所有人——警官、停尸间工作人员，包括帕姆，都一头雾水地盯着这个家伙。他看起来和任何犯罪受害者，任何他杀死的受害者一样脆弱不堪。

接下来，我按部就班地开展工作：对凶手体表进行充分细致的检查，特别是头部的贯通伤部分。然后，打开腹腔进行内检，提取器官标本进行毒理学检验。最后，对脑部进行弹道轨迹探查。

工作开始后，四周陷入一片静寂。没有人大声说话，没有人窃窃私语，没有叮当作响，没有杯盘碰撞。有的，只是静寂。甚至连室内温度似乎都出现了明显下降。验尸一结束，瑞

---

1 英国司法体系中有所谓“验尸法庭”（Coroner’s Court），这一英国特有的法院组织可以追溯到中世纪的验尸官查验制度。验尸官专门负责检查涉及暴力或死因不明的非自然死亡尸体，以核实死者身份、确定死亡原因。各郡议会任命符合资质的职业律师或其他社会贤达人士担任验尸官。验尸官将需要审判的案件移交给正式的刑事法院。

安的尸体便被推走。没有人愿意靠近他。这个和母亲共同平静生活的怪异男子，痴迷枪械，脑子里尽是些只有上帝才清楚的想法。

接下来，开始解剖瑞安的受害者的遗体，可以预见，我将面临漫长、艰苦且压力重重的一天。随着一具具尸体解剖完毕，冷藏柜的门开了又关。除了这个，以及我对帕姆的口头说明，屋子里鸦雀无声。担任我助手的是实习病理学医生珍妮特·麦克法兰。帕姆负责将我的说明敲入电脑，一班负责拍照的摄影师及几位警官跟着我来到一张又一张解剖台前，其中较为资深的警官负责记录，年轻警官则负责接过我展示的器官。

停尸间的工作人员紧随其后，负责清洗、缝合尸体，以备遗属瞻仰。

死因一见即明，均系枪伤所致。没有受害者因为看到瑞安大开杀戒而心脏病突发死亡。但我的职责便是查看是否存在导致或加速死亡的先天疾病。我再一次仔细记录每处伤痕，对其加以分析说明，对于枪伤造成的弹道轨迹一一探查测量。我在每具尸体前驻足，指导摄影师拍照，测量伤口，记录异常情况，向帕姆口述我的程式化结论。渐渐地，瑞安当天实施的疯狂犯罪开始浮出水面。

总体而言，一枪毙命的受害者都是被远距离射杀。对于距离较近的受害者，瑞安通常会连开数枪。

瑞安的母亲在学校里做厨娘，她从朋友那里惊悉此事，赶回家中试图规劝瑞安。瑞安的母亲让友人开车将自己送到镇子南侧，然后徒步走回家，其间她经过了若干死伤者，但还是无畏地走向自己的儿子。

她大喊："住手，迈克尔！"

他转过身来，用手里的半自动步枪朝自己母亲的腿开了一枪。正是这一枪，导致瑞安的母亲脸朝下栽倒在地。我判断，瑞安开这一枪的目的只是为了伤害。他随即走上前去，居高临下，连开两枪，从背后射杀了自己的母亲。

最后两枪呈现出枪支近距离（大约六英寸）击发后典型的烟晕残留及烧灼痕迹。或许，这仅仅是因为凶手在杀害自己母亲的时候，无法直视她的脸。在瑞安的母亲赶到现场之前，这位凶手的犯罪活动基本上集中于家附近，在我看来，正是因为弑母，凶手才将杀戮的范围扩大至全镇。我认为，这件事一下子释放了瑞安，他使用枪械对付手无寸铁者所带来的超常权力感被激发到了极致。

接下来的几天，我继续从事这项奇怪的工作，从一具尸体缓慢地移向另一具尸体。对于这些受害者来说，死神不期而至，本来波澜不惊的生活瞬间被暴力倾覆。停尸间里的每个人都对此感同身受，但我们不能任由恐惧或悲伤的情绪肆意蔓延。在病理学家的字典里，没有"惊吓"二字。我们必须抽离情绪，探求真相。为了更好地服务社会，病理学家有时候必须中止某些部分的人性。30 年后，当我再次飞临亨格福德上空时，长期被压抑的人性再次强力来袭。

事实上，此去经年，直到现在我才不得不承认，这场大屠杀对我造成了非常深刻的影响。当时，我绝对不会以任何方式承认自己受到了惊吓，或者感受到了悲伤。我的同人，那些硬汉或渴望成为硬汉的人，曾是我的人生楷模，他们肯定不会表现或表达这种感受，甚至不允许自己去想这些东西。不，为了从事这项工作，我必须牢记孩提时代激励我选择走上这条路的法医病理学界前辈基思·辛普森所倡导的职业操守。他曾经提及任何惊吓或恐惧吗？显然没有。

伊恩休假结束后，并未向我问及亨格福德事件，并未给我提出任何建议，甚至干脆对此只字不提。很显然，尽管在伊恩休假期间顶替他的工作，本是我的分内之事，但可以肯定，他对我在这一空档接手如此大案，心中颇有嫌怨。我是否本应该想办法找到他，要求他中断休假回来履职？或许应该，而且，他一定会赶回来。我们俩都十分清楚，这样的大案本该由他负责：伊恩曾经处理过爱尔兰共和军[1]实施的诸多爆炸及枪击案件，事实上，他的专长便是弹道分析。

伊恩表达愤怒的方式是表现**冷漠**[2]，但后来同事透露的小道消息是，伊恩认为，瑞安最愚蠢的地方之一，便是选择在伊恩本人休假时大开杀戒。好像是觉得意犹未尽，我们私底下添油加醋道，伊恩认为，就是因为瑞安蠢到自杀的地步，自己才没

---

1 爱尔兰共和军（Irish Republican Army），成立于1919年，由旨在建立独立爱尔兰共和国的民族主义军事组织“爱尔兰义勇军”改编而成，与驻爱尔兰英军作战，长期通过暴力活动实现政治诉求，曾被许多国家视为恐怖组织。

2 原文为斜体，本书中统一为黑体，以下不再一一说明。

有办法作为韦斯特医生在出庭做证时大出风头。

此后很长时间，亨格福德事件俨然成为横亘于我和伊恩中间的鸿沟，但恰恰是因为接手此案，彻底改变了我在盖伊医院乃至全英法医病理学界的地位。我不再是伊恩身后的腼腆小弟或者顺从跟班。现在，我成了一名具有话语权的知名法医病理学家。

3

我用无线电与地面取得联系，最后一次调整飞行姿态并安全着陆后，脑海中对于1987年亨格福德事件的逼真重现就被我甩在身后。我和其他二十多位居住在利物浦的朋友众筹购买了这架塞斯纳172型飞机。尽我所能，驾驶飞机到全英各地参加会议或进行验尸，这是我的乐趣所在（同时也是痛处所在，毕竟直达目的地的火车显然用时更少）。

天光大亮，飞机在绿草茵茵的小跑道上颠簸起伏，最终稳稳停了下来，我关掉引擎。走下塞斯纳，我看到在此等候的同事。感觉不错。我们开车离开时，我不禁怀疑，刚才在天上发生的事是否只是我的想象。或许仅仅是驾驶舱里缺氧所致？但在3 000英尺[1]的高空，缺氧似乎很难想象。不管怎么样吧，现在可以肯定，当时的反应并没有记忆当中那般强烈，真的算不上惊恐发作。

---

1 3 000英尺，约折合914米。

返程的飞行，气象多变，不容片刻分心，除了回避它，我几乎没有想起任何与亨格福德有关的事情。事实上，我突然第一次意识到，飞行员的求生本能极其强烈，足以排除任何私心杂念与恐惧担忧，或许，这就是我为什么选择飞行的理由之一吧。

终于到家了。乌云散尽，露出一抹夏日夕阳。我给自己倒了杯威士忌苏打，坐在户外门廊，欣赏落日的最后霞光。

但突然，完全出乎意料，散发珍珠般光泽的余晖，以及与之伴生的静寂，突然又让我想起了……亨格福德。我的心跳陡然加速，异样地头重脚轻，甚至完全没有办法啜一口威士忌。我仿佛再一次缓慢穿行于小镇的街巷，割草机旁、汽车里、街道旁的血泊中，倒卧着的尸体一动不动。内心升腾起的恐惧感令我喘不过气来。

深呼吸。沉住气。我不断提醒自己，现在已经弄清楚究竟发生了什么。我确定，就是自己的内心在作祟。显而易见。所以，我必须尽最大努力控制它。显而易见。

再长舒几口气。闭上双眼。我必须将这种感觉彻底击碎，就像用手捏住冰块一样。

我的身体逐渐松缓下来，紧握的拳头也松开了。深吸一口气，我勉强把杯子送到嘴边。是的，一切都重新得到控制。

等到喝完这杯酒，终于可以回答早晨在飞机上扪心自问的那两个问题了。不，我当然不需要去看心理医生，更别说预约精神病科专家了，这个想法本身就荒谬至极。至于不再从事病理学家这个职业，也毫无道理可言。不管今天发生了什么，最终都会翻篇，一切都会变好。肯定会。

几个月后的2015年秋，恐怖分子同时在巴黎的酒吧、餐馆、体育场及音乐会发动恐怖袭击，造成一百三十多人死亡，数百人受伤。从广播听到这一新闻时，我正在外公干。记者报道中，夹杂着伴随任何危机的凄厉警笛以及人们的哭喊号泣。一片恐惧的声场。我不得不停下车来。

我把车停在家附近的临时停车道上，坐在车里，闭上双眼，却依然看得见，耳朵依然听得见。急救车泛出的蓝色灯光，警方设置的路障，明亮无影灯下整齐排列的解剖台，上面摆列着的尸体残块，人们的哭喊，警方的无线电，伤者的哀号，以及摆放在我面前的尸体。鼻子里全是死亡的味道。一只脚，一只手，一个婴儿。一名曾在夜店尽情歌舞的年轻女子，内脏被炸出体外。办公人员，茶水间阿姨，青年学生，退休老人。每个人都被彻底摧毁了。

我不清楚，眼前浮现的这一幕究竟是哪场灾难的镜像：巴厘岛爆炸案、伦敦七七爆炸案、克拉珀姆交会站惨案、侯爵夫人号沉船案、“9·11”事件、怀特黑文大屠杀[1]……或许是所有这些人间惨剧的叠加。

我在路边，一直等到内心的翻江倒海逐渐平息。情绪过去

1 怀特黑文大屠杀，指2010年6月2日发生在英国坎布里亚郡怀特黑文的枪击事件，共造成12人死亡，11人受伤。

后，感觉有些痛苦，有些害怕。腐尸的气味似乎在车里挥之不去。几分钟后，我再次深呼吸，情况才有所好转。

我发动引擎，惊恐不已，但好歹还能自控。

或许，我真的需要找个专业人士谈谈了。神父？谁都行，总之是接纳我们的软弱，给我们力量的人。

我不由得摇了摇头。当然不需要。巴黎的事情虽然惨绝人寰，但并没有人找我帮忙，和我也没有什么瓜葛。对于死亡，我的理解非常透彻，丝毫不会畏惧死亡。虽然巴黎传来的消息不经意间引发了某种不好的回忆，但这些裂缝目前已然愈合。想到巴黎同行即将面临艰苦的通宵工作，我禁不住心有戚戚。

我该继续上路了。照常前往停尸间，从事每天的工作。可以肯定，我不会有什么问题。

4

我很小的时候，就和至亲者乃至陌生人的死亡产生过某种关联。我出身于伦敦近郊的一户小康人家。父亲在当地政府担任会计，他和我的母亲从英国北部迁居至此寻求发展。虽然没有赚到大钱，但我们也算衣食无忧，一般可被划入社会的中下阶层。姐姐比我大十岁，哥哥则年长我五岁。我是所有家人的心头好。一切都再正常不过，只有一个例外。我们的母亲患有心脏病，这导致她的身体每况愈下。

母亲小时候感染了风湿热，这种疾病的并发症之一便是患者的心脏二尖瓣出现慢性损伤。现在我才清楚这一点。当时，即便是轻微运动，也会导致她呼吸不畅，因此，和其他人的母亲不同，我的母亲需要经常保持静坐状态。

大姐海伦告诉我，母亲曾经充满活力、爱说爱笑，一有机会，就会不由分说硬拉着严厉又不情愿的父亲走下舞池。正是这位年轻女性，在“二战”爆发之际，和父亲共骑一辆双人自行车环游欧洲。而她同样曾是各种社交聚会的中心与灵魂人物。

我很喜欢坐在客厅，听姐姐讲母亲的故事。当时，家里的墙壁还是光秃秃的，但地毯颜色的绚烂程度弥补了这一切，甚至有点太过了。角落里，摆放着一台小型黑白电视机，关机的时候，屏幕中央出现的白色亮点会在之后的数分钟内，令人匪夷所思地继续存在。还有一台收音电唱两用机（兼具播放卡带及收音机功能的大型播放装置），前面罩着纱网，主要用来播放一些被冉冉升起的中产阶级认为有教育意义的古典轻音乐。

电子壁炉闪烁着温暖的光芒，尽管大多数情况下，其发出的亮度远甚于其发出的热度。扶手椅已然磨损，但我们颇为机智地盖上了椅套。的确，坐在俗艳的客厅地毯上，听那位曾经充满活力的女士的故事，会令人心情愉悦。但这位女士与经常卧床、待在楼上或者住院的母亲，显然存在很大出入。

她经常住院，一住就是很长时间，至少在当时还是个小男孩的我看来，情况就是如此。我经常需要打点行装，和奶奶去莱萨姆圣安纳斯的海边度假，或者前往斯托克波特的姑姑家，直到很久之后，我才发现，这样做的目的，根本不是让我去海边玩耍或者走亲访友，而是让我的母亲有机会做手术并慢慢康复。

在家的时候，她竭尽全力扮演正常的母亲角色。每天早上她都会很早起床，将我收拾得整整齐齐，目送我上学（那是一个连很小的学童都会自己上学的时代）。直到有一天，我忘了带小提琴，回家取时意外发现，母亲瘫倒在床上，这个时候我才意识到，每天我刚刚出门，体力不支的母亲都会马上卧床。她和发现这一切的我，都惊得目瞪口呆。我吓坏了，甚至还责备了这位可怜的女士。我只是希望她能有所好转，能够恢复到所有人口中的曾经的完美状态。但即便是我，也能看出母亲的生命力正在消失。

12 月的一天，我放学回家，发现母亲不见了。现在我知道，她被送进了皇家布朗普顿医院，并在那里接受了更多的检查，经历了更长时间的卧床休息。那一年，母亲 47 岁。

圣诞节的时候，家人带我去看她。那次探访的记忆，几乎被之后我在很多医院的工作经历压迫得支离破碎。我不断向记忆深处挖掘，筛查不同时代的断层信息，最终唤醒了 1961 年圣诞节的记忆，但此时我才发现，回首往事，一切都已成为碎片。能够捕捉到的，也仅仅是转瞬即逝的某个片段。

我意识到，九岁的孩子，其实在病房里并不受欢迎。家人告诉我，言行务必得体。清楚这一点后，我被领入了一条又高又充斥回音的走廊。身着浆洗过的漂亮制服的护士小姐从我身边匆匆走过。走廊两侧都是宽敞的病房。空气中弥漫着消毒水的味道。透过远处的窗户，可以看到阴郁伦敦泛黄的天色。我跟在父亲后面，突然转入了一间大病房，病房内敷设地板，整齐排列的一长串病床全部被涂成白色，正在等待下一位病人。我的印象中，所有的病床都空着，只有我母亲的病床例外。现在看起来，她应该是唯一一位在这间病房里过圣诞节的病人。

我是多么希望能回忆起母亲是如何欢迎我，如何充满爱怜地注视着我。我期待她能紧紧地抱着我，拉着我的手不放。我想，她一定是这么做的。我料想自己爬到母亲的病床上，向她展示我收到的玩具，或许我和她一起拆了其中一些礼物。我想，我一定是这么做的。我真心希望我这么做过。

数周后，1 月一个寒冷的清晨，我如往常那样，离开我和哥哥罗伯特共同居住的房间，来到父母的卧室，和父亲睡在一起。每天早上我都会这样。但是今天，情况有些反常。被窝里很冷。床具依旧整洁。昨天根本没有人在这里入睡。

我蹑手蹑脚来到楼梯那里。下面亮着灯。很早，房间里就亮着灯。有人在说话。他们的交谈不像是在光天化日下那般自然，有如夜深人静时的窃窃私语。人们的语调奇怪，传递出某种令人警惕的意味，但我一时无从分辨。我偷偷爬回自己的小床，静静地躺在那里，等待着，担心着。一定发生了什么事，迟早会有人来向我解释。

最终，父亲走了进来。

令人震惊的是，他在啜泣。我们目不转睛地盯着父亲，罗伯特睡眼蒙眬，他才刚刚睡醒。

父亲说道：“你们的母亲，曾是个了不起的女人。”

这种表述对于九岁的我来说，显得太过微妙。罗伯特不得不向我解释过去式的意义，现在，我们的母亲已经成为过去式。因为，她去世了。

后来，我才知道，前一天晚上，父亲和姐姐一如往常，前往皇家布朗普顿医院探视母亲。她的情况没有好转，但似乎也没有恶化。就在他们和母亲互道晚安准备离开的时候，护士将两人叫到一旁，说道："你们看不出病人的情况有多糟糕吗？我担心谢泼德太太撑不过今晚了。"

这个消息可谓晴天霹雳，因为任何人都没想过母亲可能会死。即便父亲有过这样的担心，或者医护人员曾如此暗示过他，他也一定安慰自己这一切并不会变成现实。她被送入医院，情况正在好转，家人前来探视。这便是全部经过。没有人预料到，结局来得这么突然。

事实上，此时的母亲，已经处于心脏病的晚期，她已出现心力衰竭，之后又发展为支气管肺炎，这种病被俗称为"老人之友"，病人会因为痛苦而变得愈发虚弱。虽然那个时候已经出现了治疗感染的抗生素，但母亲的身体禁受不住肺炎的侵袭。要是青霉素能够更早被发明出来，避免孩提时代罹患的风湿热进一步侵害她的心脏，该有多好？

很多年后，当我成为一名医科生，父亲非常郑重地从某个专门的抽屉里拿出了母亲的验尸报告，要求我解释。我告诉他，母亲童年时期感染风湿热，人体会因此在血液中分泌某种物质杀死病菌。但是这种物质不仅仅抑制感染，还会对人体组织，尤其是心脏的二尖瓣造成损害，我母亲的情况便是如此。二尖瓣主要控制左侧心室的血液流动，因为瘢痕的存在，母亲的二尖瓣出现了僵硬和阻滞的情况。每次母亲住院接受心脏手术，医生都会用手指按摩二尖瓣来疏通其尖端部分。结果便是，二尖瓣的律动再次变得正常起来，血液恢复在左心房和左心室之间流动，一言以蔽之，情况改善了。当然，只会持续一段时间。

这就是为什么她经常虚弱无力地去医院，然后又重新恢复生机活力，回到家里。但每一次，病情的改善程度都会变得越来越小。

这在当时已经算是相当尖端的心脏外科手术了，堪称走在医学的最前沿，但是如果身体执意摧毁这个顽固不化的心脏瓣膜，那么我们想与之对抗是根本没有胜算的。事实上，十年后，当我就读医学院时，如此传统的治疗方式已经被抛弃了。如果是现在，她可以换上人造心脏瓣膜，能再过上许多年活跃、健康的生活。

但在母亲去世的时候，我对此还一无所知。我那个时候也不知道应该作何感受。所有人都眼含热泪地看着我，似乎期待着什么。但期待的究竟是什么？我去隔壁朋友约翰家。那是一个周六，全家人都在。他的妈妈态度热情、眼含热泪，而我则和约翰一起看动画片。即便十分有趣，我也明白，不能露出一丝笑容。

后来，当我放学回家，所有这一幕再次重演，家里全是亲属和他们带来的鲜花。我后来才弄明白，葬礼已经结束了。没有任何人觉得我应该去。当我走进家门的时候，他们都怜悯地看着我。他们到底想要我说什么？做什么？我什么都感觉不到。或许在内心深处，我还没有理解死亡的含义。母亲生前经常消失不见，然后再重新出现。如果不看表面，或许，我相信她会再次回到我的身边。

回首人生的最初几年，关于我的母亲，我很少留下什么回忆或特殊的情感。是因为她经常住院，即便在家也十分奇怪地很少露面吗？为什么我能够记得关于祖母和外祖母、哥哥、姐姐、父亲、姑姑阿姨的很多往事，偏偏和母亲有关的记忆，却是一片空白？我想，恐怕永远都会是一片空白。

母亲死后，最令人惊讶的事情发生了。父亲好像完全变了一个人。我猜可能是因为他认为我们已经失去了母亲，因此试图同时扮演好父亲和母亲的角色。他一改此前的笨拙古板，变得充满爱意。我的大姐也帮了不少忙，虽然母亲去世的时候她已经年方十九，离家就读一所师范学校。尽管父亲认为姐姐应该回来照顾自己的两个小弟，但她非常明智，并没有选择这样做。即便如此，她依然是最好、最支持我们的姐姐，几年后她结婚了，也依然如此。

父亲持家、购物、做饭，同时全职工作，在那个时代，单亲爸爸很少见，购物环境更为恶劣，上班族有时间去买东西的时候，商店基本上都关门了。但他坚持认为，只要下决心，任何事都可以做好。因此，他给房子重新铺设了电线，粉刷了厨房，定期维修保养汽车，学习煮饭（这一点必须承认，成果时好时坏）。除此之外，他还想办法让自己的生活兼顾我们的需要，增进父子之间的深厚感情。每每回想起这些，我都不由得对父亲心生崇敬。

有一张黑白小照片，父亲的膝盖上坐着一个长腿的大孩子，那一定是我。我们两个人都睡着了。从拍摄的时代来讲，这张照片的意义非比寻常。战后那代男性，基本上都受维多利亚时代的父亲的教导，根本不知道如何向自己的孩子表达如此深情厚谊。

父亲想尽办法让我享有一个美好的童年。我喜欢上学，顺利通过了初中入学前的预考，酷爱游泳，经常去当地的青年俱乐部，参加唱诗班，朋友众多。其中一个朋友的父亲便是全科医师。我们当时 13 岁左右，这个家伙为了吓唬我们，从他父亲的书架“借走”了一本专业书籍，并把它带到学校。这本书便是《辛普森法医病理学（第 3 版）》，作者正是基思·辛普森教授。这本破旧不堪的红皮小书，外表无奇，里面却尽是死者的照片，事实上，大部分都是谋杀犯罪受害者的照片。有被勒死的，有被电死的，有被吊死的，有被捅死的，有被射杀的，有被闷死的，总之所有骇人听闻的情况，辛普森教授都没有遗漏。他记录了一切。其中还有电击后在皮肤表面留下的类似蕨类植物的图案，一个小男孩头部遭到砖头打击后颅骨内侧的照片，令人触目惊心的各种子弹造成的贯通伤照片，以及不同阶段的尸体的分解照片。

现在，我对于死亡的概念已经非常熟悉，并且目睹过许多次死亡的后果。但是，当时我对于死亡的医学表现还一无所知。母亲在离家很远的医院中病逝，所有人都觉得不应该让我去瞻仰遗容。因此，即便是最业余的心理学家，也能够推断出，我对这本《辛普森法医病理学》产生强烈兴趣是因为我想要探索死亡的存在。我不仅是感兴趣，更可以说是对此痴迷。其程度显然已经超越了性的懵懂，更超越了男孩子渴望惊吓的冲动。

我借来这本书，研读了好几个小时。反复阅读正文，同时观察相关照片。这些图片相当写实，那个时代还不存在隐私保护的问题，因此照片里的受害者面部都没有做模糊化处理。

或许，我希望借由伟大的辛普森独立超然、科学分析的双眼去看待这些令人感到不寒而栗的、叫作死亡的人间惨剧。或许，辛普森帮助我实现了对于不可控事态的控制。或许，我仅仅是对于侦探工作和医学知识的混搭感到激动万分。

我开始考虑学医。病理学非常有趣，但法医病理学不仅仅是医学的分支，还包括其他东西。我发现，和其他病理医生不同，法医病理学家确实有病人，只不过他的所有病患都是死人。这肯定和每天需要面对一长串淌鼻涕的病人的全科医师大相径庭。

我还了解到，不管白天还是晚上，只要出现了可疑的死亡事件，法医病理学家都会到场，这意味着他可以出现在真正的谋杀现场。他的工作（那是一个只有“他”的时代）便是对尸体进行彻底的医学分析，从而帮助警方侦破案件。辛普森说，假设有人死于枪击，法医病理学家不仅需要检查现场和枪伤，还必须立即要求查看在现场周围发现的枪支。

这个时候，法医病理学家必须问自己以下四个问题：

1. 枪伤是否由这个武器造成？
2. 射击距离有多远？

3. 从哪个方向射击？

4. 伤害是否可能是受害者自己造成的？

对于基思·辛普森教授而言，这只是一天的工作。我如饥似渴，阅读了一切可以找到的与他相关的文字，并深深喜欢上了他奔赴现场——通常情况下是搭乘蒸汽列车——利用自己掌握的医学技能，帮助警探重建凶案现场的方式，他侦破悬案，解救无辜，出庭雄辩，让行凶者得到应有的惩罚。

此后，我的未来似乎变得分外明确。我的宏愿便是成为第二个基思·辛普森教授。

5

我置身于布鲁姆斯伯里区某处地下建筑，这是一座宽敞的临床实验室，四周镶满了白色瓷砖。头顶，灯光明亮。身前，裹尸布下面的物体形状怪异，但清晰可见，那里躺着我这辈子即将见到的第一具尸体。

伦敦大学学院的所有医科生都必须上解剖课。大约 70 名新生都清楚解剖意味着什么。切开，肢解。此前我曾经在学校参与解剖过一条角鲨，以及一只老鼠。现在，我们即将解剖一具人类遗体。

顺着楼梯走下来的时候，福尔马林的刺鼻味道让我立刻联想起高中的生物实验室。我们这些人鱼贯而入，穿过大约 40 张瓷制解剖台，高年级的学长们正在上面进行解剖。大家都小心翼翼，知道这些大包布里面躺着的都是尸体。我的身体轻轻擦过一具遗体，刮开了裹尸布的一角，露出的却是一只毛茸茸的大猩猩的脚。哈哈，原来学长们上的是比较解剖学的课程。我发出了干干的笑声。大家都颇为紧张地笑了起来。每个人都很紧张。

对于大多数同学来说，即将要做的事情或者让人恐惧，或者令人作呕。我内心的担忧稍有不同。我依然决意成为像基思·辛普森教授那样的病理学家，但迄今为止我只在照片里见过死者。面对这辈子的第一具死尸，我该如何反应？我知道，如果我呕吐、头晕、脸色苍白甚至踉跄畏缩（屋子里的一些同学现在就处于崩溃的边缘），那么我念兹在兹的职业生涯还没开始，便已终结。

我们4人一张解剖台，身着崭新挺括的白大褂，我们围在尸体旁边。在未来的18个月，这些尸体将始终在解剖课里与我们相伴。最终，我们对这些尸体生理状况的了解，将远超死者生前对自己的了解，但我们对于这些人的了解，可能还不如曾和他们一起乘过公共汽车，有过一面之缘的陌生人。

在等候指导教师到场的间隙，所有人都在试图通过自己的方式，让情绪稳定下来。但毫无生息躺在裹尸布中的，是确凿无疑的人体轮廓，这改变了我们这个小组的气氛。大家开始纷纷虚张声势，为自己打气。有人开始讲笑话，其他人则觉得自己必须发出由衷的笑声。目光交汇时，每个人都能感觉到对方的凝视。有人甚至突然发出约会邀请。在这种全新的异样压力下，房间里跳动着愈发密切的人际关系。

指导教师开始施训，每个人的身体都保持立正姿势。他所讲的每字每句，在鸦雀无声间，传得越来越远。强烈的灯光照射在周围的瓷砖，我们的白大褂，闪着寒光的手术刀，以及我们紧绷着的精疲力竭的面庞之上，又反射开来。

裹尸布被揭开，他们就躺在那里。死者。尸体呈现灰白色，体态僵硬，闭嘴合眼。有些同学不敢直视，一个劲儿地盯着指导教师。其他人则盯着眼前这具赤裸的遗体或者其毫无表情的面庞。

我们面前的解剖台上躺着一位年迈的长者，口眼紧闭，面颊消瘦，下颌坚挺，双手侧握，腹部隆起，膝盖畸形，双脚朝外。他给人感觉既脆弱无比，又坚不可摧；感觉像人，又不是人。

我们被告知死者的死亡时间。我们组的这位是在一年多前辞世的。这位先生非常高尚地将自己的遗体捐献出来用于医学研究，很显然，我们这群毫无经验的黄毛小儿也被列入医学科研人员的行列。死后不久，人们就给这具遗体做了防腐措施，在被送上解剖台前，遗体一直浸泡在福尔马林溶液里。稍后我才知悉，尸体表面呈现出来的独特灰色，并非死尸固有，实乃被注射福尔马林后出现的特殊体征。

但我们没有被告知遗体的姓名，以及任何有关的个人信息，或许是希望借此对其做非人化处理吧。几乎已将《辛普森法医病理学》默记于心的我，暗自希望能够在尸体上发现某处枪伤，但指导讲师告诉我们，死者均系自然死亡，解剖的目的也不是让我们去辨别死因，当然，可能会偶然有所发现。这门课的目的只是对人体构造及其工作机理进行基本介绍。我们将目睹骨肉的连接状态，寻找神经纤维，检查肾脏周围的“管道”与心脏附近的血管。

我们翻开艾特肯、考西、约瑟夫和杨所撰写的《人体解剖学手册》第一卷，翻到“第一章：胸与上肢”。指导教师解释道，我们需要在胸部中央下刀，然后开始解剖。当他逐一询问，每组由谁执刀开胸时，一时无人应答。会有人准备好在人的肌肉上划下这第一刀吗？

我，就是这个人。于己而言，这算是一次大考。我必须弄清楚自己到底有没有这个勇气。

我盯着死者的脸，脸上毫无表情，佐证了这个身体的主人很久之前就已去世的事实。他曾经看到过什么？了解过什么？这个曾几何时与我们生活在同一个世界的人在一年前死去，世界依旧在变，不停向前发展，他却驻足不前。我注视着死者的胸膛。他的皮肤和我的皮肤完全不同，质地紧实，却有如橡胶。

我拿起手术刀。在读书的时候我曾经接触过手术刀，但现在的这把似乎更加沉重。该使用多大的力度才能够用它切开人体？所有组员的眼睛都停留在我的身上。没有一个人吭声。

一只手将手术刀放在了死者的胸膛。我看着这只手，意识到这是自己的。所有人都凑了过来。我将刀按了下去。什么都没有发生。又使了使劲儿，才感觉到了皮肤的应力。我切开了人体，缓慢但坚决地继续向下用刀。刀锋所指，皮肉分离，我尽可能划出一条直线，从颈静脉切迹到剑突。我们即将像翻书一样，将人体切开两半，然后探查里面的奥秘！我现在希望能够切得更深，看看里面究竟有些什么。

因为太过投入，我几乎忘记了指导教师、其他同学，甚至福尔马林味道的存在。直至听到老师说话，我才抬起头来，不由得吓了一跳。我们周围有些动静。另一张解剖台旁，一个女孩昏了过去，好几个人担心地围在她旁边。偌大的教室尽头，门被猛地推开，有人跑了出去。还有几个人正在向门口走去。其中我的一个朋友再也没有回到解剖室，甚至再也没有出现在医学院。但我们几个留下来的人之间，一种亲近感油然而生。通过解剖遗体，我们共同成长为专业人士，形成了一个紧密的小团体、小圈子、小部族。我们入门了。于我而言，首次执刀的初体验使我更加坚定：我属于这里。

除了解剖课之外，我还高兴地发现，对在伦敦大学学院附属医院去世的患者进行的例行验尸，通常会在每天午饭时进行，而医科生可以到场观摩。当医师联合会的啤酒和馅饼不足以吸引我的时候，一般我都会前去见习。与我们一层层组织、一块块肌肉、一条条神经的细致解剖相比，这种教学验尸截然不同。在这里，我能亲眼见证专家的工作状态。他们也和我在解剖课时一样，但更为自如地沿中线切开尸体。然后，他们会当着我的面，运用高超的技巧，逐层揭露，探查器官，查找死因。无论是巨大的肿瘤、患病的胰腺、充血的大脑，还是栓塞的动脉，我都希望亲眼见证。

大学到处暗藏着机遇：做有趣的事情，结识各种朋友，用功读书，抑或纯粹玩乐。可以想见，离开家，踏入这个世界，是多么令人放松。因为此时，我的家出现了变化。气氛变得紧张，有时会让人感觉不太自在。

母亲去世后，父亲虽然很爱我们，尽力照顾孩子，但性情也开始变得暴躁，非常暴躁。我很清楚这一切的前因后果：他珍爱的伴侣去世了，之前可以分担的压力现在完全落在他一个人的肩上。现在，家里有一个幼子需要照顾，而另外一个稍大一点的孩子，因为切身感受到了丧母之痛，变得异常叛逆。更为重要的是，我的父亲还渴望寻找一位异性伴侣。

尽管异常悲痛，但母亲去世后不久，父亲就开始与其他女人约会。罗伯特和我对此没有异议：父亲不开心，而他早期的女友之一、此时也已成为寡妇的莉莲，有办法让他或者说让我们所有人，都感觉更好。她十分和善，充满母爱。关键是，她经常笑容满面。我们家非常安静，是一个充满阴影、回忆甚至有些空旷的所在，但莉莲总是带来欢声笑语，让桌子上摆满美食，周围坐满友善的宾客。她会主办各种聚会。我说的是聚会！在我们共度的那个圣诞节，大家傻笑疯闹，排成一行，用下颌接力传递一个橘子。

不幸的是，莉莲很快成为历史。有人——主要的嫌疑人便是莉莲本人——开始宣布小道消息，说她和我父亲即将结婚。后者一听，脚底抹油，溜之大吉。那个时候他已经在某种程度上将我的母亲神化成圣人，这样一来，如此迅速地另娶新欢，远远不符合天主教宣福礼的规格。

一年夏天，全家出动，到德文郡徒步度假。但我们的父亲突然玩失踪，声称自己要去见一位老朋友。我们发现，为了见这位老朋友，父亲特地打扮得十分时髦。

第二天，他将这位朋友带来与我们见面。她的名字叫乔伊丝，曾经和父亲在同一间办公室共事，但后来不知为何离开伦敦，返回位于英格兰西南部的老家。

乔伊丝努力表现出和善。她人近中年，样子有些难以形容，对我们的态度过于讨好，让我感觉非常尴尬。但我还是选择原谅她，因为觉得她有些可怜。乔伊丝的身上曾经发生过某些令人害怕的往事。事实上，此前她一直和病重的父亲以及盛气凌人、傲慢专横的母亲共同生活。附近还生活着一位看似和善的已婚侄女。除了这位侄女、无足轻重的父亲和令人生畏的母亲之外，乔伊丝在这个世界上孑然一身。

事实证明，她和我父亲的关系绝非假日重逢那么短暂。后来，她开始在周末来我家里。虽然乔伊丝很想扮演母亲的角色，但显然不清楚如何照顾十几岁的男孩子。另一方面，她会做饭，和我父亲的风格大相径庭。她甚至会尝试烹制西班牙海鲜饭，这在 20 世纪 60 年代可谓大胆创新。乔伊丝还试图让房间变得更加整洁，让这个全然男性化的家变得稍微带点女人味。

“我们不需要女人插手。”罗伯特说。他不喜欢乔伊丝的奉承，也不喜欢她试图填补这个家庭的空缺。母亲走后出现的空缺，本来应该满是欢声笑语，但现在，言语之间，鸿沟立现。

我并未对她表现出类似的排斥，但只要乔伊丝来，我就尽可能躲到朋友家。实事求是地说，她的确可以让我父亲变得——即便不是真正开心，也至少不那么一点就着。这位和蔼可亲的父亲，身体内隐藏着一座火山，随时随地可能剧烈喷发。

就在突然间，完全没办法预料。

一旦发脾气，他会大喊大叫，乱扔东西，把人吓死。这种情况虽然不会经常出现，但我知道火山就在那里，伴随他气红了脸的暴怒一下喷发，有一次，我甚至被他吓得尿裤子。

我们有时会去曼彻斯特附近朴实但异常整洁的外祖母家住上一阵。当时我大概 13 岁，一天早上，像往常一样，我钻进父亲的被窝，聊聊天，喝杯茶。我喜欢靠着他的枕头，盖着浆洗干净的亚麻被子，手里握着温暖的马克杯，当时他突然说："我正在考虑与乔伊丝结婚。"

我当时想要对他大喊："不！"

但我实际说的是"好的"。

娶了乔伊丝，他可能会更幸福。我真心希望如此。或许这样他就不会如此易怒。我也真心希望这样。

我们几个子女并没有被邀请参加婚礼。父亲只是某天开车去了德文郡，回来的时候，两个人就已经结了婚。对乔伊丝而言，她终于得偿所愿，摆脱了自己刻薄的母亲。但或许步入了另外一座监狱，毕竟现在操持家务的全部重任都落在了她的肩上。事实上，父亲像当年迅速变成奶爸那样，又一下子变成甩手掌柜。似乎两个人之间的关系与其说是爱情，不如说是工作面试。而这份工作，就是管家。

我相信，乔伊丝试图充当一位贤妻。家里变得一尘不染。但现在我已经无处可逃，她一直在家。因为乔伊丝不知道如何接待客人，我甚至没有办法邀请朋友来家做客。但她人其实很好，感谢上帝，她很快便不再试图成为我的母亲，或许是因为我从来没有想过这样去看待她。

父亲、乔伊丝、罗伯特和我，只是恰好共同生活在同一屋檐下。即便是我父亲，也和乔伊丝保持距离。我没法说这段婚姻有多幸福。偶有口角，甚至冷战。一次，父亲甚至把她送回了德文郡的娘家，这多少让罗伯特和我心中窃喜。但乔伊丝后来还是回来了。之后，回头来看，白天两人口角不断，晚上似乎又和好如初。当然，第二天早上如胶似漆的爱意残留并不会持续很久。坦白讲，这实在让人捉摸不透。

罗伯特进入大学攻读法律，父亲对此专业大为赞许。我虽然想念哥哥，但他的离开，至少可以让家里的争吵和父亲的愤怒变得相对更少。

一年后，罗伯特回来了，他没有通过考试。哥哥表示，自己决计不会再学习法律，他准备转而选修心理学及社会学。

结果便是，父亲暴跳如雷。

“**社会学**？”他口沫四溅，“**这**算是什么专业？”

但罗伯特最终还是想办法研修了社会学，毕业后在法国的几所大学教授社会学，职业生涯相当成功。直到退休，他一直在法国就职。

海伦每次回家，都会指出家里有些东西不见了。我选择无视姐姐的抱怨，但随着年龄逐渐增长，我发现她是对的。我们的母亲的一切逐渐被修改了。多年来，与母亲有关的所有物件最终都消失不见了，装饰品、画像、照片、缝纫作品、针线篮子、书籍、掸子、瓦罐，通通不见了踪影。可怜的乔伊丝或许希望用自己的东西取而代之，但无论她买的、做的、造的是什么，都没有办法填充母亲留下的空白。

等到我去伦敦求学的时候，尽管乔伊丝已经抹掉了我母亲的痕迹，但在某种程度上，也让父亲和我们疏远了。就读医学院几年后，一切都变了。父亲从以前的职位退休，来到伦敦市中心谋得了一份会计工作。现在，我和他会面不用等到我回家的时候，让乔伊丝在旁边看着我俩。我们可以在城里共进午餐，事实上，我们经常一起吃饭。我再次获得了与父亲独处的时间。

我们经常光顾位于希腊街的一家餐馆。这家餐馆太小了，感觉就像是谁家的客厅。餐食便宜可口，我怀疑厨房的卫生状况未必尽如人意，但并不重要：在这里，我们父子可以共享温情的午餐时光。时间仿佛回到了从前，我的意思是，回到了乔伊丝出现之前的那些日子。他显得很放松，热情洋溢，我也是如此，也许是因为不用担心他会在公众场合大发雷霆。

或许父亲开始将我当作医生，或者认为我已经长大成人，他开始敞开心扉。他告诉我，乔伊丝的侄女其实是她的亲生女儿，而孩子的生父则是一名加拿大飞行员。乔伊丝的母亲将孩子拉扯成人，而乔伊丝则扮演偶尔出场的姑姑角色，在 20 世纪 40 年代，这样的事情并不少见。如此奇耻大辱，使乔伊丝的母亲将女儿看管得很严，因此，当我父亲出现时，已过中年的乔伊丝把他当成救命稻草。

现在很容易理解为什么她没有办法对两个男孩表现出任何母爱。因为她甚至没有机会抚养自己的孩子。

父亲甚至向我描述了和她结婚给自己带来的痛苦，在开车前往德文郡的途中，他甚至考虑把车子撞坏，既不伤到自己，又可以逃婚。但在乔伊丝这件事上，他决定最好还是硬着头皮走下去，以防乔伊丝，或者很可能是她母亲，起诉他违反婚约。这很像我父亲的行事风格。

在父亲为自己曾经的行为努力正名的时候，我始终面带微笑，脑子里却想起了16岁时他送给我的那本字典。他在扉页上颇费辛劳地用墨水仔细画出黑框，以完美的印刷体摘抄了亚历山大·蒲柏的几句话。写的是些什么话呢？还是青少年的我曾经一句不差地背下来过，但现在，我只能想起其中的只言片语。

凡你所说，都应让真实与坦率尽闪耀。

我决定回到自己的宿舍，重温这些字句。我想起来，这首诗为人们提供了恰当的生活法则和正确的言行标准。父亲对此笃信不疑，也希望我身体力行。

也是在某次共进午餐的时候，父亲告诉我，在母亲去世后，他好几次差点自寻短见。没有办法抛下罗伯特和我，这让他最终选择活下来。为了挨下去，他开始服用安定类药物，后来，他慢慢戒除了这个瘾癖，开始通过喝酒来帮助自己入睡，让自己的情绪放松下来。我从来没有见他喝醉过：每天晚上，他大概会喝上一两品脱德文郡出产的苹果酒，这似乎可以让他所失去的，以及后来经历的这场并不幸福的婚姻，变得多少可以忍受。

在坦承自己生活的真实现状，包括犯下的错误、留下的遗憾的同时，父亲还告诉我，他为我们三个孩子感到自豪：海伦是名教师，罗伯特在大学教书，而我则是一名医生。母亲在天之灵也会感到骄傲。我发自内心感受到了来自父母双亲的祝福。即便现在，父母已过世很久，每每想起在苏豪区的简陋小饭馆里所说的这些话，我依然会被深深触动。能够和至亲之人进行如此坦诚的成人间的对话，是何等幸运。

一年后，我们的对话结束了。父亲得到了拉夫堡大学管理系的一份教职。对于一个 14 岁就离开学校的人来说，这是项殊荣。他和乔伊丝必须把房子卖掉，搬到英国的其他地方。我很好奇此举会对他们之间的关系造成何种影响，但事实上他们的关系变得好多了：毕竟在拉夫堡的新家，没有那位悲惨前妻留下的任何痕迹。

很多学生假期都会回家，但我很早就放弃了这一习惯。我把暑假时光主要用来工作或到处游历。1974 年，我和伙伴们开着一辆福特“安格里亚”沿着意大利海岸线一路向北前往威尼斯，幸运地无视了在刚刚离开的希腊所发生的政治动荡，以及爆红的《管钟》卡带……那一刻，父亲和乔伊丝搬走导致我无家可回，已经变得不再重要。塞翁失马，有得有失。我刚刚交到一位新女友，而她看起来就是我的真命天女。

6

首次完成验尸时，我已近而立之年。之前，我在医院的不同科室担任住院医师，从外科到妇科，从皮肤科到精神病科。直到1980年年末，上述工作告一段落，我才开始专注于此前立下的目标。此时，距离开始学医已经过去了十多年，而我甚至还没有迈过成为法医病理学家的门槛：我首先需要成为一名合格的组织病理学专业人士。

概言之，病理学是通过分析特定疾病的微观细节来了解这种疾病的科学：找到致病原因，探求致病机理，掌握发病过程。其实，每个人多少都接触过病理实验室，只是没有太过留意而已。例如，所有尿液血液标本其实都被送到了这里。当然，在大量样本中观测如此微小的细节肯定不算是什么光鲜的工作，毫不奇怪，病理科基本上都位于医院的后部，远离病人的位置。

想要成为合格的病理医生，我需要花费大量时间观察显微镜切片，研究正常组织与患病组织之间的区别。例如，观察癌细胞就占用了我大量的时间。

这一切让我感到无聊至极，因为我很清楚，一旦实现了成为法医病理学家的梦想，这项工作就能交由专家负责，我将很少自己查看。但我现在不得不继续研究。很多病理医生都会对被认为自然死亡的死者尸体进行验尸，以确定准确死因，这也是我下一个阶段要接受的训练——毕竟，如果我连自然死因都分辨不出，如何能检验可疑且无法解释的死亡现象呢？

因此，我的首次验尸和犯罪一点关系都没有。死者来自图厅区的圣乔治医院，之所以将其分配给我解剖，就是因为大家认为死因并不复杂。

我知道，到时候会有资深同事和停尸间助理围在身边帮忙，但我依旧像头一天去上学那样忐忑不安。豆大的雨点砸在公共汽车的车窗上，流了下来，窗外的世界变得模糊不清，我不禁开始期盼，什么时候才能买得起一双好鞋，好让双脚不再湿冷，什么时候才能置办一件足以御寒的外套，能让身体保持温暖。坐在一路颠簸开往图厅大道的公共汽车前排，我缩成一团瑟瑟发抖，只好试图通过再次阅读死者的病历来分散自己的注意力。前一天，我拿到了这些文件，并和资深前辈进行过探讨，对其内容都已烂熟于心。

虽然已经在停尸间旁观过很多次验尸，但当手术刀握在自己手里的时候，依然既期待又担心。和第一堂解剖课一样，这次验尸也是一次检验——不能昏厥，不能颤抖，不能呕吐。否则，这不仅仅意味着我职业生涯的终结，我还将永远成为同事的调侃对象。如果犯错，我也将面临同样的下场。有人会站出来纠正我，并永远以此奚落我。关键是，我真的希望自己能做好。不要切到自己的手指而不是死者的，不要在重要器官上弄出窟窿，不要误将肠道划破。我希望下刀干净利落，清晰地露出相关器官，正确撰写鉴定报告，精准找出死因。这不仅仅需要一点点运气，更需要大把勇气。

大多数人闻到停尸间的味道时，就会踌躇止步。我得说，现在的停尸间没有任何味道，但也可能是我早已习惯。不过，可以肯定的是，当时每吸入一次福尔马林的气味，都会让我感觉鼻子受到极大伤害，那气味有如冬天的冬青树断枝或盛夏朽木的酸腐之气，但要更加销骨蚀髓。

走进停尸间后最先听到的，永远是些抑扬顿挫的友善交谈。不管你相不相信，和地面上的所有办公场所类似，其中还会夹杂些许欢笑。事实上，如果提到殡仪馆老板的话，那肯定是互相开玩笑，但我从来没有听到过任何消费死者的过分言论。根据我的经验，死者总是被给予最大限度的尊重。

运送尸体的通道远离公众。一般情况下，该通道毗邻一间整洁明亮的办公室，尸体运进来后，要在这里先进行详细缜密的登记，之后通过灯光亮如白昼的走廊运到冷藏间，十或十五个冷柜排成一行。

冷柜有数米高，每个冷柜能存放六具遗体。通过铁质手推车，这些死者被推入各自的冷藏箱。“咣”的一声，冷柜的门随即关上。“呼”的一声，推车停好，等待再次启用，并在与其他推车碰撞时，发出清脆的“咔咔”声。这便是停尸间里的声音，咣，呼，咔。

我对这里的气味和声音早已非常了解，事实上，停尸间开始让我有了家的感觉。但今天，我必须承认，这种熟悉感没有给我带来任何舒适感。

“来杯茶，迪克[1]？”一位善意的助理提议。可我连话都说不出来，更别说喝东西了。

停尸间的其他工作人员决定对我的这次成人礼开些玩笑。

“唉，迪克，别弄错尸体哦。”

林林总总，不一而足。我试图附和大笑，但脸像抽筋了一样——犹如人在士的宁中毒后呈现出可怕笑容。

我从更衣室出来，穿着工作服，一眼看到了停尸间专用的工作靴，死气沉沉的白色，与我那天的脸色形成了完美搭配。我戴着一副明黄色的“万寿菊牌”手套，系着围裙。这些年来，这套行头多有变化，围裙却还和屠宰工人或肉贩穿的那种别无二致。至于手套，无疑也是便宜货，非常适合用来洗盘子，但只能帮你抵挡病菌，根本没办法抵御刀锋。

“记着，迪克，这副手套还可以让你看到自己的手指头到底在哪……”这位工作人员刚给我善意的忠告，我已经走过冰柜，进入了验尸房。

死者是一位中年妇女，因胸痛难忍入院，数天后，死于心

1 迪克（Dick），理查德（Richard）的昵称。

内科冠状动脉病房。停尸间的工作人员已经将尸体摆放在瓷制解剖台上，静待我到来。她依旧身着寿衣。曾经，用床单干净利落地将尸体紧紧包裹起来，和整理医院角落的病床一样，属于高超的护理技巧，但现在，这些技巧已经变得非常罕见。此举表达了对死者的尊重，却让护士叫苦不迭：他们辛辛苦苦花费个把小时包好遗体，我们却在停尸间验尸时直接把床单撕下来。难怪，忙得不可开交的病房工作人员，最终放弃了复杂的亚麻折叠织物，转而使用简便的纸质寿衣。

停尸间工作人员解开寿衣，遗体显露无遗。

我定睛凝视。解剖因长时间浸泡，使人们忘记他们曾经活过的灰白色遗体是一回事，但现在要做的是另一回事。这是一具鲜活的尸体。就在 24 小时前，这位女士还活在这个世上，呼吸着新鲜空气，与家人、医生轻声交谈。根据病历，她曾经表示自己有决心康复，好参加一个月后孙女的婚礼。但一个小时之后，她便撒手人寰。

事实上，她看起来颇为健康，根本不像已经死了。我有一种奇怪的感觉，这位女士仿佛随时有可能醒来。但我即将切开她粉红的肉体，将刀放在她的身上，然后开膛破肚。当然，外科医生做的就是这个，但至少从理论上来讲，他们这样做师出有名：试图拯救生命，或者提升生活品质。但我没有办法这样为自己正名。恍惚间，我开始怀疑自己的所作所为是不是更像是杀人狂魔，而非白衣天使。

年长一些的同事不再喋喋不休，开始仔细观察我，看我为了找到蛛丝马迹来确定死因，进行尸体外部检验。

这是我一直念兹在兹的事情，努力付出就是为了这一刻。但现在，突然间，成为像基思·辛普森一样的法医专家、帮助警方侦破案件的野心，看起来好像男学生的白日梦。摆在我面前的现实，便是躺在瓷制解剖台上一动不动的女性遗体。难道是邪灵附体？我想从事这个行业，简直是疯了。

“没事吧？”有人问道。关切的口吻显然取代了此前的玩笑。

我深深吸了口气，下定决心，拿起手术刀，将其抵住死者锁骨中间、脖子中央的小缺口。向下运刀时，我没有感到任何皮肤阻力。我将刀一直推到腹部中央。为了防止颤抖，我死死握住刀柄。向下，向下，最终停留在耻骨位置。

沿着同一条切口，我第二次下刀，切过一层明黄色的脂肪层。病人明显超重了。人死后随着体温降低，脂肪呈现固化状态，与皮肤贴合得更加紧密，因此很容易便可剥离。再下面便是肌肉层，以及被肥肉隐藏起来却一直存在的这个“瘦人”的胸廓。

接下来切开肌肉组织的也相对简单。我们很难相信，去骨之后的人体与肉铺钩子上挂着的动物躯体何其类似，人的肌肉组织看起来多像是牛排。

现在，我可以像翻书一样，将皮肤沿着身体中线向外翻折，即便两侧都还留有乳房，这样做也并不困难。主要问题是需要确保手术刀不要切破脖子附近的皮肤，如果前来向遗体告别的亲属看到这里破了，他们肯定会吓一跳，因为死者看上去好像被人捅了一刀。事实上，停尸间的工作人员非常善于为菜鸟医生犯下的错误擦屁股，但这需要一瓶威士忌作为谢礼，这我显然负担不起。

拨开皮肤、脂肪层及肌肉组织，可以轻而易举地切断肋骨前段并将其拿开，如此一来，我便能检视尸体内部的器官。

死者的肺部肿胀，呈紫色，遍布烟油。

“嗯，看起来像是个烟民。”年长些的同事边说边摇头，同时将自己被尼古丁熏成黄色的手指藏在身后。

“但紫色代表存在水肿。”另一位又补充道。

“肺水肿……”我有些紧张地附和。这意味着肺部积满了液体。虽然在心率衰竭的过程中也可能出现这种现象，但我清楚，人在濒死状态下，因为心脏停止工作，很可能会引发这种情况。由于死因千变万化，肺水肿通常并不具备诊断价值。

我打开心脏所在的胸膜囊，而其就位于胸腔左侧。

“没有出血或其他积液。但看起来存在严重的栓塞。”抢在其他人指点前，我快速说道。心脏前侧约三分之一的肌肉与其他部分相比明显更白，这意味着存在供血、供氧不足的情况。心肌梗死，或者俗称心脏病突发，其实是指心肌坏死：如果病人幸存下来，最初的受损部位将会留下瘢痕，但这次心脏病发作是不久前发生的，不至于产生瘢痕。

“最后一次的血压结果是？”他们问道。

“很高，高压 180，低压 100。”

“高血压……哦，这位女士的心脏确实十分肥大。”其他人暗示。

在我看来，死者的心脏倒是比较正常。

“心脏肥大？”

“左心室壁看起来有点厚……称一下吧。”

心脏重量达到 510 克。果然很重。

同事们询问我：“你怎么看？”

“嗯……肺部积液。高血压。左侧心室肥大，还有心肌梗死。一条冠状动脉存在血栓。”

“没错，那是哪一条呢？”

还在上解剖课的时候，出于我个人的原因，我在解剖心脏时，曾在这个器官上颇下了些功夫。它的结构、相关致病机理、连接的动脉和瓣膜，特别是二尖瓣。当然，我清楚心脏是怎么回事。

“应该是，嗯……左前降支动脉？”

大家点头，说道：“看一下！”

我听命行事，果然如此。巨大的红色凝块完全阻止了动脉血流，使得心肌无法得到必要的血氧，最终彻底坏死。

那天，我彻底感受到人体机能的伟大。恐惧渐渐消逝不见，我变得愈发专注于自己的工作。即便如此，我依然有闲暇体味身体的奇妙：复杂的系统，绚烂的颜色，以及那种美感。血液，不仅仅是红色，而是呈现出鲜红的颜色。胆囊也不仅仅是绿色，而是呈现出丛林般的叶绿色。大脑，则呈现出灰白色——不是 11 月天空的苍白，而是飞鱼般的银白色。肝脏，也不是校服上那种沉闷的黄褐色，而是宛如刚刚被犁开的土地般的红褐色。

验尸完毕后，所有器官都已被摘出，现在，停尸间的工作人员开始进场，变魔术般对尸体进行重建。

“干得不错，”一位前辈对我说，“没那么可怕，不是吗？”

终于结束了，我的速度其实很慢（午饭时间已过），但我没有犯错。我将对罹患心脏病的老妇人的个人感受搁置一旁，利用自己所受训练，以完全临床的方式靠自己完成了验尸。事后清洗的时候，我感觉如释重负。就像是一匹小马，年复一年绕圈奔跑，真正面对跨栏时却颇为紧张，最终，轻松跨越，无比简单。

但事后来看，那天最艰难的工作还不是验尸。面见这位女士的遗属显然更难。如果能够选择，我肯定不愿意见他们，但他们十分明智地要求与病理医生会面，希望借此可以帮助自己理解家人的死亡原因。而这位病理医生，当然就是我。

其他同事拯救了我，主要由他们与遗属交流。我根本没有办法胜任这项工作，死者家人的震惊与悲伤让我无法承受。事实上，直面遗属的情感时，我发自内心感到无力。他们的痛苦似乎也传染给我，由身至心，仿佛我们之间连着一条看不到的导线。我根本不记得自己有没有说过话，如果说了，或许也只是重复自己对他们永失所爱的遗憾之情。大体上，在其他同事侃侃而谈时，我确定我只是在点头而已。

这次会面让我——或者说没有这次会面我也能——见识到无声无感的逝者与其给生者带去的情感波澜之间的惨烈冲突。

离开那个房间，我长舒一口气，同时暗自许下心愿，将竭尽所能避免与遗属见面，坚守在亡灵的安宁世界，与事实、度量和确定之事为伴。在他们的那个世界中，没有任何情感，更没有情感的丑陋姊妹——痛苦。

7

虽说才三十出头，我也会情绪激动，但在管理强烈的心理波动方面，我的能力显然更强。这大概是因为在孩提时代，我便学会了努力抑制由母亲生病而引发的焦虑。尽管母亲的死让我悲痛不已，但生活还要继续。家里沉默而空旷，如同荒漠，根本没办法滋生任何炽烈的情感，唯有如此，才能让自己喘口气。有时因为哥哥叛逆或父亲突然大发雷霆，我们也会体验到这种情感，但依旧很难相信，它一直就在那里，掩藏在地表之下。

我也希望自己的生活在情感上是波澜不惊的，但首次验尸后的情况并非如此。从停尸间回到家，我推开门便听到当时刚刚降生不久的儿子的哭声。孩子没有办法意识到自己在父母心中所激起的异常强烈的爱怜与无措。而我的妻子不满于我所中意的心平气和的状态。

学生时代，珍和我在医院邂逅。这位漂亮的黑发护士对正为期末考试而焦头烂额的我嘘寒问暖，给我的生活带来了极大的活力，她的聪明睿智让人感佩不已。每天，她都会以匪夷所思的速度做完《泰晤士报》上的填字游戏，尽管可能赶不上她的父亲奥斯汀完成《每日电讯报》类似游戏时的神速。奥斯汀曾在印度任骑警，后从乌干达殖民警察队的职位上荣休，如今他在马恩岛安享晚年。

珍的父母是马恩语出版协会的坚强核心。当她第一次带我回家的时候，我被这个忙碌、令人目眩以及对我而言十分奢华的世界给征服了。奥斯汀在高朋满座的客厅，仪态自若，鹤立鸡群，到处都是威士忌苏打，到处都是欢声笑语，缺乏供暖设施的古老大宅，因为洋溢的热情，并没有让人感觉寒冷。家具和窗帘装饰繁复，稍显年久失修的大厨房，弥漫着诱人的饭菜香气。壁炉前面，总酣睡着两只爱犬。

我们深夜到达也不要紧。珍的母亲玛吉，总是会一手以颇为不稳定的角度拿着杯金汤力，一手挥舞着木勺，不吝关爱地打着招呼，给我们准备美味的食物。她是那种在任何社交场合都会成为焦点的女性。尽管几乎无法想象，但哥哥姐姐也曾向我保证，我母亲生前就是这样的人。相较于奥斯汀和玛吉在马恩岛家中营造的热闹喧嚣，我长大成人的地方当属一个寂寥安静的所在，甚至可以用空旷来形容。我尝试满怀深情地回忆儿时家里的收音电唱两用机、椅套以及俗气的地毯，但失败了。

珍的父母出于好心，为新婚的我们在萨里郡购置了新房。我也度过了住院医师阶段，获得了医生执业资格，正准备开始接受法医病理学培训。而珍当时也开始了卫生巡访员[1]的新工作。虽然一度连一张舒适的床或其他像样的家具都负担不起，但我们感觉非常幸福。几年后，我们认识到，这个时候组建家庭，时机再好不过了。

我们俩都不习惯面对逆境，但仿佛是定数，该来的还是来了。珍流产了，我和她都极为悲痛。我根本不知道如何面对铺天盖地的失去之痛：如果孩子健在会是什么感觉，我们本来可以过上什么样的生活，原本属于这个孩子的爱应如何安放。巨大的痛苦如影相随，压得我只能蹒跚前行。何处才能安放这种痛苦？深陷其中的我，根本没有办法在珍最悲伤的时候为她提供必要的支持。我该说点什么吗？该做点什么吗？如果应该，我又该做什么？

但我什么都没有说，什么都没有做，我也没有向妻子坦承这超越了我能够承受的情感范围。所以，接下来，当流产接二连三发生时，妻子根本无法疏解内心的痛苦，这让我的情绪变得日益低落。这是我无以言表的毁灭感的真实反映，但非常遗憾，我必须承认，我没有正视问题而是选择了逃避。我变得越来越自我封闭。她也如此。

我的确曾试着告诉珍，我是多么爱她，对于我们的孩子似乎没有办法突破细胞群阶段，我又是多么困惑。但这会起作用吗？

---

1 卫生巡访员（health visitor），英国的注册护士或助产士，主要负责为地方卫生主管当局走访特殊人群，如学龄前儿童家庭或残疾人家庭，就健康和社会福利等问题提供帮助或咨询。

没有。她似乎对我期望更多，她是对的，尽管我还是不知道自己到底应该为她提供什么。就像我还是孩子时，在母亲去世后，我根本不知道人们希望我如何表现。

最终，珍发现自己再次怀孕，整个孕期，她都在医院卧床养胎。这段日子显然令人不快，进一步加深了我和她之间的隔阂，直到我们的爱子克里斯托弗，一个足月的可爱婴儿在冬季降临到我们身边。

大多数父母都会记得翘首以盼的第一个孩子带来了多少混乱。以前，我为自己没有孩子而压力重重，现在，我因为自己有孩子而精疲力竭。即便身为资深的卫生巡访员，珍也是如此。我好歹也算是个医生，此前也有过儿科实习的经历，但我和妻子仍被这个动辄大哭、对父母为取悦他所付出的努力视而不见的小王子弄得手足无措。一直以来，我们都深爱着这个孩子，爱得深沉厚重以至于让人震惊不已，但他对我们努力的无视程度，同样让我们夫妻俩十分震惊。

完成首次验尸后回到家，一推开门，我便听到了克里斯熟悉的哭喊声，闻到了婴儿油的香味。珍在楼上，这位忙碌的母亲正在浴缸里洗尿布，手肘浸泡在水中的尿布堆里，同时还要轻声安抚永远在大声抗议的儿子。楼下客厅里，妻子的书摊放在一旁，她当时正在攻读开放大学[1]的学位，但克里斯的哭闹让

1 开放大学（Open University），又译为公开大学，是以广播、电视、函授与暑假学校等形式相结合的英国成人高等教育机构。

她今晚的计划彻底泡汤。

在珍的时间表里，每一刻都排得满满当当，也难怪她忘了今天是我的大日子。首次验尸所象征的跨栏高度已被抛在脑后，而我这匹曾经踌躇的赛马不禁怀疑，当时所面临的障碍是否真的如此难以跨越。

我走上楼去看看这母子俩。看到我上来，克里斯的脸皱了起来，原本可能展露出笑容，也可能迸发不满的咆哮。不出所料，咆哮劈头盖脸，如期而至。我从妻子手里接过孩子，他哭得更凶了。我左摇右晃，挤眉弄眼。他的脸不成比例地皱成一团。他会笑吗？当然不会。克里斯再次发出刺耳的哀号。怎么办，如何才能让他不哭？

珍哄孩子睡觉的时候，我开始准备晚饭。楼下，饭快做好的时候，楼上克里斯的哭声奇迹般平息下来。我和妻子一言不发，静静地吃着东西。晚饭后，我和她都开始学习。在我的世界里，考试永无尽头。而选读大学课程的珍，正在步入这个世界。

时近深夜。我筋疲力尽，毕竟昨晚一直都在为今天的验尸忧心忡忡地做准备。漫长的一天终于结束了，脑袋刚一挨到枕头，我就知道自己想睡觉，好好地睡一觉。我能感觉到，自己正在进入梦乡。我的身体变得放松，感觉十分舒服，就在我即将睡着的瞬间，突然，**哇哇哇哇！**

天啊，克里斯又醒了。他这么爱哭，我们甚至开始怀疑，尽管是母乳喂养，但他似乎患有乳糖不耐症。而这些理论对于我来说又有什么用呢？或许孩子对奶制品过敏，但他的肺部健康状况良好，可以大哭不止，而我们两口子当中的一个人必须要去做些什么。

“该你了。”珍嘟囔道。

我爬起来，屋子里又冷又静。

我将手伸进摇篮，将愤怒而执拗的克里斯热乎乎的身体抱在怀中。我爱自己的孩子，但我想要回被窝睡觉。我将他搂在怀里，开始在屋子里走来走去。缺觉正在摧残我的人性，我成了一个没有感情的机器人，带着我的小包袱一直走一直走，注定要走到时间尽头。我清楚这个小包袱是个婴儿，一个无比脆弱的婴儿。但我依然禁不住怀疑，这家伙难不成是个暴君？而他唯一可怕的目标，就是剥夺我最迫切渴望的甜美梦乡？

过了很长很长时间，轻轻的摇晃渐渐让孩子停止了哭泣，他开始打哈欠，闭上了眼睛。我聆听他的呼吸，平稳，沉静。是的，他睡着了。

我像艺术品大盗般，非常、非常轻柔地，蹑手蹑脚走到小床边，将我的这个小小杰作慢慢放进摇篮。我用毯子盖住他充满奶香的身体。因为困倦，他的身体变得异常柔软。我又在旁边观察了片刻。他拉长了脸，这似乎意味着……我屏住呼吸，努力保持安静。他在做梦。当爬到自己床上，我感觉到些许欣喜。羽绒被拥抱着我，我闭上了眼睛。这时，**哇哇哇哇！**

哪有绝望的父母不担心自己可能会拼命摇晃孩子的身体，

或者怒发冲冠将孩子狠狠扔到摇篮里，或者干脆抽一巴掌好让他停止哭泣？哪有绝望的父母不害怕自己迫切希望摆脱孩子永无止境的要求，摆脱令人精疲力竭又响彻心扉的哭声？

我心里清楚，尽管克里斯非常痛苦，但十分安全。我明白自己需要片刻安宁。我关上卧室门，孩子正在里面哭叫，我走到楼下的厨房，关上了身后的门。虽然儿子还在哭叫，但声音变得遥远起来。我捂住耳朵，再也听不到他的声音了。就这样，我继续将耳朵捂上了五分钟。深呼吸，恢复常态。然后，我回到他的摇篮旁。或许并非充满爱意，但起码很有感情，我对孩子的恻隐心再次萌生。我轻轻地将孩子摇入梦乡。

那次以后，我们研究了新生儿牛奶过敏问题，珍停止食用任何乳制品。克里斯立刻变得判若两人，睡得更好，甚至不时露出笑容。而我则十分感念从这位号哭的小婴儿身上学到的东西。感谢你，克里斯，让我理解了一些父母要面对何其巨大的压力。

8

两年后，我们有了第二个孩子安娜。她对乳糖耐受，因此很好伺候；或者，原因在于她的父母现在有了育儿经验，变得更加从容。

安娜出生时，我的首次验尸已经过去很久，我之后经历了更多次验尸。刚刚通过病理学专业考试的第一部分，我便开始在伦敦全城各处，从温布利到芬奇利再到图厅等地的停尸间工作，提高解剖的效率、认知与技能。

每到一地，都需要忙活一上午，死者整齐排列在解剖台上，静静等待着我的到来。这些都是毫无疑点的死亡事件，据信绝大多数死者是自然死亡，而这需要通过我的工作予以查明。

此类死因往往显而易见。大脑里有一团像红醋栗果冻一样的东西？那是中风的表征。严重心脏病呢？切开冠状动脉，如果发现动脉斑块，或者打开心囊发现某处瓣膜阻塞或因为心肌缺氧而产生的浅色阴影，即可快速确诊。对于肾脏以及肺、脾、胆、胰、胃、肠等器官存在的病变，我们可以轻而易举地加以辨识。但心脏、喉咙、脖颈、气管及支气管的解剖，的确需要花费一点时间。

对于我们这些从事验尸的人来说，这一时期出现了巨大变化。我们的前辈，包括我的英雄辛普森教授在内，完成一次验尸，查清无犯罪发生的死亡原因的平均耗时只有区区 15 分钟，这可能会让现在的病理学家大吃一惊。部分原因是，在病理学家到来之前，停尸间工作人员会先为待检尸体做准备，事先取出内脏以节省时间。在我刚入行的时候，这种做法还屡见不鲜。一旦找到了死亡原因，病理学家只需简单记录其余器官的情况，便开始检验下一具尸体，这种情况现在仍然存在。老派的病理学家认为，如果心脏明显存在问题，就不需要浪费时间称量肾脏。政府公布的验尸官正式报告，往往只有一页长，似乎佐证了这一点。

当然，由此产生了某些小道消息，认为病理学家只会检查心脏，如果发现存在心脏病，就会宣称心脏病为死因，免得费事去查看其他器官，但此举忽视了大多数西方人多少都患有动脉粥样硬化（动脉血管栓塞），也就是说很多人可能患有同样程度的心脏病。没有人知道究竟有多少这样草率的病理学家正在执业，但让人不禁强烈怀疑，他们对心脏病的过度诊断，歪曲了政府的死因统计数据。

等到我终于磨炼成熟时，这样的日子早已一去不复返。这不仅是因为我所接受的训练要求我更为彻底地检查尸体，还因为我的内心一直充盈着成为法医病理学家的渴望。我非常希望弄清楚，某个人的死亡是否另有隐情。我还渴望确定直接死因之外的其他相关因素。

但是，热情、年轻的谢泼德医生很难在传统的公共停尸间里推行他所学到的新方法，包括在尸体被停尸间工作人员接触之前对其进行外部检验，对每个器官进行称重和检验，采集毒理学或组织学检测样本，详细记录检查结果……甚至设置更为明亮的灯光。但工作人员对此并不欢迎。他们供职的停尸间通常设在一些灰暗公墓的深处，很多年长的工作人员在那里工作多年，早已习惯沿用陈规。我经常听到他们的办公室里传来的有关“新来的小子”和“美好的过去”等的愤怒抱怨。有时，如果我坚持对他们认为是例行公事的案件表现出特别的兴趣，就会惹恼他们，他们甚至拒绝给我提供热茶。这种残酷的惩罚很少会持续很久。

然而，我确实从这些老派思想中学到了一些东西。那些习惯于将自己遇到的首个异常情况称为死因的江湖骗子，让年轻的谢泼德医生领略了真相的弹性。真相是建立在知识之上的。当然，真相也会因为缺乏知识而减损。作为一名医生，我通过事实来寻求真相。作为一名病理学家，我现在认识到，自己所做的选择以及所选择研究的事实，都会直接影响案件真相。这是我迈向毕生检验真相本质的第一步。

尽可能严谨地大量进行验尸，始终孜孜不倦地寻找凶杀的蛛丝马迹，我越来越了解人体及其弱点，就像我了解地铁线路图一样，也许我对前者还更加了解。那些年，我始终保持着紧张状态：学习，指导医科生，当然，还包括验尸。接触死亡，已经成为一种生活方式。而在下一阶段的训练中，我不得不多少从停尸间抽身出来，花费更多时间仔细观察显微镜下人体病变组织的切片。

如果我闷闷不乐，我就会想办法从医院实验室里溜出来，去我的良师益友鲁弗斯·克朗普顿医生的办公室里坐坐。他引领我开启了自己的职业生涯，允许我研究他收集的大量警方照片，阅读相关验尸报告，从而一头扎进法医的世界：犯罪现场、伤口、被告人的辩解、目击证人的陈述，不一而足。借此提醒自己，有朝一日不用从早到晚盯着病理切片时，摆在自己面前的将会是什么。后来，我终于可以在他人监督下，对验尸官和警察可能调查的突然或异常死亡事件进行验尸。

最终，在开始医学训练16年之后，在儿子6岁、女儿4岁的时候，我获得了法医病理学家的职业资格。青少年时代邂逅辛普森那本书后就已确立的志向，终于达成。当然，这仅仅是一个开始。

我在盖伊医院找到了自己的第一份工作。顶头上司正是这个行业的佼佼者伊恩·韦斯特。一旦凶案或灾难发生，他所在的这个部门便成为警方、验尸官及律师的必经之处。更令人兴奋不已的是，这里还是我心目中的英雄，基思·辛普森教授曾经供职的地方。

盖伊医院共有四位病理学家，理论上，我们要随叫随到，但彼此之间可以对具体工作加以调整。不太有趣的案子，也就是说，从医学或法医学角度来看缺乏难度的工作，一般会被丢给资历较浅的人来做。刚刚获得法医病理学职业资质的我，恰恰处于支配序列的最底端。

没有杀人案需要处理的时候，我们会给医科生，或者警察、验尸官等更为专业的听众进行授课或讲座。这些学生基本上都是医学院四年级学生，对于其中大部分人来说，这门课的目的是为他们打开与其温暖舒适的家截然不同的另外一个世界的大门：这里充满了强奸、谋杀、攻击。学生们听得如饥似渴，教室里人满为患。过道和教室后面挤满了人。他们不仅学到了与生命相关的知识，还了解到愚蠢与缺乏人性会如何酿成致命悲剧，我希望他们至少能够学到一点对于可疑死亡的认知。

能够在听众聚精会神的教室里滔滔不绝，当然会让人感觉愉悦，但我们这几位病理学家实际核查杀人案的时间，明显多于讲授杀人案的时间。伦敦似乎充斥着谋杀，至少经常发生突然或可疑的死亡事件。我们在办公室里开会，观察照片，讨论案件，之后还会在酒吧里继续讨论，警察或出庭律师有时也会参与进来。整个讨论吵吵嚷嚷的。

当然，在伊恩和其他同事的指导下，我以非常专注和严肃的态度完成了刚开始的几次验尸，虽然这些工作都很简单。但那一天终于来了，我作为盖伊医院的法医学讲师，独自处理了我的第一起杀人案。事实上，因为工作很忙，所以这一天很快就来了。当我走向位于克罗伊登的一栋普通公寓时，那种自豪感难以用语言形容，那里有一具尸体在等着我。我感到骄傲，没有一丝紧张。

那是一个工作日，时近晌午。我的心跳得厉害，也许是因为我想努力让自己看起来像一个此前多次被警方叫到现场的病理学家的缘故。

一名年轻白人躺在路边的排水沟里，周围被警戒线和警察用身体组成的人墙包围着，在他们身后则挤满了记者和邻居。伦敦警察厅的一名摄影师忙着拍照，在我弯腰检查尸体的时候，他停了下来。

死者仰面朝天倒在地上，脸上的划痕和瘀伤清晰可见。但我清楚，事情远不止如此，他的上身浸在血泊之中。

我伸出手去。死者体温尚存，还未僵硬，尽管肌肉，尤其是脖颈和手指部分已经开始变得僵硬。

我将他翻了过来，厚外套背部留有一个切口。血液正是从这个地方涌出。我将尸体复位。

摄影师开始工作时，我为验尸报告做了更多笔记。在报告中我必须描述案发现场和我在那里发现的东西，然后详细记录在停尸间对尸体进行的全面检查，最后得出关于死亡原因的最终结论。关于最后这一部分，我希望不会旁生枝节，因为年轻人背上的伤口还在滴血。但从现在到得出最终结论，还有很多工作要做。

受害者的身份还没有被确认，所以到目前为止，他只是被记录为不知名的年轻白人男性。死者看上去约 18 岁，身材纤细，生前可能属于很多人眼里的帅哥。我将自己看到的内容悉数绘制在现场勘查图表中，其中特别标注了道路和相邻人行道上的血迹位置。我快速记录下现场、死者的衣服和尸体的位置。这些笔记将在验尸报告中重新出现，具体如下：

> 颈部与下颌出现尸僵现象，但在身体其他部位并不明显。上述发现与死亡发生三小时以后的情况相吻合。

我尽可能表现出权威的口气，避免让人发现这是自己接手的第一个案件，我要求验尸官将尸体移至停尸间。我将与几位警官（包括一位警司）一同赶赴那里。现在再看到这份报告，我不禁感觉匪夷所思。今天街头如果发生捅人事件，绝不可能有“警司”这个级别的警察到场。

在停尸间，工作人员对尸体进行了更为细致的拍照取证，我也在接触死者尸体前对其穿着进行了更为细致的记录。

> 夹克：左侧背部沾染大量血污。附着道路上的碎石。衣服纤维存在三处缺口。缺口一，距离背后中缝左侧 8 厘米，距离领口位置约 21 厘米。长约 8 毫米，近似水平方向。缺口二，距离背后中缝右侧 12 厘米，距离领口位置约 21 厘米。长约 16 毫米，垂直方向。缺口三，距离右边袖子侧中线以下约 3.5 厘米。长约 18 毫米。水平方向。
>
> 运动衫：背部及左侧沾染血污。衣服纤维存在三处缺

口……

牛仔裤、平角裤及内裤腰带后侧沾染血污。牛仔裤小腿部分后侧有血液溅污。

在我用几页纸的篇幅快速记录好衣物情况后，我们将其从尸体上褪下，分别装入单独的物证口袋，由一名警官负责保管登记。

等到尸体裸躺在解剖台上，我才发现伤口非常严重。背部共有三处刺伤，其中一处足以致命，另外在腹部、脸部还存在其他九处明显伤痕。在我的笔记本中还包括一些空白的身体示意图，我在上面可以标注伤口的细节，对其编号，然后做笔记：

面部左侧存在五处伤痕：

伤痕一：直径为3毫米的挫伤，位于左眉侧缘的正上方。

伤痕二：左上眼睑外侧缘有10毫米弯曲状撕裂伤伴生相关瘀伤。

伤痕三：左颧骨侧面有20毫米×20毫米擦伤，伤口变干……

撕裂伤不同于刀伤的干净切口。在撕裂伤中，皮肤被撕开而不是被切开，多由钝器造成。很少有人将马路、路缘或建筑物视为“武器”，但如果身体与其相撞，这些物体就会产生武器的效果。在本案中，我认为撕裂伤可能是受害者摔倒时头部撞到路缘所致。

擦伤主要是指划痕或蹭伤，很少穿透表皮，即皮肤的外层坚硬部分。因此，擦伤实际上不会导致出血，但可以渗出通常是斑点状的血痕。因为会在粗糙的路面上划擦而引起，所以擦伤是道路交通事故的典型特征。当然，擦伤在生活中十分常见，但从法医学的角度，这种值得思考的伤害也可能在死后才出现。假设这个年轻人的尸体遭人沿着马路拖曳，也有可能造成体表擦伤，但很难据此判断此人是在被谋杀之前还是之后被拖拽。

挫伤表现为瘀伤。毛细血管受伤后出现破裂并出血。儿童身体组织的弹性更好，因此他们的皮肤比失去弹性的老年人更不容易留下瘀伤。然而，瘀伤具有欺骗性，由于它们的主要成分是血液，而血液具有流动性和生物降解性。结果便是，瘀伤会因为时间和重力的影响而发生变化。最值得一提的是，瘀伤会变色。这是因为，一旦血液脱离血管的限制，身体就会开始对其分解。一般来说，瘀伤可以呈现从紫色到黄色，再从绿色到棕色的不同状态。根据瘀伤的颜色来确定瘀伤的形成时间，这方面很早便存在大量研究，如果能设计出一种可靠的方法，那当然将极有助益，但不幸的是，没有一种方法是可靠的。

瘀伤在死后变得更加突出，“新的”瘀伤会在死后几天甚至几周后出现，这无疑会令人感到不安。这并不意味着尸体在停尸间受到了磕碰，仅仅是因为红细胞继续从受损血管中渗出来——这是由重力而不是血压所导致的。

我花了很长时间才把受害者的外伤记录完毕。之后，我抬起头，眨了眨眼。警察惊讶地看着我。我在想下一步该怎么办，一切停顿片刻。

现在，我不会因为停下来思考而感到丝毫羞耻，但当时，我很想显得自己能掌控大局，不得不又假装写了一会儿笔记来给自己争取时间。我希望工作人员能关掉广播一台，又不好意思开口。

电台中，克里斯·蒂伯[1]正在演唱那首《红衣女郎》。

我努力集中注意力。当然，接下来需要用拭子擦取生殖器、肛门和口腔的样本，以便科学家们寻找性侵的任何痕迹。

“能不能把这个鸣哇乱叫的声音关掉？”警司说道。

停尸间的工作人员显然不太情愿，但只好照做，这让我松了一口气。但这样一来，当我从这位年轻人的头发及指甲处采集样本，借此寻找可以将受害者和袭击者或者某个地方联系起来的皮肤组织、纤维或其他任何东西时，屋子里变得异常安静。验尸接近尾声时，我将提取血液、尿液及任何其他可能相关的组织学样本。

所有证物均以我姓名的首字母加编号的方式做了标注，例如RTS/1。作为一名新人，我充满自豪地一一写下每处标注。30年来，这三个独特的字母组合标志着我参与过的每一起案件，但那天，当我第一次落笔时，这三个字母看起来就像学期

1 克里斯·蒂伯（Chris de Burgh），爱尔兰著名音乐人，1986年他的单曲《红衣女郎》（*The Lady in Red*）发行后即成为热门金曲，在多个国家的音乐排行榜拔得头筹。

伊始的制服那样崭新。

房间里的每个人——验尸官和警察——都在等我开始内部检验。警察肩负着一项鲜为人知的职责，这便是列席验尸：他们的到场是整个程序的一个重要组成部分。当然，警司在任内想必见过不少大事，但另外一位见证这一过程的年轻警员显然初经此事。在做外部检验时，他看上去就很痛苦，当我拿起手术刀，这位警员的脸色变得非常苍白。

“没事吧，小伙子？”警司问道。

年轻警员勉强点了点头。

我也想说点什么，好让他感觉舒服一些。但做不到。我当时正忙活得不可开交，努力让自己看上去像曾经独自负责过多次验尸。

“哦，你很快就会适应的。”我故作轻快地说道，以此掩饰自己的紧张。

警员咽了口唾沫。我试图露出让他安心的笑容，但我太过紧张，面部肌肉非常僵硬，笑容因此可能变得有些诡异，警员并没有还以笑容，反而变得警觉起来。随后，当我切开尸体时，发现这位年轻警员依然目不转睛地盯着我的脸。他看我的方式让我有些不安，以至于好几次握着手术刀的手出现了轻微抖动。我抬头看了一眼，发现他的脸上好像戴着一张吓得灵魂出窍的惊恐面具。盯着我的脸，显然是他避免将目光落到我手上的权宜之计。

我本想找到某种方法向他表示安抚或支持。但我自己也太过紧张，根本无暇帮忙。即便是经验丰富，像久经战阵的老兵那样相互寒暄的警司和验尸官，现在也停止了交谈，一声不吭地看着我。通常情况下，停尸间的工作人员会用俏皮话或评论来让气氛轻松一些，但今天他们很罕见地一言不发。为什么没有人说话？随便说点什么都行。所有人保持沉默。我甚至开始希望他们再次打开收音机。不过最好换一个频道。

在他们的注视下，我开始查看伤口内侧。当我从尸体内部检查死者面部的伤痕时，年轻警员突然身体颤抖，猛地用手捂住嘴，冲了出去。

“啊哦。”警司说道。验尸官则笑出了声。之后，大家又变得安静下来。

我对受害者的内部器官进行了常规解剖，没有发现肋骨骨折或其他骨折。必须确保不存在造成死亡的自然原因。但是，这位年轻人身体非常健康。当然，他已经死了这个事实暂且不论。

验尸结束后，我感觉很高兴，同时不禁自问，为什么这次的气氛与以往的验尸如此不同。我参加过不少验尸，虽然不能说都十分愉快，但始终洋溢着同志情谊，起码有一些讨论或者声音，但今天却完全没有。到底出了什么问题？

回到办公室，我开始撰写报告。

一号刺伤位于脊柱左侧 6 厘米处……伤口上缘平滑、下缘粗糙……伤口长 26 毫米……贯彻左上侧胸廓的第五和第六根肋骨……贯通伤接下来刺入左肺后部上端，向

> 前，稍向下，朝向脊柱方向。伤口横穿左肺上侧，刺破左肺动脉……伤口长约40毫米，呈不规则状……伤口附近的皮肤没有瘀伤。

也就是说，在身体内部，刀伤的长度几乎是体表伤口的两倍。我做了进一步分析。

> 伤口穿过背部肌肉的路径表明，受伤时受害者的左臂抬起。内伤和外伤的大小不一致意味着武器在胸腔内发生了位移。

这把刀的移动方式显得异常关键。无疑，和大多数刺伤一样，这是一个动态过程。受害者或袭击者可能处于移动状态，或者他们虽然保持静止，但刀子本身在体内移动。有时，这种移动的意义直到后来才会显现出来，因此必须留意。

我详细记录了其他两处刺伤及其伤痕的情况：仅刺破背部肌肉。接下来，我还对死者左脸上的“钝器伤”做了编号。

这具尸体存在撕裂伤、擦伤和刺伤。但值得注意的是，没有防御伤。典型的防御伤很容易被发现。遭遇他人持刀攻击时，受害者的手掌和手指可能被割伤，在这种情况下，后者试图抓住刀刃，绝望地试图自保。这个年轻人身上没有任何防御伤，而是遭到了来自背后的致命攻击。

现在我该下结论了。这是验尸报告中大多数人首先去看的，也是应让非专业人士——警察和死者亲属等——理解的部分。

现在我终于明白报告格式的意义了。首先，排除受害者死于自然疾病的任何可能性。接下来，说说到底是什么导致了死亡，以及受害者的死亡过程。然后，对可能导致受伤的武器、事件或行动做出有价值的评论。最后，就死因提出医学意见。这是报告中最为正式且具有法律效力的部分，如果被接受，将出现在死亡证明上。

我写道：

死亡系非自然原因造成。一号刺伤……导致死者出血过多，几分钟内便死亡。伤口的外观与宽度约为 18 至 20 毫米，长度约为 15 至 17 厘米的单刃刀具相吻合。凶器长度至少约 15 厘米，很可能一端有尖。

死者面部右侧的伤痕以及面部左侧的伤痕一至伤痕四与平整表面的打击或撞击相一致。不太可能由于摔倒在路面上而造成，但不能完全排除这种可能性。这些伤痕似乎是在面部左侧伤痕五形成之前的某个时间段内出现的。伤痕五符合与粗糙表面接触后留下的痕迹。

死亡原因：

1a. 出血过多。

1b. 胸部刺伤。

这桩罪行，尽管毫无疑问给受害者的家庭造成了巨大损失，但实际上对病理学家来说，太过稀松平常。这算不上我写过的最长或最详细的验尸报告。即便如此，这份报告也让我写到半夜。

一旦这个小伙子的身份被正式确认，我就可以写上他的名字了，但除了这一点外，我对每一个事实以及我的每一处推论，都感到怀疑。是我推测得太多了吗？能否确定那些面部伤痕不是在路上摔倒造成的？需要解释一下刀为什么会在胸腔里移动吗？我听起来足够自信吗？我可不想当警方把某个人押入被告席，辩方律师问："告诉我，谢泼德医生，在这之前，你单独完成了多少起刺杀案的解剖工作？什么！**从来没有？**"

即便刚刚开始自己的职业生涯，我也早就深知，出庭做证可能意味着步入雷区。在办公室里撰写你的验尸报告是一回事，作为一名专家证人在法庭上面对猛烈攻击并表述自己的观点，又是另一回事。我从许多前辈那里听过不少出庭故事，对于自己首次出现在刑事法庭的证人席上，既有些期待，又有些不安。

警方很快审问了克罗伊登刺杀案中的一名嫌疑人，这名三十多岁的男子显然之前和受害者素昧平生。年轻人去附近的一个上锁的车库，想从嫌疑人那里买一台便宜的、很可能是偷来的汽车收音机。

警方让我核实嫌疑人对事件的描述，我们一致认为，最好还是重返现场。所以，几天后，在那位警司、一位督查和一位警长的陪同下，我回到了克罗伊登。

我们面前是一排脏兮兮的车库，门上的油漆斑驳脱落。

“被告人声称，在受害者离开这间车库后，有人从后面捅了这个年轻人。因此，事件一定发生在死者被发现的位置附近。”警司说道。

我说：“车库里没有血迹，这个说法可能是真的。”

大家看起来颇为失望。当然，这也不是我最后一次让警探感到失望。

“好吧，可是我们认为被告人就是在这里捅了受害者。但车库外没有血迹……除了受害者身子底下，路上和其他地方都没有留下血迹。”

我感觉到自己的重要性，感觉自己好像辛普森医生。后面紧跟着这些高阶警官，我数着步数（100 步），同时以肺部遭人刺伤后濒临死亡的时间计时（53 秒）——不要忘了，受害者因为呼吸不畅及头晕目眩会越走越慢。

我转向警探们。

“你们可能是对的，他可能是在车库里被刺伤，然后一路走到被发现的位置。”

他们的脸上露出了笑容。

我写道：

> 我的意见是，对于遭受一号刺伤这类伤害程度的伤者，完全有可能在倒地前步行移动这段距离。
>
> 这条路线上没有血迹，可能是由两个因素造成的。首先，遭到一号刺伤后，直立状态的受害者在胸部的血量达

到皮肤伤口的位置前，很少会出现外出血。其次，死者穿着衣服，特别是那件厚夹克，会吸附大量的血液。

我之前还担心出庭做证，后来被事实证明纯属多余。因为某种技术问题，首次审判的陪审团解散了，庭审因此搁置。等到最终开庭时，我已经通过众多凶杀案的验尸历练变得游刃有余，辩方律师根本想不到这居然是我经手的第一个案子。

我出庭做证，辩方律师对我进行交叉询问，都进行得十分顺利。

对我来说，一切都一清二楚。我查阅了针对被告人的控方证据，相当令人信服。三处刺伤，包括受害者肺部后侧的一处贯通伤，让街头小报有机会使用他们最喜欢的表述“疯狂攻击”。控方当然也使用了类似表述，试图让陪审团对被告人心生愤怒。

因此，当被告人被无罪释放时，我感到极度震惊。显然，陪审团未能排除合理怀疑[1]，确信被告人有罪。我担心了好一段时间，究竟出了什么问题，是因为这是我接手的第一个案子，不知何故我未能提交一份有效的验尸报告？或者，我向陪审团提交的意见有误？没人知道答案。

几年后，我在公共汽车上翻看《伦敦标准晚报》时，偶然在报道庭审的新闻中发现一个看起来很熟悉的名字。报道称，

1 排除合理怀疑，指在刑事诉讼中陪审团认定被告人有罪时适用的证明标准。即只有控方提出的证据对被告人有罪的事实的证明达到无合理怀疑的确定性程度时，陪审团可裁断被告人有罪。为适用该标准，陪审团须首先推定被告人是无罪的。

一位大约 18 岁、身材苗条的帅气青年，被一个陌生人捅了三刀。一处刺入左肺的伤口几乎足以致命。但受害者奇迹般地幸存下来，并指认出袭击者的身份。事实上，受害者还指出，袭击者威胁说：反正你快死了，最后一件事最好就是和我做爱。

我想起来自己接手的第一起案件。同一名被告人，同样的罪行，同样相貌英俊的受害者，只不过后面这个受害者更加幸运。

我知道这名被告人身上背负着其他谋杀指控。当然，陪审团在认定被告人谋杀未遂罪名成立时，对此一无所知。

9

我接手的第二个案件还是一起刺杀案。一天晚上，9点左右，我接到警方通报，赶往一间在伦敦再普通不过的红砖联排屋，因为警方的存在，这间屋子才与路上其他房屋区别开来。

屋子内部的装潢意外地考究。楼梯扶手沾满血迹。我一路追踪血痕，走上楼，发现在一间卧室的门内，一名赤身裸体的灰发男子头朝里脚朝外，倒卧在血泊之中。

我推开门。呆板的暗色壁纸让整个房间看起来较为压抑，沉重的大型木质家具让整个色调变得更加暗淡。尽管稍显杂乱，但一切物件各就各位。闹钟，收音机，相框。红木五斗柜上，一台小电视机正对着床铺。

一个男子曾在这个房间里，生活得井井有条。但完美的生活秩序戛然而止，这位上班族现在浑身是血，躺在地上。

尸体四周，很难下脚。他的后背到处都是飞溅或流淌的血痕，甚至还溅到了墙上。床上半铺半盖着一条羽绒被，但依然没有办法隐藏床单上的一大摊血污。地板上，在一个插座附近的血泊中，几乎“漂浮”着一把长长的木柄厨刀。

我小心翼翼地将尸体翻过来，发现胸部有一处开放性刀伤。我认为，可能还有其他伤口隐藏在血污之下。

接下来便是量取尸体温度。因为死者全身赤裸，所以这样做难度不大。要通过直肠测得体温，如果必须先褪去死者的衣服，犯罪现场很可能会出现混乱。我知道在大多数情况下，尸体直接被运到停尸间，然后在那里完成温度测量。这次，受害者的尸体温度为26.6℃。

在旁边站着的警探问道：“那么，医生，他什么时候死的，准确时间？”

我的心一沉。特别是听到了“准确时间”一词。每个人最开始都会如此询问，而这也折射出公众对于法医病理学家的认知与事实之间的巨大鸿沟。在我看来，这都是因为那些破案题材电视剧的误导。事实上，对于我们来说，准确判断死亡时间是非常困难的。

警探在等着我的答案。

“嗯……我没有办法确定……”

对病理学家来说，尸体温度是确定死亡时间的最佳指标，但并不是十分可靠的指标。基础物理学告诉我们，人体会因为将热量传导给周围更冷的环境而体温下降。当然，事情并不会如此简单。基本来说，死亡后8小时内，尸体就会变凉。当然，这个过程也不简单。事实上，尸体最长可以在36小时之内保持温度，残余的新陈代谢活动意味着尸体温度不会显著低于室温。

接下来，随着组织开始分解，尸体温度甚至会出现上升。

人死后温度的下降速度取决于诸多变量：死亡时的体温、环境温度、气候变化、集中供暖、开窗通风、衣着、羽绒被的保暖性、尸体的姿势（我们都知道，蜷缩的状态更容易保温）、体重（脂肪是良好的隔热材料）、肌肉占比（肌肉越少失温越快）以及死者的年龄（儿童的皮肤面积与体重之比更大，因此失温速度更快）……如此众多的细小因素的叠加，使得人们基于尸体温度估计死亡时间注定无功而返。

即便我们利用计算机程序，充分考量各种因素后，也依然无法对死亡时间做出准确评估。虽然据此可以得出死亡时间的某个区间，但这个区间可能有好几个小时。即便如此，其准确率也不足 90%。

警探聪明地点了点头，说道："我想你可以从尸体僵硬程度判断死亡时间。"

其实不能。这种认知同样纯属误解。人死后身体明显会出现僵硬，但这个过程同样存在诸多变量的影响，据此估计死亡时间，准确度可能还不及基于尸体温度的判断。尸体僵硬的速度和程度取决于温度。寒冷冬天暴露在室外的尸体，可能在死后一周不会出现任何僵硬的迹象，但同一尸体如果被移送到温度较高的停尸间，随着尸体温度的增加，很快会出现尸体僵硬的现象。其他影响因素还有很多。死者生前是否正在运动？生理锻炼所产生的乳酸会加速尸体僵硬的过程。死亡是不是高烧所致？这同样会导致尸体僵硬速度变快。死者是否因触电死亡？或许因为肌肉细胞受到刺激，尸体僵硬的速度也会相应加快。尸体在火炉前或热水浴缸中，僵硬速度都会加快。

事实上，当心脏停止跳动，肌肉细胞无法获得新陈代谢所需的氧气时，就会出现尸体僵硬的现象。多年来，人们一般认为尸体僵硬现象首先在尸体面部出现，任何试图对死者进行人工呼吸的人，都会意识到这点。但现在我们才了解，尸体各个部位的僵硬现象是同时出现的，只不过在肌肉组织相对较小的地方，如下颌、手指、眼部等，更容易被察觉到。一般情况下，人死后三个小时左右，这些部位开始出现僵硬的现象。接下来，从头到脚扩散开去，尽管事实上，只是不同大小的肌肉组织硬化时间不同而已。肌肉僵硬的速度通常快于失温的速度，因此可能出现尸体温热但十分僵硬的特定阶段。但尸僵现象不会一直持续下去：死后一天左右，尸体的肌肉组织便再次变得松弛。

在类似英国这样的气候环境中，死后 12 小时，尸体会出现“彻底”僵硬——所有肌肉组织均出现僵硬现象。但在炎热的赤道地区，死后一个小时便会出现所谓的彻底僵硬，然后肌肉再次松弛。某些时候，诸如年幼、年长或消瘦憔悴者等特定人群的尸体，因为缺乏肌肉根本不会在死后出现尸僵现象。

尸僵的强度颇为惊人。在一些著名的照片上，死者的头部被放置在一张椅子上，而脚则搭在另外一张椅子上，中间毫无支撑的身体挺得笔直。这也就意味着，对处于尸僵状态的遗体进行解剖，会遭遇某些问题，除非死者去世的时候仰面朝天，双手垂于体侧。

最简单的办法便是等到尸体僵硬的现象消失。不幸的是，对于病理学家来说，等待不是最佳选择，毕竟就破获杀人案而言，速度至关重要。

当晚，我马上离开血流成河的案发现场，赶往停尸间，尸体随后被送到这里。死者的颈部、下颌、手臂和膝盖已经出现尸僵现象，他在死亡那一刻，一手位于背后，一手弯于胸前。死者的右腿居然被抬了起来。

为了验尸，我需要这具尸体保持平躺状态，因此，只能改变尸僵的状态。这需要花点力气。如果胳膊是弯的，我就必须用力压迫肘关节，直到打破细胞中肌动蛋白和肌凝蛋白的化学键。一旦打破这种化学键，胳膊就可以平放在解剖台上。但某些时候，尸僵程度非常厉害——例如，如果死者曾是满身肌肉的年轻人，日常工作包括托举重物，这时我就需要停尸间的工作人员帮忙。要打破尸僵现象，需要对于特定关节施加极大的压力，从而松缓肌肉组织，肌肉组织不会像骨头那样突然折断，只会逐渐松弛。

现在的这位死者年龄为 62 岁，尸体僵硬程度较轻，因此只需要前后活动他的手臂，便可以改善尸体僵硬的状态。

面对警探的不停询问，我选用两种不太可靠的参考指标——尸体温度和尸僵程度——得出死亡可能发生的时间段。当然，要考虑到存在诸多影响因素。在本案中，我给出的预估是死亡发生在四到六个小时之前。

“干得好，医生。”这位资深警探说道，他刚刚接完电话返回停尸间。“杀死他的家伙供认，案发时间是今天下午 4 点 30 分到 5 点。”

“已经抓到他了？”

“他来自首了。两个人是同性恋人的关系。凶手说自己情绪失控了。”

凶手情绪失控得的确很厉害。共有八处刀伤，其中一处伤口从外由内，刺穿心脏。每个刀伤的移动轨迹、刀柄造成的瘀伤都清晰可见，很容易便能绘制出凶手所使用的武器尺寸。这也是我本人首次基于伤痕状况绘制凶器图样，当发现其与在现场发现的厨刀完全吻合时，感觉真的十分奇妙。从现在开始，谢泼德医生成了一名缉凶追盗的行家里手。

尽管回头来看，这种感觉近似于荒诞的过度兴奋，但我认为自己可以从卧室的血泊以及伤痕本身，精确地重建犯罪现场，还原犯罪过程。而这，恰恰是辛普森教授曾经想做却没能做到的。

墙上飞溅的血痕表明凶手在这里捅了第一刀，也是致命的一刀。伤口位于尸体胸口左上方，并存在从左至右的移动轨迹，是典型的致命伤口。这告诉我，凶手是右撇子，案发时他和受害者都处于站立状态，他举起手臂，用刀从上向下用力刺入。

接下来，受害者瘫倒在床铺左侧，床单上留下的血痕清楚显示这点。从天花板上留存的线性细小血迹，即所谓“抛甩状血迹”来看，凶手举起凶器再次捅刺受害者，血液顺着刀尖飞溅出来——我们可以很容易推断出，凶手站在受害者面前，连续三次实施伤害行为。

受害者从床上翻滚到地上，蜷缩成一团。地上留下的血污可以证明这一推断。最后四刀，基本上都是在这里完成的，而受害者早在靠近门旁边的血泊中一命呜呼。凶手本来可以不用如此费事，第一刀就足以致命，在其刺穿受害者心脏之后，死亡只是分分钟的事情。最后四刀所形成的伤痕非常近似，角度相同，表明受害者此时几乎一动不动，也许已经死亡。楼梯扶手上的血迹又该如何解释？肯定是这位嗜杀的同性男友逃离现场时留下的，在他夺门而出时，受害者已经死亡。

虽然凶手已经自首，但我依然为自己在验尸后得出的推断而自豪。我坚持要把自己的发现告诉警探。

“嗯。”他敷衍道，对此毫无兴趣。

“你看，这里显示……”我把自己绘制的验尸图示递给他，但警探并没有伸手来接。

迫不及待的我决定撰写书面说明，解释我对犯罪现场的重建过程。

警探眨了眨眼，把头转开。

“不，别麻烦了，医生。没人会读这些东西的，那家伙已经认罪了。”

我感觉冷水浇头。我头一次感觉到，警方其实并不希望我扮演福尔摩斯，甚至辛普森教授的角色。我心目中的这些法医精英乃是20世纪上半叶破案团队中的无价之宝，他们曾经参与各类杀人案的调查，向高阶警官或知名律师解释自己的理论，与犯罪现场的精英干探讨论线索，我希望自己能够成为这样的人。有时，我恨不得马上将自己经过训练所发现的一切都告诉警方。但警方的破案方式已经发生了根本性改变。与杀人案有关的各个知识门类变得高度专业化，专业人士各自提出自己的发现，而警方则负责汇总，然后得出他们的结论。在警官训练有素、富有经验的情况下，这种做法的确行得通。

接下来，是否起诉的决定就落到了皇家检控署的律师身上。只要他们在面对复杂的医学问题时不感到费劲，这也没什么问题。

在我看来，如果警方和检方能与病理学家、法证科学家、血迹判读专家、毒理学家、弹道专家在案情复杂疑难的时候坐下来共同研讨，解决案件的效率可能会更高。但现在，我们已经很少这样做了。

10

犯罪现场及尸体解剖逐渐成为我的工作日常。我分到的都是些容易上手的简单案子。虽然案情多有不同，但基本上都是一目了然的。事实上，简直是稀松平常。不过，任何犯罪现场其实根本不可能稀松平常，只是我们这些病理学家试图让其看起来这样罢了。一动不动的尸体，有时还被人残忍肢解，静静地躺在那里，周围是严肃认真、全身心投入其中的专业人士，他们一直都在尽力从恐怖的犯罪现场中抽离出来。

边上，安全距离之外，站着又惊又怕的遗属。病理学家心里清楚，即便最常规的案件都可能给某人带来难以释怀的创伤。在当时，我还决心尽我所能，让自己远离这种创伤。然而，我也十分清楚，或早或晚，这种创伤一定会对活着的人造成影响。

家中，孩子茁壮成长，妻子忙忙碌碌。我属于那种事必躬亲的父亲类型，当时还颇为罕见，毕竟我是父亲一手拉扯大的，和同龄人相比，我更加倾向于以家庭为重。

然而，我的确必须学会如何在回到家后，将停尸间的工作完全抛在脑后。我必须忘记那里的景象甚至气味，忘记刚刚解剖过的受害者遗体，在走进家门的瞬间，摘下医生超然世外的冷酷面具，回到阳光下，回到有孩子环绕左右的日常生活。当然，这实属不易。我的那副工作面具太过牢固，没办法次次都成功摘下。当然，妻子对此颇有微词。珍理解我为什么总是必须置身事外。但她告诉我，我对太多事情太过理智、超然。无论是家里面的事情，还是危机重重的婚姻关系。

就在几年前，热爱自己护士及卫生巡访员工作的珍，曾略带羞涩地告诉我，她一直希望自己有朝一日成为一名医生。之所以没有一路学下来，主要是因为她的父亲极端保守，甚至有些守旧，他对于女性“应该”从事何种工作以及接受何种教育，抱有成见。除此之外，轻度的阅读障碍也在某种程度上影响了她一开始在学校的表现。

对于妻子的能力或者智商，我从未质疑，因此，当她吐露自己的想法时，我答应支持她迎接未来漫长的艰苦挑战。如今，珍一路从开放大学进入我的母校伦敦大学学院，我为她骄傲。她正在成为执业医生的路上阔步前行。

当然，这也使我们面临更大的压力，时间也好，金钱也罢。我的薪水不错，但保姆颇为费钱，珍有朝一日也会谋得收入，但毕竟这一切还未实现。我的工作安排经常和她的职业训练冲突，于是必须有人做出牺牲。我们的生活紧张复杂，夫妻关系也在承受重压。如果解剖我们的婚姻，往往只能发现只言片语：一个人匆匆赶回家，另一个人匆匆出门，偶有的交谈仅限于时间安排、会面地点、家庭聚会、孩子的学校运动日及后勤保障。某种程度上类似于医生同行之间的工作交谈。

某个周日，一个美丽的夏日清晨。当时年纪还小的孩子们，还没等我推开后门，便飞也似的冲进花园。而我，作为一名崭露头角的病理学家，则随时做好了赶赴犯罪现场的准备，电话铃声一响，肾上腺素立刻飙升。即将成为医生的珍，则总是抱着书本闷头苦读。

我当时正准备做早饭。

外面，孩子们大喊："哦，不要！"

电话发出刺耳的铃声。早上这个时候，这只意味着一种可能。

我心里琢磨着案件的性质。或许，因为今天是周日，所以有人在周六晚上的酒后口角中被杀了。我知道，楼上的珍想必是在叹息，可以想象，她坐在桌子边上，一定以手掩面，摇头不已。

我感觉非常不好。妻子黎明即起，发奋读书，我也答应她今天由我照顾孩子，如果电话不响的话。但现在铃声大作，珍马上就要为那些醉鬼之间的争斗献出自己的宝贵时间。

电话里说，受害者是一名年轻的白人男性。似乎一切都指向周六晚上酒吧里爆发的酒后打斗。但有一件事异乎寻常，打来电话的人自称总督察。这位总督察表示，自己将会同另外一位总警司在停尸间等候我到来。头面人物悉数到场，还是在周末。案子一定有不同寻常之处。

"哪个停尸间？"珍从书堆里抬起头问道，"威斯敏斯特？"

“斯温顿[1]。”

她不禁再次确认。

“斯温顿，在威尔特郡？”

我点了点头。

妻子叹了口气，“那就晚上见吧”。

赶到斯温顿后，我发现两位高阶警探，会同一名警员和验尸官，早已等候在那里。停尸间的工作人员递过来一杯热茶，总警司开始发话。

“死者很年轻。酒后超速驾车，在乡间道路上转弯不当。当时他的女友坐在前排副驾驶位置，基本上……约翰，你拿到她的证词了吗？”

总督察点头，打开了一个文件夹，翻到了几页打印好的口供。

“这个小伙子周五晚上一直都在上班，很可能周六一整天都没睡，他喝了几杯酒，所以他现在又累又醉，晚上六点多，光线良好，路面略湿滑。他开车接上这个姑娘，准备回家共度良宵。他们准备过弯时，发现一辆货车迎面冲来，这个姑娘说……”

总督察的手指向下滑，找到了那段话。

“‘我喊道，哦，上帝，迈克尔，小心！迈克尔向左猛打方

1 斯温顿（Swindon），位于英格兰西南部的威尔特郡，也是该郡最大的城镇。距离伦敦以西 81 英里。

向盘。两车相撞，迈克尔那一侧与货车司机一侧撞到了一起。我吓得闭上了眼睛。等我睁开眼时，两辆车都停了下来，车内玻璃四溅。我看了眼迈克尔，发现他的头垂向身后，双眼紧闭。我想他一定是昏过去了。我试图摇晃迈克尔的身体，他好像被我唤醒了，一下子坐了起来。'"

"'我看见那个司机下了车，然后另外一个人出现了。我不知道他是从哪儿冒出来的。这个人穿着一条裤子，但光着上身，肤色黝黑，看起来好像是工人。'"

总警司说："这个人当时正在自己家的花园里劳作，听到了撞车的声音后赶到现场。"

他的同事点了点头，继续读道：

"'这个人问我情况怎么样。迈克尔则从破损的车窗爬了出去，走到车前。他一边清理车上乱七八糟的残骸，一边用脚踹车，看起来十分愤怒和沮丧。我也很不开心。甚至有些歇斯底里。而迈克尔不停猛踢车，同时大发雷霆。'"

"'我走下车，点了一根烟，同时递了一根给迈克尔。赤膊男子说："不要点火，车后面到处都是汽油。"'"

"'迈克尔告诉这个家伙不要多管闲事，赤膊男子回敬了句什么，我没有听清楚，但这惹恼了迈克尔，两个人开始动手。'"

总督察没有继续读下去，而是把目光投到我身上。所有人都注视着我，好像期待着我说些什么。

"打斗过程中究竟发生了什么？"我问道。

"迈克尔试图去打赤膊男子，但没有打中对方。后者则回以颜色。这就是事情的经过。”

这不可能是全部事实。他们为什么不愿意告诉我太多细节？我继续追问：“那好吧，死者的女友是怎么说的？”

总督察读道：“‘赤膊男子攥紧右拳，狠狠打在迈克尔脸上，可能打中了鼻子或者嘴。另外一个梳着背头的男子，此时将车停在旁边，从后面用手抱住迈克尔，迈克尔的脸色变得很奇怪，呈现出紫红色，然后就不省人事了。这个人任由迈克尔跌在地上。’”

总督察停止宣读。但我知道事情还没完。

“还有其他描述吗？”我马上问道。

“‘此时下起了大雨。赤膊男子用力摇晃迈克尔，试图让他清醒过来。他嘴里说：“拜托，起来！”但迈克尔一动不动，我看得出来，他伤得很严重，状态非常不好。他脸上的紫红色已消失不见。这些人没能让迈克尔苏醒过来。一位开着福特车的老人停车后，将自己的外套盖在迈克尔身上以保持体温，一直等到救护车赶到现场。救护车把我拉走时，迈克尔的救护车还停在那里。’”

总警司这个时候接过话头说道：“伤者一直昏迷不醒。斯温顿方面将他送到牛津接受CT检查，之后伤者又被送回斯温顿。今天早上，伤者去世。”

他将牛津方面出具的医学报告递给我。我边看边点头。

“所以，你是希望了解自己手里的案子究竟是交通事故，还是杀人案？”

所有人听到“杀人”两个字时，都瑟缩了一下。我再次疑惑，为什么警方高层汇聚于此？死者难道是名人贵胄？关系通天？

总警司说：“受害者的女友不依不饶，认为赤膊男子杀害了迈克尔，现在受害者家属也在拿这件事情说事。”

我站起身来，说：“那好吧，去看看遗体。”

“行。”警员表示。我们走进停尸间，死者的尸体正静静等待着我们。这便是迈克尔·罗斯。

我虽然认不得这个名字，却似乎应该认得出这张脸。虽然上面满是伤口瘀痕，但能够看得出来，这位年轻人长着一张摇滚明星的英俊面庞，浓密的黑色卷发垂在额头。然而，与他有关的一切似乎又相当陌生。

“死者年龄？”

“24 岁。”

我开始在本子上记录，抬起头时，发现摄影师已经到场，等待我告诉他需要拍摄哪里的照片。

“请先从正面拍摄全身照片。接下来给死者的面部及颈部拍特写，然后是膝盖处的瘀伤。哦，他参与的这场斗殴……”

“是宣称参与的斗殴。”总警司马上纠正道。

“请拍摄手部细节，以便我们查看指关节情况。”

我在本子上记道：

新近形成的体表擦伤，大多数垂直分布于前额、鼻梁及左侧颧骨。脖子右下方斜着分布一块最近形成的点状瘀痕（8 厘米 × 2 厘米）。

我在空白的身体示意图上一一标注迈克尔身上的各处伤痕，接下来仔细检查了死者的牙齿。

“没有迹象表明他的口唇部遭遇过外力打击。”我说道，屋子里开始有人窃窃私语，但当我抬起头，每个人又沉默不语。

身体表面存在多处旧瘀痕和伤疤，除此之外，我还仔细记录死者的文身细节。迈克尔的背部看似毫无伤痕。拍完照片，我将死者翻了过来，开始验尸。

目睹这一切的警官们面无表情，一般来说，这个过程中总有人会恶心呕吐，但出人意料，这次是总警司本人。

“我必须重新适应这一切才行，已经很多年没有见过这种阵势了，”他抱歉地说道，“我刚刚从反诈骗部门调回来。”

自从我首次验尸时遭遇年轻警员呕吐不止之后，我仔细研究过验尸过程中身体的排斥反应问题，每个因职责所在必须在场的人，都会受此影响。

我不禁自问，为什么自己从来没有感觉到恶心反感？答案或许在于，我对于人体器官的总体运作，特别是我的解剖发现太过投入。我暗自决定，如果我能与其他人分享这份投入，或许可以帮助他们克服恐惧。我的理论是，如果能够通过知识与理解让旁观者参与到验尸过程中，他们就不会再感到无助和惊恐。

我的首次验尸中出现的令人不安的寂静，以及那名年轻警员的恶心反胃症状，表明这一切绝非偶然。于是我决定，下一次如果有谁出现不适症状，我就用讲话的方式践行这个安慰计划。在总警司的脸色变绿时，如果你礼貌地小声问他："嗯……你没事吧？"并不能抚慰他。

我采用了在我看来足以安慰人心的语调，说道："诚如诸位中的某些人所知道的那样，我必须对于尸体的内部器官进行检查，不仅仅是汽车撞击，或者后续争斗所造成的伤害，还需要明确是否存在其他可能并不十分明显的、导致死亡的原因，例如自然疾病等。因此，我必须仔细检查各个器官。"

总警司慢慢点了点头。屋子里依然十分安静，好像被人用厚毯子严丝合缝罩上了一般。

"能放点音乐吗？"我询问停尸间的工作人员，"最好是古典音乐。"

他们调到广播一台，我瞥了眼总警司。或许空灵的音乐可以稍微舒缓下他紧绷的神经。不过我还是请工作人员稍微调低音量。

切开死者的皮肤，有些类似于切家禽关节部分的皮肤，如果用的刀足够锋利，就会十分容易。切割过程所遇到的阻力，并非由皮肤的强度，而是皮肤的韧性所致。而像迈克尔·罗斯这样的年轻人，皮肤强韧异常。当我割开皮肤下面的脂肪层——所有人都有脂肪层，即便是像迈克尔这样十分瘦削的人——我抬头看了眼总警司，他的状态不是很好。显然广播一台的音乐没有奏效。是时候再次开口，来检验任何信息可以安抚人心的理论是否正确了。

"我即将探查死者胸腔。在这一阶段，大可不必担心迈克尔的尊严问题，可以尽量忘记我们解剖的是人的身体。你们都经常切肉，二者的颜色和质地没有区别。你们马上就会看到死者的肝脏，这与你们在森宝利超市买到的动物肝脏没什么两样。肾脏也差不多。现在切开的肌肉组织，我总是认为与质量上乘的牛排差不多。”

“有人想吃薯条吗？”总督察高兴地问。

没人搭茬，但总警司好像又要试着点头。虽然看起来我们是在礼貌地对话，但他整个过程中都没有和我对视，而是目不转睛地盯着迈克尔·罗斯。

我继续做自己的工作。虽然警员非常希望忽视自己上司的不适，但验尸官显然想借此取乐。

“没事的，他什么都感觉不到了，”他兴高采烈地对总警司说道，“最有效的麻醉药就是死亡。”

我看了眼总警司。嗯，继续说话。

“当然，我还将仔细检查迈克尔的脑组织和脖颈部分。根据医学检验报告，我也许能在这里发现交通事故及斗殴所造成的伤害。我的意思是，宣称参与的斗殴。但医学报告只能给我提供参考，我不能被它束缚。我依然需要仔细检查各个器官，以防之前的医生可能出现漏诊或误诊。”

屋子里没有人有兴趣，就连验尸官都表现出对解剖脑组织并不十分感兴趣的样子。我觉得还是不要在他们面前多说这个过程有多有趣了。

迈克尔的身体状况不错，然而，虽然年纪轻轻，但喝酒的习惯已经造成不良后果。死者生前罹患心脏肥大、脂肪肝，二者都可能与酗酒存在因果关系。我敢肯定，他的大脑一定是最值得研究的器官，果不其然，将其取出后，我发现脑部出血严重。门被人重重地甩上。即便没有回头，我也知道是谁夺门而出。

我要求摄影师给大脑拍照，因为我必须对其做切片以确定其组织学特征。我很可能要请一位专门从事脑部病理学研究的同事看一下切片，同时还需要对迈克尔的颈部进行仔细检查，比这次验尸所需的还要细致。因此，为了运输这些器官，我开始准备固定剂。在刺鼻的福尔马林前，其余警官不禁后退了几步，此时，我将尸体翻过来，开始仔细取出附带血管的颈部组织，然后将其安置在停尸间专用桶内，尽可能保持脊椎的原貌。

“还好我是开车来的，这样我就可以把东西放在后备厢里。”我说道。这时，停尸间的工作人员将桶拿走去打包。

“你可不能带这些东西上火车！”警员说。

“有时没办法，只能这样做，”我坦承，“看起来虽然有些奇怪，但我希望其他乘客认为我是到乡下捕蝌蚪了。”当然，没有人能够猜出桶里装着的是什么，除非他们嗅到了什么奇怪的味道。

“行了，”眉飞色舞的停尸间工作人员说道，“差不多该喝杯茶了。”

我去更衣室换下了工作服，冲洗一番。警官们则占据了停尸间的遗属休息室，因为那里空无一人。等我过去了，我看到大家围坐在一起喝茶。屋子里非常安静，装饰着暗色的窗帘。

一面墙前面有一个大水箱，里面的两条鱼悄无声息地上下游弋。我真搞不懂，为什么所有的遗属休息室都会放置一个鱼缸。

总警司脸色苍白。与其说他是坐在椅子上，还不如说是被椅子撑在那里，他显然不愿意说话，朝总督察看了一眼。

总督察问道："医生，你的看法是？"

"还需要一点时间才能完成整个验尸报告，毕竟还需要对大脑和脖颈部分进行仔细检查以验证我的发现。但如果你们愿意，我可以现在做一个非正式的口头说明。"

"好的，请吧。"他马上说道，同时与上司交换了眼色。到底是什么让高阶警官如此关注此案？

"好吧。我不认为所谓的迎面一拳与迈克尔·罗斯的死亡之间存在任何因果关系。他死于车祸所导致的剧烈撞击。"我说道。

总督察难掩自己的喜色，即便是那位总警司，虽然脸色依然苍白，正在勉强啜茶，也抿了抿嘴角。

"你能肯定吗？"总督察开心地问道，"有多确定？"

"从表面上就能看出，迈克尔突然遭遇了极强的拉力，这一点可以通过他脖子右侧安全带留下的瘀痕来证明。我相信，突然的减速导致受害者的脊椎受到严重伤害，一旦脊椎骨错位——根据他女友的描述，车祸前他曾猛打方向盘，可能导致其脊椎又遭遇扭伤——起码是其中一条动脉与脊椎侧面发生碰撞，出现破裂，流出的血液占据了脑部空腔，正是蛛网膜下腔出血导致受害者死亡。"

“头部受伤，是头部受伤！”总督察眉飞色舞地对总警司说道。

“颅内出血……”这位总警司喃喃自语。

“是撞击引起的！”总督察补充道。

我说：“蛛网膜下腔出血可能由遗传因素导致，我也无法百分百排除先天因素。但这些因素也与创伤有关，在本案中，出血几乎肯定是由事故引发的。”

警员看起来要比自己的上司更加严肃。他先前一直在观察鱼缸里翻来覆去的鱼儿。

“医生……你怎么知道出血不是斗殴，我是说宣称参与的斗殴引发的呢？”

“如果是打斗引发颅内出血，势必造成大面积的软组织损伤。本案中只有尸体面部存在一处瘀痕，可能是遭遇拳击所致，我觉得这个力度不足以引发颅内出血。但我也会仔细检查脖颈部分。在我看来，其他面部伤痕基本上都是破碎的挡风玻璃所致。”

总督察追问道：“但迈克尔·罗斯的家人质疑，如果他真的出现了颅内出血的话，他又是如何从车子里爬出去、走来走去、抽烟、讲话、吵架、打斗的呢？事实上，直到那个家伙打了他，他才出事。”

“对于此类脑内出血来说，死亡延后是典型病状。血液从破裂的血管流到颅骨，需要几分钟，甚至几小时。在蛛网膜下腔出血的危害爆发前的神志清醒期，迈克尔完成了以上所说的那些行为。”

大家面面相觑。

“也就是说，你确定这件事和打斗无关？”

“现在还不能这么说。无论酒吧斗殴还是交通事故，都有可能导致颅内出血，因此我必须回去进行大量检测，以确定我的结论是否正确。我希望检验结果可以证明，车祸发生之后，迈克尔就已处于濒死状态，斗殴发生与否，已经无关紧要了。”

这便是我的想法。只是非常不幸，他的死亡发生在遭遇某人迎面一拳之后。我必须努力证明自己的理论成立，也要做好改变自己结论的准备，因为肯定会面临第二次验尸。

警官们坐回各自的椅子，看着对方。

“如果你们已经对这名赤膊男子提出了非预谋杀人罪的指控，我建议撤回，毕竟这很有可能无法成立。后续可以对他提起攻击罪的指控。”我提出。

他们没说话。

我询问道：“迈克尔·罗斯的外表和肝脏看起来像是个摇滚明星，他很有名吗？”

他们摇了摇头。

“那么……为什么总督察和总警司要在周日早上亲自到场？”

他们两人分别看了看我。总督察沉吟片刻，开口道：“私下里说啊，医生，我们之所以在这里，是因为事关一名弟兄的生死。”

我等他把话说完。警官们看起来都颇不自在。最终，总警司发话了。

“没有穿上衣的那个男子，也就是曾经打过迈克尔的那位，是一位不当班的警察。”

原来如此。

“我们没有事先告知，是不希望影响到你的验尸工作。”

我斩钉截铁地说道：“你们不会影响到我，病理学自己会说话。”不，这话听起来不太对劲。太傲慢了，更像是被自己撞到的若干事实弄得身心俱疲的家伙会说的话。我打了下圆场：“即便我希望忽视某些棘手的事实，通常情况下也还会有第二次验尸，所以我不会被影响。”

但显然，总警司并没有听进去我说的话。他的脸色依然十分苍白，声音低沉，他说：“你不知道这个案子让我多焦虑。对于警察队伍来说，太丢人了。私下里说说，关于这个人的过去有些传言，他脾气太火爆了……当然，我们绝对不希望他杀了人，但是这家伙此前的记录的确……无论如何，你所说的一切让我们心中的石头落了地。”

“事情的经过肯定是，”那位警员说道，他肯定认识赤膊男子，“司机，也就是迈克尔·罗斯，是个白痴，在道路上满是汽油的情况下抽烟。而当米奇提出忠告时，这个家伙还想吵架。于是米奇只能想办法制止，我知道事情就是这样的。”

“说服交通事故受害者言行得体是一回事，自己对人家发脾气是另外一回事。”总督察说道。

现在，他们总算弄清楚那名警官的行为与死亡结果之间并不存在因果关系。大家七嘴八舌讨论起来，就连总警司也说了几句。

“您没事了吧？”我在离开时询问他。

他点了点头，但我看得出，总警司的脸色依然苍白阴沉。我开始怀疑，参加验尸到底会不会给人留下心理创伤。我必须想办法确保不会如此。今天我已经竭尽所能。难道还有什么能做而没做的吗？

当我沿着走廊越走越远时，依然能够听到警察间的争论。我开着自己的车回家，后备厢里装着奇怪的货物。

“哎哟，老爸，你身上的味道难闻死了。”我的女儿说道。安娜总是快言快语。珍则心满意足地回去看书，我负责做晚饭，之后，孩子们说服无须工作的我，带上自家的狗狗一起去公园玩耍。

我把两个孩子还有那条狗都塞进车里。

“安娜，系好安全带。”我说道。

“不。”

“安全带。”

“不喜欢系安全带。”

“法律没要求我们必须系安全带，”克里斯也插话道，“因为我们坐在后排。”当时的法律的确是这样规定的。

“在我的车里，”我坚持道，“这就是法律。系好安全带！现在！否则我们就不走了。”

安全带并没有救下迈克尔·罗斯的命，但我见证了太多太多人因为没系安全带而不幸离世。开车不系安全带，这种风险我没有办法承受。

“我是绝对不会系安全带的！”安娜大声抗议，“不管怎么样，这不公平，迪利就不需要系。”

迪利摇了摇尾巴。

我说：“那好，我们就不走。”为了表示等待她系上安全带的决心，我坐在车里，掏出了烟，点上一支，吸了起来，直到女儿完全遵从我所制定的安全规则。然后，我们开车去了公园。抽烟？我当然知道你要说什么。起码我打开了车窗。

通过上面的事例，你们一定发现，我对于冒险的态度——无论对我自己，还是对我的孩子们——和其他人一样别具一格。和死人打交道，至少让我认识到人生一世，保不齐就会祸从天降，因此必须珍惜已有的美好生活。那天晚上，我们在公园玩得很开心，我乐于在给孩子们洗澡时逗他们哈哈大笑，喜欢给他们讲故事，哄孩子睡觉，并且献上我的晚安吻。

晚些时候，珍稍事休息，我们两个人坐在自家花园里。和以往的周日一样，我们需要调整各自的时间安排，以便完成林林总总的任务或责任。因为负担不起额外的儿童看护费用，每周这个时候，我们都必须想办法规划时间。

搞定这一切后，我们又坐了下来，点燃了香烟。这个夜晚如此沉静，缭绕的烟雾笔直升上天空。夕阳西下，能够片刻放松身心，让人感觉良好。毋庸讳言，如果没有香烟的陪伴，真不知道该如何是好。我们都清醒认识到了这样做的后果，我在验尸时经常观察人类肺部因为长期吸烟而留下的美妙但致命的光泽。但是，我们夫妻俩还是将香烟视为每天充实但繁忙生活的重要组成部分。

翌日，我对于蛛网膜下腔出血进行了一番研究，发现受害者在疑似恢复期间，即事故发生后到迈克尔·罗斯开始与人打架并猝死这个过程中，通常会表现得极具攻击性。而在脑出血问题上经常推波助澜的酒精，将会导致血压上升，使受损血管更易破裂。

即便本案看似有如教科书般典型，但还是有大量工作要去做。我不仅要给脊柱的受损部分拍 X 光，还要对脊椎动脉进行切片，以寻找破裂部分，进而说明其如何引发出血。

总警司打来了电话。

“迈克尔·罗斯的家人希望再次进行验尸。他们认为我们是一伙的，威胁说如果不指控那位不当班的警官非预谋杀人罪，他们会提起自诉。”

“您向他们解释我发现……”

“他们对我说的一切都不感兴趣。而且，他们自己找了病理学家。”

“这种做法并不少见。”

总警司把那位病理学家的名字报给我。

我心头一喜。“哦，我认识他，这位病理学家非常出色。”

但总警司听起来心情不佳。“他希望后天验尸。”

“我届时会到场。”

虽然再次验尸稀松平常——谋杀案件中辩方律师经常这样

要求——但没有要求参与此前验尸的病理学家必须到场。我认为，观看这位享有盛誉的同行进行验尸必定很有意思，还能从中学到点东西。

第二次验尸开始前，我进一步检验了脑组织，确认不存在导致出血的先天性脑动脉瘤。接下来，我不疾不徐、按部就班地对脊椎动脉进行切片检查，并同步拍摄照片，终于找到了导致出血的破裂部位。我将样本和照片分送给罗斯家人邀请的病理学家，以及另外一位届时也会参与第二次验尸的神经病理学专家。

最终，这位专家以及死者家属聘请的病理学家，经过协商后撰写了一份详细的验尸报告，证实了我的所有结论。他们同意，罗斯因为狂打方向盘，以及猛踩刹车，导致脊椎错位，脊椎动脉破裂，最终引发蛛网膜下腔出血。

这位病理学家写道："到处走动、吸烟、谈话、口角及争斗，可能加速出血速度，但我本人非常怀疑死亡结果是否可以避免。几分钟后，出血的程度便可能导致罗斯先生丧失意识，最终，死亡结果是不可避免的。"

我的验尸报告显然符合警方的心愿，而死亡原因在经历第二次验尸后变得无懈可击。但是，假设验尸证据没有这么清清楚楚，而警方为了让同僚免除责任给我施加了压力，那该怎么办？验尸报告结尾的几字之差（从"存在这种可能性……"到"……是不可能的"），足以决定皇家检控署是否起诉。如果压力来自伦敦警察厅，来自每天朝夕相处、关系不错的共事者的希望与恐惧，我又该如何是好？

我提醒自己，我之所以成为法医病理学家，是为了去伪存真，这意味着无论面临多大的压力，我必须实事求是。现在看来，这只是当年那个缺乏经验的热血青年所奉行的崇高理念而已。我当时经手的案子数量有限，还不清楚“真相”一词对某些人来说是多么易变，其解读是何等多元，直觉乃至倾向，甚至那些看起来是科学事实的东西，都是真相。尽管真相的弹性，早有如法庭上的种种迹象可表明，但整体而言，我依然一厢情愿地认为，总能想办法找到一条在所有人看来都明确无误的道德路径。

11

总得有人去给伦敦警察厅刑事侦缉科的刑警上培训课，每次轮到我时，我都很兴奋。类似的培训课程很多，警官无一例外必须参加，但显然，对于很多人来说，与其坐在课堂上，还不如去打高尔夫，甚至去值班。

然而，我敢肯定，今天的课程足够有吸引力，因为我要讲的主题是人死后尸体的变化。警方很少会在死亡发生时在场。基本上，他们都是在死亡发生后，甚至死后很久，才抵达现场的。授课旨在帮助警官了解自己发现的到底是什么。

上课伊始，我便解释道，死亡是一个过程。一旦死亡过程结束，就会开始另一个过程，最终我们将会化作春泥，完成整个生命循环。

我头顶上方的大屏幕亮着，警官们四仰八叉地坐在那里，还有几个人啜饮咖啡，看起来好像正和太太一起观看大卫·爱登堡主持的野生动物纪录片。

我无意给他们灌输太多科学知识，只是告诉大家，对所有细胞来说，供氧至关重要，因为其促进了细胞内部各种维持生命所必需的化学反应，即新陈代谢。人死后，因为失去供氧，肌肉细胞会迅速变软，而这个过程可能会持续数小时。如果这个时候触摸尸体，因为运动神经元细胞放电或其他形式的刺激，毫无生命迹象的尸体甚至可能出现肢体痉挛的现象。

死者的眼睑可能紧闭，更为常见的是半开半睁状态，这是因为眼睑部位的肌肉过于松弛，没有办法彻底闭紧。尸体丧失了对光刺激的反应。然而，在某些文化——主要是亚洲国家，但也有西方国家——中留存着一些神话，死者的眼眸会保留其看到的最后图景，因此能揭露杀人犯的长相。在 19 世纪 70 年代的欧洲，人们认为这具有一定的科学可能性。这就是所谓“视网膜成像学”，死囚行刑前后有人曾就此进行过一些实验，但并未取得任何进展。尽管缺乏任何科学佐证，但这一认知在公众心中根深蒂固，这要归功于吉卜林和凡尔纳脍炙人口的短篇小说。这一理念甚至还出现在 20 世纪 70 年代的《神秘博士》一剧中。而其一旦在公众认知中扎根，便很难被彻底纠正。另外一个无稽之谈是，人死后，毛发还会继续生长。但事实上，毛囊细胞和其他皮肤一同死亡。白人尸体的肤色变得更加惨白，是因为死后血液不再循环，血压无法维持。

人死后，控制固态及液态食物经过消化系统的肌肉群也会失灵，这意味着考虑到尸体当时的角度和内部器官的具体位置，可能出现小便失禁的情况。但由于直肠构造的特殊性，大便失禁的情况较少出现。

另外，经常出现外溢的体液便是精液。这意味着病理学家发现尸体体表留有精液时，不要马上断定死者生前曾发生过性行为，尽管实际情况可能的确如此。同样，如果胃容物出现在口腔，也不必然说明呕吐与死因有关，事实上，大约 25% 的尸体都存在食物反流的情况。

当然，我们无须提醒警官死亡是件很脏的事情。他们当然清楚，尸体出现屎尿横流是死者生前也会感到丢人的事情。事实上，很早之前，在和很多人聊起身后事的时候，我就意识到，死后大小便失禁是死亡令很多人感到担忧的要因之一。其实大可不必如此焦虑。我们这些选择和尸体打交道的人，不会去做类似的评价，而是对死者始终抱持敬畏之心，而且我认为这些忧虑者在真正面临死亡时，基本上不会再关心这些问题。我想，他们一定会彻底沉入那个放手，渐渐失去对自己身体的控制的过程之中。我相信，死者不会在意诸如尴尬这种俗世的担心，也许更多的感受是解脱。

死亡出现后的另外一个过程，就是尸体失温。我可以用一整堂课来讨论这个问题，但最后我只是提纲挈领地对此进行简要说明。我希望警官能够认识到，电视剧里演的那些凭借尸体温度判断死亡时间的做法，是多么不现实、不靠谱。接下来，尸体肌肉开始僵硬，出现所谓尸僵，警官对此也比较熟悉。随即，我展示了几张血液坠积的图片。

人一旦死亡，体内血液便停止流动，而其组成部分（细胞或蛋白），开始受到重力作用的影响。这意味着红细胞开始沉积，主要集中于尸体最低的位置。而这些地方的微细血管开始充血，最初导致皮肤呈现粉红色，但在五六个小时之后，颜色开始变得有些刺眼，粉红中带点蓝。而这种色块就是血液坠积。

白人尸体的血液坠积现象体现得尤为明显，这主要是因为有附近大片白色肤质对比衬托，当尸体接触坚固的表面，如床铺或地板，身体大部分血管被压平，血液无法填充。因此，这些地方的皮肤会变得惨白。如果是躺在床上的白人尸体，后背、脖颈后侧、大腿及小腿后面都会出现血液积坠，而臀部及手臂上的皮肤则会变得非常白。对于肤色较深的尸体来说，虽然也会存在血液积坠现象，但不会表现得如此明显。

最终，血液积坠会逐渐消失，但需要经过死后血液最后的分散过程，即所谓的尸体分解。很多人会觉得尸体分解听起来十分恶心。但如果你知道这个过程有助于完成整个生命循环，将人体化为地球化学组成的一部分，这种感觉或许会缓解。如果没有分解这个清洁环节，无法想象我们的地球会是何等景象——在还活着的人看来，到处都是味道难闻、浮肿丑陋的尸体。

尸体分解有三种类型：腐尸化、干尸化、尸蜡化。其中，腐尸化最为常见。

我不断播放着幻灯片，警官们似乎对我此前展示的内容无动于衷。但现在，我发现他们纷纷坐直身体，我想，大概是不希望看到腐尸化的照片吧。但腐化的尸体只不过是软组织缓慢液化的过程，而其速度往往取决于温度。在英国，尸体一般在死后三四天开始出现腐败迹象，肉眼可以立刻察觉。我展示了一张尸体照片，同时用激光笔将警官们的注意力引导至死者右侧腹部一处呈绿色的区域。

“通常情况下是在这，”我说道，“你们会发现腐尸化的最初迹象。”

我们的肠道里充满了各种细菌，这对消化来说至关重要。人死后，这些细菌突破肠胃，进入腹腔，最后进入血管。整个过程都始于腹部这个位置，靠近阑尾，因为在这里腹壁与肠道靠得很近。当然，腐尸化也可以从其他部位开始，但基本上都会存在合理解释：例如，尸体靠近暖气管，或者尸体某一部分被阳光暴晒。不管从哪个部分开始，只要皮肤表面有绿色斑块，便意味着尸体内部的细菌正在骚动。

人体血管为细菌传播提供了快速通道，同时也导致血红蛋白开始分解。结果显而易见：靠近体表、异常美丽的蕨状静脉纹被烙印在皮肤之上，宛如褐色的文身一般，在手臂及大腿处，最为明显。

我想，警官们终于开始意识到，自己所观看的并非大卫·爱登堡主持的纪录片。但和所有死亡过程一样，如此美丽的阶段实属昙花一现。这种纹路随着尸体皮肤出现红褐色水疱而逐渐消失。水疱破裂后，皮肤剥落。

这种细菌活动所产生的废料之一便是气体，因此，现在尸体开始膨胀。首先是生殖器肿胀，接下来便是面部、腹部以及胸部。肺部的血污液体受到挤压从口鼻渗出，同时眼睛和舌头开始外翻突出。如此一来，死者的面部看起来分外吓人。

那些还盯着屏幕的警官——很多人已经不看了——以同样的惊诧凝视着我展示的尸体照片。在这个尸体分解阶段，膨胀的尸体颜色变深，人们会误将一具瘦削的白人尸体误认为肥胖的黑人尸体。

在腐尸化过程中，苍蝇发挥了一定作用，它们尽情享用尸体，在上面产卵孵化，长出了更贪吃的蛆。动物，无论是野生还是家养，也在人体分解过程中有所贡献（外面有老鼠、狐狸，家里……好吧，如果一条狗发现主人死后自己被锁在家里，为了生存，很可能会啃咬主人的遗体）。

死后一周内——一如既往，具体时间取决于季节和微生物环境——尸体内的空腔开始破裂，软组织开始液化。一个月内，软组织液化完毕，渗入土地。一般来说，分解的先后顺序是肠、胃、肝、血液和心脏。接下来是肺和气管。然后才是大脑、肾和膀胱。最后是肌肉组织。前列腺、子宫、肌腱、韧带等部位相对很难腐尸化，可能在死后数月，才会看到光秃秃的骨骼。我并没有给警官们展示最后阶段的尸体照片，他们似乎已经看够了。

在英国，尸体分解时不太容易出现干尸化。干尸往往呈现褐色。皮肤与骨骼紧密贴合，所以看上去像皱缩而强韧的皮革。干尸的分解过程中，组织脱水变硬，避免了进一步腐尸化。这通常需要一个炎热的、类似沙漠的环境：埋在埃及沙漠里的尸体，甚至可以自然而然地成为木乃伊。

但在英国，如果一个体态消瘦的人（瘦子可能更快失温脱水）在一个十分干燥且通风良好的地方（例如阁楼或烟囱）死亡，干尸化就可能发生。现在虽然这种现象十分罕见，但曾几何时，的确时有发生。

“有人在大英博物馆之外看见过干尸吗？”我问坐在下面的听众，有几个人举了手。

其中一位警官说道：“婴儿，藏在阁楼里的婴儿。这事不是昨天发生的。很多年前，他们说可能是‘二战’期间，当时经常有这样的事。”

“新生儿？”我询问道。

他点了点头。我最近的确见过一具干尸化的新生儿尸体，而发现尸体的环境与警官所说的如出一辙。新生儿身上相对无菌，这使得他们的尸体不太容易出现腐尸化，更有可能成为干尸。在单身母亲被视为奇耻大辱的年代，他们大多是被偷偷生下的弃婴。这些婴儿有些是死胎，有些则因为母亲自己难以应付生产，刚一脱离母体便死去，还有些是被杀害的，但是在大多数情况下，因为没有办法掩埋，人们只好将其藏在地板下或者阁楼里。随着人们对婚外产子态度的转变，类似事件被发现得越来越少，但在20世纪80年代类似事情时有发生，当某位年长女性辞世，买下其房产的新婚夫妇着手重新装修时，他们经常能在阁楼等隐秘角落发现多年前被丢在那里的可怜小婴儿的干尸。

只有为数不多的杀人案中出现过干尸。其中最著名的是一个发生在威尔士的案件，一位女士被勒死后藏在壁橱里，而死者的家人在此期间一直冒领她的养老金。一旦干透，干尸可以保存很长时间。但最终，干尸可能会发霉，逐渐化为齑粉。干尸还会招来啮齿类动物、爬虫和飞蛾。然而，如果发现及时，干尸身上的瘀伤、划痕或其他伤痕，以及死因，都能保留下来。

尸体分解的第三种过程便是尸蜡化，这是在遍布尸体各个部位的脂肪内部发生的罕见化学反应，在此过程中，脂肪水解、硬化，并被包裹在蜡化的结构当中，有点类似肥皂，因此这被称为尸蜡。基本来讲，尽管看起来像是蜡像，但尸体或者尸体的某个部分得到了保存。

在英国这样的环境当中，尸蜡化过程需要花费六个月左右的时间，尽管我也听说过，死后仅过了三周便出现了尸蜡的情况，这可能是由于阳光照射或蛆虫出没所形成的热力的共同作用。

尸蜡化需要潮湿的环境。此过程之初，脂肪水解为黏稠的半液体状，散发出酸腐的刺鼻味道。然而，随着蜡化过程的持续，脂肪变得脆而白，最终形成坚硬的灰色状态。

尸蜡现象在历史上早有记载，甚至可以向前追溯数个世纪之久。被誉为“冰川来客”的新石器时代猎人奥茨[1]的尸体就至少存在部分尸蜡化的现象，现保存在意大利多洛米蒂山脉附近的博尔扎诺。18 世纪，据说巴黎无辜者公墓被发掘后，人们得

---

1 奥茨（Otzi），又称奥茨冰人、锡米拉温人或厄茨人，以其发现地所在山谷命名，是 1991 年于奥茨塔尔阿尔卑斯山脉冰川发现的一具因冰封而保存完好的天然木乃伊，也是欧洲最古老的、保存最完好的人类木乃伊。

到了数以吨计的尸蜡，并旋即用于生产肥皂和蜡烛。20 世纪 70 年代，澳大利亚也有几个著名案例。几名探索深水型淡水湖的潜水者，因潜水工具失灵而溺毙，大约一年后，人们发现了他们已经呈现尸蜡化的尸体，或者准确地说，躯壳。

某些时候，尸蜡化也能够揭示死因，可以完美呈现诸如弹孔之类的伤痕或保存某些器官中的脂肪。总体而言，女性尸体出现尸蜡化的概率更高，特别是营养良好和肥胖的妇女。但尸体的保存环境必须恰到好处，通常情况下，尸体必须处于水下厌氧环境，或者被埋藏在潮湿的墓穴当中——特别是在没有使用棺木或身着棉麻而非化纤衣物的情况下。尸蜡化的形成可能受到季节、墓穴的深度、棺木的质地、土壤及当地微生物活动的影响。

这三种尸体分解过程——腐尸化、干尸化、尸蜡化——通常情况下并不彼此排斥。理论上来讲，三种过程可能并存于同一具尸体的不同部位，尽管这种情况较为罕见，毕竟每种过程需要的环境条件存在明显差别。但两种分解过程共存的情况较为常见，而腐尸化始终是其中的常态。

尽管目前火葬大大简化了我此前所提到的自然分解过程，但在英国，尸体的传统归宿依然是墓地。土葬的方式有利于延缓尸体分解的过程。事实上，据说尸体在地表上的分解速度是埋葬后的四倍多。在地下环境中，一般需要两年时间，人体软组织才会彻底分解消失。肌腱、韧带、头发、指甲等，在此之后很长时间中依然依稀可见。大约五年后，尸体才会呈现所谓的白骨化状态并彼此脱节，但依然会留存部分软骨组织，如果使用高速电锯切割死亡五年后挖掘出来的遗骨，我们会看到因骨髓中的蛋白质被烧焦而产生的烟雾，闻到有机物燃烧时的气味，而这与切割刚刚去世的遗体时遇到的情况几乎完全相同。

人体骨骼是尸体留在世上的最后形态，而其最终分解则需要更漫长的时间。在这个世界上的一些干燥地区，人们甚至还可以发现200万年前的灵长类动物骨骼。除非保存在完全无氧的状态下，否则在潮湿的英国，遗骨留存的时间不会太久。最终，所有的骨骼都会分解。富含水分的土壤会使骨骼中的钙及其他矿物质加速流失，从而加快分解过程。随着骨骼变得日益疏松，细菌、真菌乃至植物都开始在骨骼的缝隙之间扎根，从而进一步破坏人骨结构，当然啃噬遗骨的动物也会参与其中。

在整个职业生涯中，病理学家会遇到警方要求检查遗骨的情况。我问坐在下面的警官，有谁曾带着发现的遗骨找过病理学家，有两人举了手。一般情况下，遗骨都只有一块，有时也会有发现一堆骨头的情况，而经过鉴定，这些骨头大多都是动物骨骼。当然，事情并非始终如此。所有病理学家都会建立一个名为“遗骨”的文件夹，并努力查明这些骨头属于谁。某些部位的骨骼，例如盆骨或者颅骨，能够让我们一眼分辨出死者的性别。其他的骨骼，特别是牙齿，可以帮助我们分辨死者的年龄是老是幼。除此之外，仅仅凭借骨骼判断年龄的做法是不精确的。

在大多数情况下，病理学家的遗骨文件夹里满是疑团。我们的主要任务是确定遗骨来自哪个年代，从而弄清楚这桩死亡事件（有可能是凶杀案）是否发生在过去的六七十年间，这意味着凶手可能依然健在。追溯年代是一项高技术专业。碳十四年代测定法往往只能用于测定远古时代，但20世纪40年代人类引爆的原子弹向空气中释放出锶-90这种同位素，这意味着可以较为简单地判断骨骼出现的时间是早于还是晚于这个年代。如果遗骨出现在原子弹爆炸之前，警方就很少会对它感兴趣，当然，对考古学家来说，或许恰恰相反。

课上完后，大多数警官都匆匆冲了出去。教室外面响起打火机噼里啪啦的声音。然而，有一位警探走了过来。这便是那位报告曾参与婴儿干尸案调查的年长警官。

“谢谢你，医生，”他说道，“那个婴儿一直在我的脑海里挥之不去。还有另外一具尸体，我们发现时，坐在扶手椅上的死者已经去世了一年多。有时，我会梦到他们。但听到你讲授的相关科学知识……感觉好多了。今天，我甚至发现自己敢看你放映的幻灯片了。”

在当时那个年代，一位警官承认自己的脆弱，实属罕见。他的话一直在我的耳边萦绕不去。我下定决心，以后在验尸时，一定要更多地开口讲话，把情况告诉大家。不仅是想到什么说什么，还要以科学、超然的态度，向大家展示尸体，这起码可以帮助这些旁观者消解心中某些不太科学的异样情绪。

12

这次授课后不久，我便首次接到了辩方的验尸邀请。

在此之前，我都是应警方或验尸官的指派来到现场。这意味着，如果提起检控，案件开庭，我将自动成为检方的专家证人。有时，病理学家的报告本身就足以满足庭审需求。有时，病理学家则需要出庭回答问题。当然，最为刁钻的问题往往来自辩方律师。

辩方团队通常也会延聘病理学家，并很有可能要求二次验尸。如果存在多位被告，那么就会有多个辩护团队，他们有可能申请第三、第四次甚至更多次验尸。在这种罕见的情况下，辩方聘请的所有病理学家需要按照顺序分别进行验尸，但更为常见的是一群人像是绕着台灯的飞蛾那样聚在尸体旁边，互相观摩。接下来，如果大家还会去酒吧小坐，看起来就像一群病理学家正在聚会。每位病理学家都会为检方或辩方撰写报告，每份报告都可以作为证据提交给法庭，每个人也都有可能作为专家证人出庭做证。

你或许会认为，因为病理学是一门十分精确的科学，所有的验尸报告都应如出一辙。但情况远非如此。即便是针对完全相同的伤情，也可能有不同的解释。如何解释取决于很多因素，最重要的是有关方面提交的案情信息：信息越多，结论出错的概率越低。

因此，作为那天晚上的值班病理学家，我会被警方请到犯罪现场，接下来基于自己掌握的证据材料，独立撰写一份客观的科学报告。皇家检控署将借此决定，是否对被指控的凶手提出检控。我很可能需要代表检方出庭做证。然而，如果警方来电话的时候我刚好休息，那么其他同事会赶到现场。不过，用不了多久，我可能也会参与到这个案子当中，只不过是应辩方事务律师的请求，代表另外一方而已。

辩方律师至少会要求病理学家佐证检方提交的报告或相关发现。但某些辩护团队会提出更高要求，他们希望己方的病理学家能在第一位病理学家的报告中找到一处错误，这种情况非常罕见，但他们仍然希望借此为自己的当事人洗刷罪名。他们期待广开言路，找到对于相关事实的另一种解释。

为辩方提交报告乃是病理学家的日常工作，但对刚入此行的新手，辩方律师需要过一段时间才能有所了解，因此很长时间里，都没有辩方律师来找我。我对此并不感到遗憾。我知道，在其他病理学家已经检查完的尸体上再次验尸，难度会非常高。我的意思是，存在很高的技术难度：无论是已经冷冻还是刚刚送入冷柜，尸体都不可避免存在某种程度的腐败；验尸过程会造成进一步的体表伤痕，甚至改变已有的伤口大小；由于需要请其他专业人士分析或化验，尸体的器官、组织等经常消失不见。然而，第二次验尸时，病理学家有权获得他需要的所有信息，无论是其他同事的笔记或犯罪现场的照片，还是报告或组织样本。

对于想要在经验丰富的前辈组成的圈子中脱颖而出的新手病理学家来说，代表辩方进行验尸所具有的挑战性还源自某种个人因素。这便是由于持对立观点而产生的恐惧感。英国的司法体系因提倡控辩双方针锋相对而欣欣向荣，但这对维护职业群体内部的关系毫无助益，特别是当你作为新人想要挑战业内巨擘的时候。

在决定接受首个辩方验尸任务前，我惴惴不安地查看了检方的病理学家是何许人也。我真的不希望自己需要去检验甚至质疑业界前辈的验尸结果。幸好，我发现代表检方的病理学家与我年龄相仿。

于是，我前往停尸间，一名 17 岁男孩承认杀死了亲生父亲，我要查验死者的外伤。共有 27 处伤口，全部集中于头部及面部。死者颅骨破裂，大脑受损严重。

男孩的辩护团队希望说服检方接受被告人罹患精神疾病的说辞，但检方并未采纳，现在这起被定性为谋杀的案件已经排期候审，不日将在中央刑事法院开庭。

第一份验尸报告并没有印证男孩的陈述。他说，自己当时只对在床上睡觉的父亲的头部打了 4 次，但检方的病理学家坚持，击打次数超过 20 次。

我再次验尸时发现，第一份验尸报告并没有出错，而是非常准确地反映了这位父亲的受伤情况。然而，这些伤口性质的差别存在疑问。

当时的我血气方刚，一门心思想要查明真相。于是，我模拟了男孩作案时使用的撬棍，只不过我的撬棍是由泡沫塑料制成。确认了被告的身高后，我利用现场照片，还原了当时他站在父亲身边的高度和角度。然后，我花了很长时间用自制的撬棍击打一个枕头，枕头用来代表死者的头部。

进行大量研究后，我能够证明，致命的击打会造成武器在接触受害者身体时出现翻转反弹。我在意见中写道：

> 死者头部存在的大量外伤，可能由撬棍一端的反弹造成。而尸体表征与被告人坚称的自己只击打了四五次，完全吻合。

但我这个辛普森式的推断未能公布。这名年轻人的头部扫描结果显示，几年前他曾因一场交通事故而遭受脑部损伤。辩方提出被告人承认非预谋杀人罪但应减轻责任，检方接受了，并同意将案件从中央刑事法院撤回。

在那个案件中，我不必鼓足勇气才敢质疑检方病理学家的结论。但是，无论是代表检方还是代表辩方，病理学家除了胆小怕事和追名逐利外，还存在一个根深蒂固的毛病：任何一方都不会承认，更不应承认自己犯错。虽然可以接受存在其他解释的可能性，但在没有新证据的情况下，病理学家一般都会坚持自己的意见。

在刚刚开始职业生涯时，我警觉地意识到，无论为检方还是辩方工作，病理学家的结论都不能出错。从正式获得法医病理学家执业资格那天起，我就不再是那个不太确定、还需要再学些什么的实习生了，而是一名绝对不能出错的专家，或者说是一名所谓的专家。如果你曾经为克拉克·肯特变身超人的伟大转变而心潮澎湃，那么就请设身处地想象一下肯特本人在此过程中所经历的种种煎熬吧。当然，我已发现超人无坚不摧的斗篷带来了沉甸甸的压力。

但这一切到底是为什么？犯错是人之常情，我为什么偏要永远正确？答案在于，英国的对抗式庭审模式容不得半点"或许""可能""也许"。

在生活中的很多方面，我都下决心贯彻当年父亲赠予我的蒲柏名言——"就算确定时，出口也要显得没把握"。但事实上，这份工作要求我"确定时，出口要显得绝对有把握"。任何犹豫迟疑，都可能会让被告人因为自己没有犯下的罪行而锒铛入狱，或者让有罪之人逍遥法外。

对于确定性的最重要检验，就在证人席上。案件庭审（特别是中央刑事法院负责审理的案件，基本上都案情重大、情节恶劣）会令人十分胆战心惊。在亲身经历前，我对此就心知肚明。在我获得执业资格前不久，因为检方聘请的某位病理学家出现了细小纰漏，导致一起著名案件未能定罪，并成为举国皆知的大新闻。这位病理学家经过长期奋斗赢来的光辉职业生涯，以近乎颜面扫地的方式画上了句号。这不是因为他所犯下的微小失误恰与案件相关（而且我怀疑，也与被告人是清白的没有关系），而是因为咄咄逼人的辩方律师将这一错误公之于世，并在陪审团面前以此为由否定了这位病理学家的能力。

当伊恩·韦斯特在酒吧里一人分饰讨好法官的律师和倒霉的病理学家，还原整个交叉询问过程时，我们这些大吃一惊的同事都倍感不安。

当我第一次参与法庭辩论时，我回想起这位病理学家的遭遇。在一起杀人案中，警方指派我担任病理学家，我由此成为检方证人。辩方请之前教过我的一位教授进行二次验尸，他给出了不同的死亡原因。辩方律师只需要看看我略显稚嫩的面庞，再看看年高德劭的教授，就知道最容易从哪里开刀了。你来我往的唇枪舌剑（根据回忆而非庭审记录还原）大致如下：

辩方律师：谢泼德医生，有些事情我们得先说清楚，我敢肯定，各位陪审员会对这个重要问题十分感兴趣。能否告诉大家，你实际从事法医病理学工作有多久？

我：嗯……事实上我所参与的首个案件……

辩方律师：“从事”，我的意思当然是指你完成学业之后。

我：两年。

辩方律师：两年。我知道了。你是否熟悉在法庭上做证的这位法医病理学教授？

我：是的，我熟悉。

辩方律师：果真如此？你是怎么认识他的？

我：他曾是我的老师。

辩方律师：啊，我明白了。他教过你。好吧，谢泼德医生，你要知道，他可是做了40年的法医病理学家哦。

我：我……我想大概是这样吧。

辩方律师：我可以向你保证，他执业40年。他也教过你，就在两年前。而他认为，你所认定的本案死因是错误的。你是否肯定，自己有足够的知识和经验反驳老师的观点？

我：（使劲咽了口唾沫）我进行了充分检查……嗯……我不希望改变自己的判断。

辩方律师：你肯定吗？你肯定自己要比这位杰出的教授明白得更多？

我：嗯……嗯……我十分尊重这位前辈……嗯……的意见。但……我有不同的意见……他的确教过我如何形成自己的……嗯……判断。

辩方律师：你发现自己的意见和你如此敬重的教授的意见大相径庭，难道不会感到不安吗？

我：嗯……不会。

辩方律师：好吧，谢泼德医生，我对你的自大深感钦佩（十分惋惜地摇头，转向陪审团）。陪审团的各位，当然，你们会对谢泼德医生所具备的或者所不具备的学识及经验，做出判断。

天啊！但我也不认为教授在做证时感到轻松：事实上，他后来被迫承认我的观点才是正确的。当然，诚如主审法官最后总结时提醒陪审团的那样，除了验尸报告，本案还存在很多其他的证据。陪审团判定被告人有罪。

我为这个案件做证时，真切地感受到了压力：放弃自身对于事实真相理解的压力。事后，我回顾了自己的发现及结论，对自己能够实事求是而感到自豪。尽管受到了冷嘲热讽，但我依然坚信自己的解释是正确的。结果就是，我开始确信，真相总是清清楚楚，尽管存在各种各样的阻力，但我总是可以非常轻易地把握住真相。我要学的东西，还有很多。

13

现在，我的孩子们都已入学。但所有人都知道，结束一天的工作后，大家相约酒吧时，我经常因为需要回家看孩子而被迫提前离场，有时甚至不得不从伊恩引人入胜的高谈阔论中抽身出来，理由很简单：保姆要下班，而珍则忙于工作。久而久之，每当遇到与孩子有关的案件，同事们都会习惯性地说："迪克喜欢孩子，把案子分给他好了。"仿佛辅导自己的孩子做作业，和查验别人家孩子的尸体别无二致。当然不是，真相是很多人都会尽可能避开儿童验尸。

我很快便明白为何如此。对于法医病理学家来说，在私人生活中，没有什么比迎接新生命更开心的事了，在职业生涯中，也没有什么比看到婴儿尸体更让人难过了。事实就是，在别人无法证明的情况下，有些人可以轻而易举地夺走儿童，特别是新生儿的生命。事实就是，有时虽然孩子好像是被害身亡，实际上却是自然死亡。

涉及儿童的案子来了，所有人都将目光投到我身上。很快，我便出现在伦敦远郊的一个停尸间。新生儿的尸体被装在一只黑色垃圾袋里，发现时，正漂浮在某处观光胜地的湖边。脐带和胎盘都还在。

检查后我发现孩子足月顺产，发育良好，身上满是蜡状的胎脂，体重超过七磅，看起来非常健康，并不是因为畸形或疾病死亡。

警方解释称，他们很快就找到了婴儿的母亲，但嫌疑人辩称孩子出生时就是死胎。对此，警方抱持怀疑态度，并希望能对她提出指控。事实上，他们希望选择的罪名甚至不是杀婴罪，而是谋杀罪。如此一来，无论是法律层面还是医学层面，我们都陷入了进退两难的境地。难怪验尸官办公室将案子交给我的时候，大家都好像如释重负一般。

杀婴，作为非预谋杀人罪的一种，在量刑方面与谋杀罪相去甚远。1922 年，为了起诉一名杀死了刚刚出生 35 天婴儿的母亲，杀婴行为被列为法定犯罪。当时，人们一般认为，杀死婴儿不如杀死成人那么严重。人们相信，婴儿死亡时遭受的痛苦不如成人遭受的，家人也不会像失去成人成员那样怀念逝去的婴儿。大家都很清楚，导致这一局面的背后动因之一在于非婚生子所带来的羞耻感。

今天的我们或许会对上述想法嗤之以鼻，但 1922 年的立法产生了一个重要后果，影响至今。英国的法律承认，“妊娠产子可能会导致母亲的精神状态出现波动”，即如今所说的产后抑郁症，或者更为严重的产褥期精神病。1938 年新制定的《杀婴法案》维持了上述看法。从那时起，直到现在，如果可以证明某位母亲“因生育或哺乳导致的情绪波动”，杀死不足12个月的婴儿，她可能被控杀婴罪。

围绕如何改革这项立法，曾经有过好几次讨论。皇家精神病学医学院最近建议，杀婴的定义应被扩展，人们应该承认，胎儿分娩会给孕妇造成极大的压力，例如本来就贫困的家庭，在这种情况下添丁进口会有更大的家计负担。还有人认为，杀婴指控同样可以适用于父亲，其他人则认为这一犯罪的受害者年龄应当设定为两岁，而非一岁。更有人指出，目前缺乏医学证据能证明哺乳会影响母亲的情绪。

事实上，考察了所有相关建议后，立法完善收效甚微。但表面上没有发生任何改变的立法，掩盖了悄然变迁的社会态度，例如，人们如今承认婴儿和儿童也有人身权利。

当我查验这具在湖边发现的婴儿尸体时，首要的问题并非这起案件究竟是谋杀还是非预谋杀人，而是这个婴儿是不是算死了。毕竟一个从未活过的人，是永远不会死的，更别说被杀死了。在法律意义上，子宫中的胎儿并不具有生命。对此，反堕胎主义者或许会有异议，但这就是目前适用的法律。在眼下的情况当中，病理学家需要思考的问题是：什么时候是人，什么时候还不是人？这个问题的重要性在于，只有人才享有权利，继承权也好，人权也罢。如果杀了人，你就可能面对谋杀罪或非预谋杀人罪的指控。但如果这个人从来没有活过，那么就不存在杀人或谋杀的可能。

根据英国的法律，胎儿在分娩后死亡，即被视为死胎。如果涉嫌谋杀或非预谋杀人，则需要检方的病理学家证明婴儿生存的时间足够长，已经成为独立的存在。

这就需要证明，婴儿至少有过一次呼吸，或动过一次。或者脐带出现过搏动，表明婴儿的心脏跳动过。并且，胎儿必须完全脱离母体：大多数情况下，胎儿都是头部先出来，虽然可以独立呼吸，依然可能在其他部位还没有脱离母体时死亡。在这种情况下，胎儿没有完全脱离母体，因此无法被杀。

在孕期最后阶段死于子宫的胎儿，往往会开始呈现出尸体分解的早期迹象，而其特征十分明显（例如，白人死胎的颜色或许呈现出粉褐色）。如果胎儿死亡时间较长，辨别起来就会更加容易：头骨可能会塌陷，甚至骨骼出现重叠。但如果胎儿在流产前一天，或者更为常见的情况是，在生产过程中才死亡，就不会出现任何分解的迹象。

如果出现了嘴对嘴人工呼吸或按压胸腔等心肺复苏急救行为，在婴儿小小的身体上留下痕迹，这可能会让事情变得更复杂。最后一个问题是，被杀的婴儿或死胎，因为各种复杂的心理因素，经常被人藏匿起来。等到尸体被发现，病理学家再来查验时，通常已经没有办法确定死因，更别说判断胎儿是否离开母体存活过了。

垃圾袋里的小女婴被发现得还算及时，尸体还没有开始分解，但已经来不及对她实施急救了，她的体表并未出现任何痕迹。我现在必须确定，婴儿在这个世界上究竟有没有自主呼吸过。

虽然明白其实没有太大的可信度，但我依然实施了长久以来传承下来的所谓漂浮试验，我担心如果不做这个，可能会被人诟病。人们相信，如果胎儿的肺部漂浮起来，就意味着婴儿曾独立呼吸，这早就被证明是一种迷思。如果肺部浸泡在水里时下沉，则意味着是死胎，因为这说明胎儿并没有呼吸到让肺部足够充盈的程度。但与此相反的现象更不可能成立：如果肺部漂浮，也不一定意味着胎儿实现了自主呼吸。现在大家了解到，很多死胎的肺部也能漂浮，尤其是当婴儿死于生产前一两天，尸体分解后产生气体，更可能造成肺部漂浮。

我用显微镜观察了婴儿纤小的肺泡。无论如何，这个婴儿的肺部确实漂浮起来了。宏观和微观检查都强有力地表明，婴儿曾经独立存活过一段时间。

我接下来的工作是阅读警方提供的案卷，看看其与婴儿之间存在何种联系。最关键的一份证言来自和婴儿 21 岁的母亲在同一间酒店工作、生活的酒保，他是这么说的：

> 当曼迪来酒店担任经理助理时，看起来一切正常，但在我看来，她怀孕了。我有两个生过孩子的姐姐，因此敢肯定，她的肚子里一定有宝宝。虽然酒吧同事对此都一清二楚，但曼迪始终否认。

工作人员的宿舍位于酒店一角，而这名酒保的房间靠近防火通道的位置。一天早上，他起得很早，听到门外传来婴儿的

啼哭声。他从窗户看出去，

发现曼迪的背影，大约在50码之外，她正穿过大门，向树林走去。那个人绝对是曼迪。但我没有办法确定她当时的穿着，以及是否带着什么东西。我开始琢磨，她这是要去哪里。我思考个不停，心想她可能遇到了什么麻烦。于是我起身穿衣，想去找她。我知道，做我们这行的，有时会生一肚子气，需要找人开解。

花了几分钟穿好衣服后，我从防火通道走下楼，穿过大门，进入树林，朝湖边走去，这个时候，我迎面撞上了正往回走的曼迪。

“你在这干吗呢？”她说道。

在我看来，她一切正常，衣着得体，虽然我到死也想不起来她当时究竟穿了什么。她和我说的话大体上就是对一切事情，对任何人都感到不满。她没有说得很具体。我和她坐在面对湖水的长椅上，聊了聊我的女友，以及我和其他人组建乐队的事情。我们还谈到了这个时候湖中升腾的雾气。她看起来恢复了常态。她只说了一句反常的话：“我今晚来了例假，有点血块。”

我没有追问，不过她和我说这些有点奇怪。我们大概谈了有45分钟，没有任何让我感到怀疑的地方，我压根没把听到的婴儿哭声和这些联系起来。

我们返回酒店，她来到我的房间，抽了根烟，然后便离开了，压根看不出有什么反常的地方。之后，我再次上床，睡了个回笼觉。

当天晚些时候，大家都说曼迪看起来好像瘦了不少。第二天下午，事情就炸开了锅。这名酒保的陈述如下：

> 我在酒吧工作时，一位女士进来想要借用电话，她还带着一条狗。后来，其他同事走进来，就是罗杰，他说："湖边都是警察，好像发现了一个婴儿的尸体。"
>
> 听他这么说的时候，我突然感觉非常难受。前一天早上我听到婴儿啼哭声，然后在湖边看到曼迪，突然一切都对上了。我不知道该怎么做。我对罗杰说："我知道谁干的。"他说："曼迪？"
>
> 我说："是的。"

以上证言足以证明婴儿当时活着，甚至存活了好长一段时间，考虑到婴儿母亲还有时间在酒店厕所把孩子生下来（证据很快就找到了），然后穿好衣服，带着哭闹不已的婴儿走到湖边，把她处理掉。这一点和婴儿肺部的病理学证据一致，证据显示在生产后，婴儿活了下来。

但我们能否确定是她杀死了自己的婴儿？如果是这样的话，我们要如何确认？

对每个人来说，这起案件令人难过，不仅仅在于这位母亲冷酷无情地生下孩子——无论孩子是死是活——把女儿处理掉，当天回去还若无其事地继续工作。如果发生在今天，她或许会被视为悲剧人物。但在30年前，很多参与本案调查的人都将她视作有违人性、处心积虑的冷血杀手。曼迪没有任何悔意，说孩子生下来的时候就死了——对此她也没有表现出任何悲伤。警方和皇家检控署都坚持认为，应当对她提起谋杀指控。

我对于婴儿存活的证据非常有把握。但孩子又是怎么死的呢？婴儿尸体表面找不到外力所致的创伤痕迹，也没有窒息死亡的确凿标志。虽然实验室的检测结果显示，婴儿胃中有吸入的湖水，但还不足以达到淹死的程度：可能是被动地呛水，但绝对不是故意淹死的手段。

我给出的死因是：缺乏适当照顾。

皇家检控署一直在推进谋杀指控，对我的结论感到失望。他们希望我的鉴定意见是，孩子的母亲采取了积极剥夺婴儿生命的行为。

另一方面，我的鉴定报告让辩方律师大为振奋，后者致信皇家检控署：

> 我们恳请贵署重新考虑是否撤回对我方当事人的谋杀罪指控，请注意，我方当事人并未采取任何直接导致受害者死亡的行为……警方的病理学家表示死亡是在婴儿出生后不久由我方当事人的过失导致的。如此一来，谋杀罪的指控显然是不适当的……我们恳请贵署考虑非预谋杀人罪

（杀婴罪）的指控是否根本无法成立，因为贵署无法证明我方当事人存在严重过失……单纯缺乏照顾并不足以（证明这种指控）。我方当事人告诉警方，当她把婴儿放到地上摇晃时，婴儿已经死亡。

的确，对于谋杀案，皇家检控署必须证明被告人实施了有意不作为的行为，也就是说，故意没有给新生儿提供正常的照顾，例如切断脐带、为婴儿提供必要的衣食。如果对方是惊慌失措、毫无经验的少女，要证明她们这样做是有意为之显然非常困难。事实上，我们后来发现，曼迪并不是少女，她也不是毫无经验，但至少在一段时间内，检方十分狼狈。

“我对此事极为关切，”皇家检控署写给我的信开篇如下，“考虑到你所提交的鉴定报告的模糊性……虽然我没有受过医学训练，但经过查阅医学专业词典，我想到如下问题……”

针对婴儿的死因，检方提出了 6 个问题。

当时普通人的医学资源是医学专业词典，现在则是互联网。有时，我也会怀疑自己为什么要花 16 年时间接受医学训练，而不是购买一本医学专业词典或学会如何使用谷歌。但如果专业词典会让这位律师有兴趣了解我的工作，那么敬请查阅，我十分高兴可以借此详述我的发现，因为我很少有机会讨论案情。

针对皇家检控署提交的书面质询，我做出了进一步说明，详细回应了检方最为关注的几个问题。例如，胎粪常见于新生儿，它并不意味着婴儿一定遭到了窒息。我坚持我自己的意见，即缺乏照料才是导致婴儿死亡的原因。尽管这位母亲可能积极主动地杀死了自己的婴儿，但我们，起码我，无法证实这件事。

皇家检控署对此完全不满意。在和检方开案件讨论会的过程中，我受到很大压力，他们希望我放弃对婴儿死因的病理学判断，迎合检方的观点。但我没有屈从。后来，我针对他们所提问题给出了进一步的解答：

> 我们几乎无法准确界定通过阻塞呼吸道造成窒息所需要的时间，然而，对于新生儿来说，最短不会超过 15 秒至 30 秒。但婴儿的口鼻处并不存在能证明存在外力窒息的压迫痕迹，这种痕迹也并不一定会出现在窒息案件中。缺乏此类证据，因此我们难以得出肯定的结论，同时也无法说明曾经没有出现窒息。
>
> 我的结论是，婴儿存活的时间不超过 15 分钟。在我看来，存活时间不可能只有一两分钟，婴儿肺部的情况可以证明这点。我认为，婴儿肺部的状况显然不可能或者说十分不可能是一次呼吸造成的。通常情况下，婴儿出生后都会啼哭，但和医学当中的所有问题一样，这也不是绝对的，可能存在个体差异。啼哭最有可能帮助婴儿完成肺部扩张。
>
> 根据我对婴儿尸体的检查，无法对母亲的身体状况做出评价。然而，婴儿体表的情况表明，母亲在生产的过程中并未遭遇任何明显的困难或创伤。

我们很难定义何为缺乏照料。在我看来，最起码的照顾是，生下孩子之后立刻用某种东西把他包裹起来防止失温。其他的照料手段，需要经验而非专业训练。将孩子放进毯子里，起码可以降低孩子出现低体温的风险。仅仅需要 15 分钟，低体温就可以夺走婴儿的生命。婴儿的体表面积很大，假设分娩过程中体表沾有大量体液，更容易降低婴儿的体温。而婴儿所处的环境温度越低，也越容易失温。

导致儿童死亡的病理学成因，如体温过低、溺水或窒息，在儿童身上体现得远不如在成年人身上那么明显。我没有办法排除或确定其中任何一种。

倍感失望的检方决定继续提起公诉，但只能不太情愿地将罪名改为杀婴罪。同时，他们还提出了一个非常古老但十分鲜见的罪名：藏匿婴儿罪。

曼迪在中央刑事法院出庭受审。据报道，检方律师告知陪审团如下指控：

怀孕后，被告人决定隐瞒自己怀孕的事实，并在孩子出生后对其加以掩饰。为了贯彻这一计划，她合乎逻辑地将婴儿放入一个黑色垃圾袋后离开，任其自生自灭。在婴儿尸体被发现后，为掩盖罪行，她对以上行为依然概不承认。

检方还告诉法庭，曼迪最开始表示，自己因遭到强奸而怀孕，但后来她改变了这一说法。事实上，两年前，她就在自己母亲的盥洗室里产下过一个婴儿，后来将其交给他人收养。之后，出现了第二个她不想要的孩子，为此她接受了人工流产。

陪审团认定被告人杀婴罪名成立。法官怒吼道："你，也只有你，需要为这名婴儿负责，但你辜负了她……"但后来他又补充道："很明显，在你这样做的时候，不需要对此承担全部责任。"

曼迪被判缓刑两年，并接受一年的精神治疗。检方团队对此略感失望，大家都清楚，如果罪名是谋杀，量刑肯定更重。我自己倒是并没有什么可遗憾的。如果在压力之下，我违背良知，提供了证明谋杀的证据，我反倒不能释怀。

14

不久后，我感觉自己对于真相的理解与日俱增，但这次我所处的立场完全不同。检方和我在这个案件中通力合作，等到案件庭审时，我们都对揭露案件事实充满了信心。

事情要从另一次周日来电说起。让珍被迫放下手边的学业照顾孩子，意味着她必须通宵熬夜来补课，这让我内心的负罪感更强了。她心里一定会想：为什么在我家，死人比活人看起来更重要？现在回头来看，我并不怪她。虽然孩子们现在已经长大了一些，变得相对独立，但彼此矛盾的需求安排还是导致他们的父母之间睚眦不断。但是，在我看来，夫妻之间的分工异常明确：为了养家糊口，我的工作必须优先。直到现在，我才能从珍的角度体会这一切多么让人心灰意冷，我是何其让她感觉伤心失望。毕竟，她拼命学习不只是为了学习，而是想要有朝一日成为医生，能够共同负担家庭开支。但我当时对此浑然不觉，而是一门心思投身工作，让自己忙乱的日子不出问题，因此我没能也无法理解妻子的不满。

周日朝阳初升，我动身前往伦敦市中心，内心更多的是激动，而非愧疚。我很宠爱自己的孩子，花上一个周日陪伴他们，意味着很多事情：愉悦、吃力、疲惫、满足。但——现在来看多少有悖常理，甚至让人难以置信——这些和全身心投入一次有意义的验尸时可能获得的智力乐趣无法相提并论。的确，即便已经入行好几年，但每当有新案子分到手时，我依然难掩兴奋之情。基思·辛普森的那本书在我这个年轻人心中点亮的星火，尚未燃烧殆尽。每当走近威斯敏斯特停尸间时，其他人的心也许会一沉，但当我想到面前死者的故事和谜团，我的心就跳得更快。尽管，我知道，在周日清晨我处理的很可能又是一起周六晚上的酒吧斗殴。

威斯敏斯特停尸间藏身于伦敦市中心豪斯福大道验尸法庭背后，它们并不属于这一地区的著名地标性建筑。事实上，前往泰特现代艺术馆的游客几乎不会注意到街角这座漂亮的红色砖砌法院，更别提藏身其后的停尸间了。与许多关涉死亡的机构一样，这里的一切都极为朴素，尽量不让人想起无可避免的死亡。

当时这座停尸间刚刚经过重建，堪称全英范围内最先进的验尸设施。公众入口配置玻璃大门，室内采光良好，办公环境宽敞整洁，遗属休息区的色调雅致柔和。这里非常时尚、焕然一新，但周末前来依然意味着某种过渡或转换：穿越禁忌，从家庭生活回到那个死亡才是生活方式的黑暗世界，尽管这里的工作人员有趣至极，这里的环境温暖舒适。

停尸间的气息、死者的香水味，扑鼻而来。我向等待着我的一小群人挥手致意：停尸间工作人员，犯罪现场调查官（SOCO）[1]，一名年轻的警员和两名警探。在场的还有警方派来的一名摄影师，他似乎也经常周日值班，因此很脸熟。

茶煮好了。大家来到一间不大的员工休息室。周日，这里空空如也。督察福克斯开口打破了沉寂。

"这次，死者是一个年轻的小伙子。周六晚上，大量醉酒，吸了一点大麻……"

所以，基本就是典型的周日工作。我的心不由得一沉，还不如在家看孩子。

"里面有些蹊跷……"

对此我也早已熟悉。刀？瓶子？拳头？

"……他女友，而且……"

她用刀捅了受害者，这一点几乎可以肯定。警探欲言又止。

"而且，她勒死了受害者。"

我不禁瞪大了双眼。这和我预想的结局完全不同。女性把人勒死的情况非常罕见，基本上很少发生。现在回头总结，我经手过成千上万次验尸，没有再见过其他的类似案件。

"她供认了？"我问道。

"昨天半夜自首来着，浑身是血，遍体鳞伤，痛哭流涕。我

---

1 犯罪现场调查官（scenes of crime officer），指在英国负责搜集犯罪现场各种证据的工作人员，通常由受雇于警方的非警察人士担任，隶属于犯罪鉴证实验室，需要经过专门培训才能上岗。

们为她叫来了救护车。她说自己和男友发生了争执，好像伤害了他。”

“事情发生了多久？”

“很明显只有几分钟。我们赶到现场，没有片刻耽搁，竭尽所能，把受害者用救护车拉到医院，但于事无补。当我们告诉她，她男友已经死亡的消息时……好吧，她看起来糟透了。”

这位督察看起来心情沮丧。很显然，他从警时间很久，这不禁让我好奇，为什么这个案子让他如此动容。

“我审问她好几个小时，但她从未改口，坚持自己是在自卫……好吧……她可真是一个可爱的小姑娘。”

督察的同事点点头。“是的，她的名字是特里萨·拉曾比。小脸儿非常可爱，总是眼泪汪汪的。”

督察也对此表示赞同。“看起来是个好孩子，真是难以置信……但男友想要杀死她，还击也是没有办法的事情。”

我清楚活着的人如何通过释放信号来赢得我们的心。我明白自己也会被这些信号触动。受害者女友的忏悔显然感染了警探们，所以尽管她承认自己实施了残忍的罪行，依旧赢得了他们的同情。死去的人无法如此微妙地左右我们的情感，这多少让我感到释然。死者，只会原封不动地讲述事实。

停尸间助理递过来一杯茶，我推了回去，走到储物柜前，换上手术服、围裙和长筒靴。当大家从休息区走向繁忙有序的工作区时，手推车发出的叮当声越来越响，而那股熟悉又刺鼻的味道也变得越来越重。我看了下周围的这几个人。对于犯罪现场调查官来说，一切都是家常便饭。警探们此前已见识过这种场面，因此无动于衷，至少看起来若无其事。然而，当我们走过一排排冷柜以及一辆辆运送尸体的手推车时，我能够感觉到，年轻的警官变得很紧张。此前，这位名叫诺森的警员没有在喝茶时吃下工作人员递过来的饼干，现在他的脸色异常苍白。就在我们走过消毒池，准备进入验尸房时，他脱口而出："这是我第一次参加验尸！"

此时，我对如何处理旁观者的情绪已有所精进。当年在首次验尸时未能有效减缓那位警官的紧张情绪，这件事一直让我耿耿于怀。在我看来，他感觉到了我的紧张，而这又加深了他的痛苦。自此之后，我便一直努力让自己看起来轻松自若。我还记得那次给迈克尔·罗斯验尸，在年轻下属面前，那位总警司差点没控制住自己。从那时起，我便暗下决心，只要是自己经手的验尸，不会让任何人在离开停尸间的时候遭精神伤害。

我唯一的武器便是交流。

"当我们看到一具尸体时，"我告诉警员诺森，"永远别忘了，他们曾经都是鲜活的生命，身后都留下了悲痛欲绝的遗属，死者和他们的家人都值得尊重。今天，我们会找出准确的死因，为他们提供帮助。我们会查找任何可能的蛛丝马迹，让死者开口说话。对于那些悲痛的遗属来说，我们放下个人情感，好好地开展工作，就是最大的帮助。虽然我们今天检验的遗体不会发声，但他就是我们的证人、我们的老师。"

警员诺森苦着脸，点了点头。

我用我最笃定、和善的语调说道：“不用担心，我会全程为你讲解。如果告诉你我究竟在做些什么，事情不会像你想的那样糟。”

世事洞明的巡佐表示：“你会习惯的。”

督察则表现得极具英雄气概：“听着，冰柜里的这些人都去了另外一个世界，而不是还活着。小伙子，振作点。”

我们踱入亮如白昼的验尸房，尸体裸躺在一张金属桌子上，上面裹着一块塑料布。

“已经确认过身份了。”当我掀开塑料布时，犯罪现场调查官如是说。

“他的名字是？”

调查官当然知道，却让那位年轻警官回答，后者非常高兴可以不用继续盯着尸体，他连忙翻看自己的笔记。

“嗯，安东尼·皮尔逊。年龄，嗯，22 岁。”

安东尼·皮尔逊一头金发，五官英俊。他双目紧闭。死者通常看起来非常安详，面无表情。他是不是感觉有点愤怒？并不一定是因为他死的时候非常愤怒，而是因为运气不佳或习惯，总之，这名死者的表情给人这种感觉。

当时，我认为死者有点肥胖，但这些年标准多有改变，我现在只能用敦实来形容他的身材。死者的胳膊满是文身，上面伤痕累累，手腕处还有老伤留下的瘢痕，看得出他生前惹过不少麻烦。死者前臂上一道道血痕也印证了这点。胸前留下的心脏除颤的痕迹，印证了警官所说的曾对死者进行过抢救。

死者的脖子最引人注目。脖子下面的医院床单满是血污。从死者口中流出的鲜血凝固后，形成了一道厚重黏稠的血线。

我对警方派来的摄影师点了点头，他开始对遗体拍照。他举起了经常在电影首映式上看到的那种带两个闪光灯的相机，开始调焦，按快门，**噼啪！**

“好了，这是全身照，医生。”

“现在请拍死者的颈部特写。”我说道。

我已开始在人体对照图上按照惯例做出标注。勒痕属于重要证据，能够表明凶器的性质。如果使用的是铁丝、电线、鱼线或细绳，则勒痕往往较为清晰深入，切口整齐。但这具尸体脖子上的勒痕却不太规则，甚至有些参差不齐。她一定使用了某种柔软的东西。纺织品？也许是围巾？

摄影师拍下一组照片之前，我迅速将比例尺放置在安东尼的咽喉上，这样就可以在报告中确认相关测量结果。**噼啪！**

我的笔记如下：

> 勒痕上有不规则的挫伤与划伤，从右下颌正下方，沿着脖子前侧，延伸至左下颌横侧 2 厘米处。与喉结保持水平。喉结两侧的瘀伤最深……

我仔细检查死者颈部，寻找其他的相关伤痕。此前，我曾在其他勒死案中，于勒痕附近发现擦痕或瘀伤，这意味着受害者可能希望挣脱绳索，如果勒痕与瘀痕重合，则意味着凶手很可能在用线绳勒受害者之前，尝试过用手掐其颈部。但眼前的尸体上，却并不存在此类痕迹。

“她说使用的是受害者的领带。”巡佐告诉我。

督察摇了摇头，再次重复了此前所说过的话：“她真是个小可怜。”

“小姑娘，”巡佐对此表示赞同，“我认为如果你发现自己身处险境，也会爆发出这种力量。”

我详细记录下了手腕部的瘢痕、左臂后部的抓痕以及心脏除颤的痕迹，测量其长度，确定其位置。

“请拍一下文身和手腕部。”我告诉摄影师。

他拍摄了文身图案的特写：卡通人物“无敌神猫”[1]，左上臂文着“爱”，下面用更大的字体文着“恨”。

亲属已经辨认过遗体，因此不需要为此记录文身的内容，只是例行公事而已。在DNA证据出现之前，特别是在尸体开始腐化分解，没有其他办法辨认身份之前，很多遗体都是靠文身辨认的。

尽管勒痕历历在目，但还是需要其他证据证明安东尼是窒息而死。第一个标志便是死者面部皮肤呈红色，主要因为颈部的纤细血管遭到压迫。为脑部供血的动脉通常更宽，可以有效抗制外在压力，因此血液依旧可以进入大脑，但因为颈部静

1《无敌神猫》（*Top Cat*）为美国广播公司于1961年9月至1962年4月间播放的动画片。

脉遭到压制，血液无法回流到心脏。然而，窒息最显著的标志——不管是因为哽噎、缺氧、勒死还是其他原因——出现在眼内及眼周。很多人，或者说大多数人，当窒息时，眼皮连接处及内层，都会有极小的出血点。这些点状出血，用力咳嗽或擤鼻涕的时候也偶尔会出现。虽然在缺氧的情况下很少出现点状出血，但几乎所有被勒死的尸体都有此类症状。安东尼也不例外。我用镊子将死者的眼皮掀开，以便拍照取证。**噼啪！**

我量了安东尼的身高（5英尺11英寸），然后将他翻过来，以便拍摄尸体背部。警员诺森倒吸了一口凉气。一时我颇感惭愧，因为忘记了他的存在，而我本来是想着帮助他撑过验尸这一关的，但现在，我连一刀都没切。我抬起头，发现他正惊恐地盯着安东尼。

“哦，老天，他被打得遍体鳞伤！”

我摇了摇头。

“不不，这种显色只是死亡的正常过程而已。”

他半信半疑地看着我。

“这被称为血液坠积，有人说这是青紫色。我知道看起来好像是瘀伤，第一次看到时的确有些吓人。但这绝对是常态。”

我解释了坠积的科学原理，解释了重力是如何在人死后让红细胞沉降从而造成如此骇人的青紫色斑块。同时，我还介绍了它的法医学价值。根据万有引力定律，染色只会存在于尸体的最底部，据此可以推测死者死后的身体姿势。但如果尸体被移动，就会出现不同染色的重叠。当然，坠积也颇具迷惑性。

有些人死时头朝下，鼻子压在毯子里，会导致口鼻部发白，而面部其他位置则会呈现青紫色：这也属于典型的血液坠积。人们会轻易据此推断曾存在缺氧状况，我清楚很多病理学家都在这里跌过跟头。

现在，安东尼头朝下，我可以十分细致地检验他发际线下面的脖颈部分。这里并不存在任何勒痕。什么都没有，我把摄影师叫过来，拍照存档，然后把尸体翻了过来。脖子正中央存在勒痕，但仅见于喉咙部位。

因为还没有动刀，警员诺森或许满心期待出现我不用下刀的奇迹。血液坠积让他兴趣满满，因而有所放松，或者说几乎要放松下来。我拿起了自己可靠的 PM40 手术刀，它硕大而压手。当我刚开始验尸时，针对突然发生的自然死亡，我使用的还是 PM40 手术刀的小兄弟——普通手术刀。当我正式执业后，专门为验尸量身定制的 PM40 手术刀已经成了每位病理学家的最佳密友，它的刀片更大且方便更换。

这把刀拿在手里得心应手，沉甸甸的，令人信心倍增。突然房间里变得鸦雀无声，紧张感过于明显。我听到警员诺森长长地吸了口气，仿佛自此不打算继续呼吸了。但是对拿起 PM40 手术刀的我来说，感觉非常好，我好像拿起了指挥棒的指挥家。乐队即将开始演出。

我还是采取往常的解剖方式，顺着胸膛中央向下用刀。

同时，我说道："我们都看到，安东尼是被勒死的，我们对这个结论有一番说法，但是我必须确定没有其他造成死亡的原因。或许，他是自然死亡也说不定。例如，心脏疾病，或者其他让受害者特别脆弱的身体状况。我必须检查所有器官后才能下这个结论。但当然，首先我必须检查颈部里面的伤痕，特别是在勒痕之下。”

警员诺森未做回应。

我继续工作，同时不停地解释。

“勒颈造成的内伤未必明显。安东尼只有 22 岁。在这样的年龄，咽喉及甲状腺附近的软骨依然十分坚韧。随着年岁增加，这部分骨骼将会不断钙化，变得更加脆弱，因此在遭到扼压时容易断裂。”

警员诺森看起来似乎是在点头。或者，他是在尽量不让自己吐出来？

“历代病理学家都对勒死非常感兴趣，理由在于，其致死机理尚不为人所知，”我继续道，“人们一度推测，受害者是死于窒息。即便现在大部分外行依然认为，掐住咽喉就切断了氧气来源。但我们知道，窒息本身并不一定就是死因，因为一些受害者在颈部遭到压迫后很快就会死去。事实上，还出现过立即死亡的情况，而这些尸体没有任何窒息的典型迹象。即便那些呈现出窒息迹象的死者，因为死亡时间过快，从而缺氧也就无法成为单独死因。”

让我感到欣慰的是，警员诺森似乎对此产生了些兴趣，压过了此前的反感情绪。

“那他们究竟是怎么死的？”他怯生生地问道。

“是这样，我们知道，压迫颈部静脉——喏，在这里——将导致头部静脉血压飙升到人类无法承受的程度，会导致某些受害者脸色发青。如果压迫这里，对，就是这里的颈动脉，将导致受害者因脑部供血不足而失去意识，进而影响副交感神经系统。这里控制着我们想不到的人体功能，比如消化系统。而其中还包括迷走神经，颈部受到的压力会以一种复杂的机制，让迷走神经发出使心脏停止跳动的信号，后者属于一种反射性作用。”

“这就是安东尼的死因吗？”这位年轻警官边问边凝视安东尼的脖颈。

“他的头部和脖颈充血，眼睑部有点状出血。这表明存在窒息，或者说非立即死亡的迹象，”我压下身子说，“非常著名的法医病理学家基思·辛普森曾经提到过一个案例：一位士兵在跳舞时充满爱意地轻轻扭了下舞伴的脖子，结果眼睁睁看着她瘫倒在地，当场死亡。原因就在于他无意中扭断了受害者的副交感神经。自此之后，在勒死案件中，被告人往往辩称自己毫无杀意，只是扼住了受害者的喉咙，碰到了迷走神经，导致受害者毫无理由地一命呜呼。”

“但特里萨·拉曾比使用了领带。”一位警探指出，我觉得他有点迟疑。她是怎么如此彻底地赢得这些硬汉的支持的？

“从伤情来看，我认为，她用领带勒了好一会儿才放手，”我继续道，“如果这就是她的辩护，显然很难有说服力。”

“她辩称受害者要杀死自己。”这位警探表示。

“真可怜。”其他警察感叹道。

警员诺森虽然没有参与这场对话，但依然留在房间里，我想，这可能要归功于我的安慰方式，他才坚持了这么久。只是在停尸间助理进来帮助我锯开头骨以取出大脑的时候，他才转身离开。因为需要使用特制电锯，所以这个操作过程的声音很吵，就连两位经验丰富的警探也移开了目光。对犯罪现场调查官来说，这些可谓家常便饭，尽管他与我扯着嗓子进行交谈，但我们依然无法否认骨头变热后的气味对人类深层嗅觉的本能刺激。

结束验尸后，警官们返回警局做简报，然后准备下班。

“我告诉你，经历过这些之后我们得去喝点。一品脱，至少，或者要三品脱。医生，想和我们一起去喝一杯吗？”

虽然我很乐见警员诺森能够在畅饮美酒之后恢复过来，但为了妻子，我还是婉言谢绝了。在一路向南回家的路上，我总是感觉有哪里出了问题，非常令人不舒服，就好像穿错了鞋子或者穿反了衬衫。安东尼·皮尔森的案件困扰着我。或许是供认将其杀害的女友，或许是警方对她的介绍，但每当我似乎要弄清楚时，一切又归于模糊。毫无疑问，等我明天写完验尸报告，一切都会水落石出。现在，没有时间再琢磨了，家，近在咫尺。

这是一扇幻觉之门。

我试图让自己相信，我的情绪可以彻底与每天遭遇的关于非人行径的证据隔离开来。在面对死亡所呈现出的疯狂、愚昧、悲伤、无助以及人类的脆弱时，除了科学上的好奇，别无其他感情。爷们儿一点，就像我的同事们看起来那样。在工作时无往不利，对停尸间里揭露的人性名利场无动于衷，对是非对错的模棱两可之处不为所动。接下来，继续超人般的神奇变身，穿过自家大门，回归工作人格之下蕴藏的那个温暖、关爱、情感上支持家人、全身心投入的丈夫和父亲角色。所以，深呼吸，不要再去想特里萨·拉曾比究竟对安东尼·皮尔逊做了什么，以及怎么做的。别去想。拿钥匙。拉开门。进门。微笑。开心。嘘寒问暖。做饭。微笑。读故事。微笑。晚饭时问问珍的一天，问问她晚上必须做的功课。不去想安东尼·皮尔逊，不去想从他嘴里流出的血痕，以及那道参差不齐的红色勒痕。一切正常。

第二天到达医院后，我从公文包里拿出了验尸笔记。一股有如冬日林地腐朽树枝般的气息飘散开。这是停尸间的味道。

我将自己手写的报告交给帕姆打印。结论是，安东尼·皮尔逊并非自然死亡，死因是“勒颈而死”。我提出，

> 死者颈部的瘀痕分布位置显示，凶手在用力施压时位于死者后部，而勒痕并未出现在脖子后部。

我还是没有弄清楚这个案子究竟为什么让我感到如此纠结，但我很快就将其抛在脑后。我认为，皇家检控署终将与我联系，请我在特里萨·拉曾比的案件中出庭做证，到那时再把报告拿出来思考也不迟。毕竟现在，我实在太忙了。

15

现在，我对自己的情绪控制能力颇为自豪。我能从凶案现场无缝回归家庭生活。我同样自豪的是，能安抚被眼前景象弄得心神不宁的验尸旁观者，并向其提供必要的信息。事实上，我逐渐认为自己是五星级情绪管控大师，直至我见到遗属。

死者的家人往往背负着震惊、恐惧与伤悲。他们经常会看着我，问一些我回答不了的问题（“医生，他死的时候遭罪了吗？”）。遗属往往既想要了解真相，又害怕知道事实。他们的情感，有如一团硕大无比又极不稳定的海绵体，充满整个房间，将全部氧气消耗殆尽，而他们的身体则在冰冷的椅子上坐立不安，接过别人递来的纸巾，嘴合不上，眼泪汪汪，频频摇头。等待我说明情况的这些遗属，随时可能大发雷霆或变得歇斯底里，把我吓得够呛。

这是我必须学会应对的必修课，但说来奇怪，我的第一个教训，源于一个让我懂得有比与遗属打交道更糟的情况的案件。那就是没有遗属。

那是一个冬天，我被警方叫到一户住家，一位老妇人赤身裸体蜷缩在桌子底下。警方认为案件涉及刑事犯罪，现场看起来的确像是有人在翻找财物：抽屉壁橱大敞四开，东西丢得遍地都是。很多轻便家具甚至被掀翻在地。

“屋里面好冷！”我对一名警官说道。虽然前一天的气温有所回升，但这老宅大屋内依旧寒气逼人。

“湿气太重，”他表示同意，“让人感觉更冷。”

“她没有开暖气吗？”我问道。

警察摇了摇头。“没有中央供暖。”

这时一位警探听到了我们的对话，他说：“受害者或许想要生火，但还没来得及，入侵者便进来了。”

我们在房顶很高的房间里环顾四周。壁炉地面被清扫得干干净净，显然没有人曾试图在这里生火。角落里放着一台老旧的双管电暖器，但并未插电。

我再次将目光对准倾倒在地的书架，以及地上散落的东西——书籍、药品、小玩意儿、纸牌——旁边的小椅子，曾经整理好如今却杂乱无章叠压在地毯上的旧报纸。我又看了一眼弯腰驼背、呈防卫姿态的女性遗体。受害者瘦得可怜。整个场景看起来令人心酸。

“她的健康状况怎么样？”我问道。

“还不清楚，医生。”

“有没有向邻居打听过情况？”

“有，但邻居对受害者了解不多，她总是独来独往。隔壁有人反映，她有点情绪不稳定。”

警官点了点头：“保洁员也说受害者绝对失去了理智。”

情绪不稳定。失去理智。健忘。不知道当天是周几。诸如此类。

厨房里放着几块发霉的面包。一听尚未开封的沙丁鱼罐头。一个开罐器。一罐橘子果酱。一把面包刀。果酱的盖子处留有一些奇怪的痕迹，看起来应该是有人试图用面包刀或开罐器撬开。冰箱里塞着一些信笺，大部分是传单或公共事业部门寄来的发票。

我不再拐弯抹角，说道：“痴呆。”

“我们推测，受害者可能将入侵者当作自己失散已久的儿子或者别的什么人，”警探表示，“她或许还打开门，热情地拥抱了凶手。没有闯入的痕迹，走廊里也没有斯打的迹象。”

“发现受害者的是谁？”我问道。

“保洁员。”

“对，因为保洁员早上没办法进屋，就给警方打了电话。她说这位老太太脑袋缺根弦儿，或许此时并不在家，说不定出去溜达了。”

“保洁员一般多久来一次？”

“一般一周一次，但她刚刚休了两天假。”

负责现场勘验的警官在仔细察看厨房的门。

“我们已经完事了，你想移动尸体吗，医生？”

“收获大吗？”警探问他。

"没有，到处都是受害者自己的指纹，没有发现入侵者的任何痕迹，他肯定是戴手套了。"

我转向那名警探。

"在我看来，根本就没有入侵者。"

他吃惊地看着我。

我说："她是被冻死的。"

屋子里的四名警官一言不发。

"我认为这位女士死于低温。她可能丧失了心智，或者不具备足够的身体条件去开电暖器，更别提点燃壁炉了。"

盯着我的那名警探拼命地摇着脑袋。

"这个季节？拜托，"他说道，"哪有**那么**冷！"

如果要死于低温，就必须在严寒时节跑到山里面，这显然是种误解。年老体弱者（实际上包括年幼者在内）都可能在室内温度约10℃左右的情况下死于低温，即便室内温度高于10℃，如果外面冷风呼号，或者室内有明显的过堂风，也足以致命。

如果体核温度低于32℃，人的心率及血压都会下降，并会造成意识模糊。如果体温低于26℃，则此人必死无疑，尽管有报道称，一个体温仅有18℃的人最终康复，不过此人因为冻伤被迫截肢（在法医学领域，经常会遇到所谓"孤例"，而辩方律师则会抓住这种偶发情况不放，试图将其描述为一种常态）。

令人吃惊的是，低温并不是非常罕见的致死原因。受害者包括不慎跌入刺骨海水中的失足者、在公园露宿的醉酒者，或者无人照顾的幼儿。不过，大部分受害者都是老年人。或许是认为自己无法负担供暖费用（可能真的负担不起），或者因为生理或心理原因没有办法开暖气。有时候，失温只是一个抑郁的、对温饱乃至照顾自己都漠然的人走向悲剧的最后一步。

本案中，凶案组的警察拒绝接受无人入侵这座房屋的结论。

“看看这个地方的状况，医生！鬼才知道他拿走了什么，几乎都翻遍了！”

“她为什么没有穿衣服？我可不希望你最后发现这个畜生侵犯了受害者……”

我说：“我认为她是自己脱下衣服的。”

“因为她很冷！”

“别闹了，医生！”

“我想，你认为是她把自己的东西扔得到处都是？”

但是，在我看来，这属于典型的临终末期异常综合征。这位年迈的女士显然屈从于低温所引发的怪异的反常直觉。低温受害者会脱去自己的衣服。有幸存者表示，随着体温降低，自己反而感觉很热，认为脱去衣服是完全合理的降温办法。这是低温受害者的普遍反应。另外一种不太普遍的综合征便是有些受害者会躲藏起来，例如，躲在角落里、桌子下面。而在这样做的过程中，他们经常会推倒家具或者清空低矮抽屉里或架子上的东西。

对于这种临终末期异常综合征，凶案组的警察们将信将疑。

警探坚持认为，我能在验尸时找到凶案的证据，而事实上，我知道自己的理论很难被证明。低温在死后极难诊断，因低温而死或死后失温，这两者的表现几乎雷同。某些时候，的确存在一锤定音的体表特征，例如白人膝盖或手肘处出现了棕红色的变色迹象。另外一个关键证据，则在于死者胃黏膜存在大量的细小深色溃疡。

让我如释重负的是，上述迹象在本案中均可找到。我可以确定，是低温导致了死亡。虽然我对自己的理论得到证实而略感欣慰，但同时又为真相感到莫名的沮丧。这位独自生活并去世的年迈女性，让我想起了自己的外婆、阿姨以及她们的朋友，那些孑然一身、生活在英国北部的女性。当我小时候在那里度假，这个年老单身女性组成的世界曾代表着坚不可破的友情、亲情、社群与支持。如果她们没办法照顾自己，就需要别人来照顾，但依然处在社群中。这位死去的老妇人没有办法得到类似的支持。她实际上死于无人照料，或者是自我放逐。但无论是朋友、家人还是社群，都没有给予她足够的关怀，才导致悲剧最终发生。从梳妆台上摆放的相片来看，死者应当是某人的母亲、姑婆或祖母。这些人在哪里？为什么这些亲属似乎根本不关心她？她现在死了，他们会关心吗？

虽然一直以来我觉得很难应对遗属的情绪，但第一次，我真的希望见见死者的家属。我要告诉这位老妇人的子女，他们的母亲到底是怎么离开这个世界的。但遗属并未主动与我联系。死因调查的时候，甚至无人到场。在采集了进一步的证据后，验尸官接受了我给出的死因认定，裁断这是一起意外死亡：痴呆导致了失温。只有我、一名年轻警官以及验尸官听到上述裁断。这个生命的终结是如此可悲，如此孤独。

等到再次需要与失去亲人的遗属见面时，我虽然还是害怕，但安慰自己，安抚他们的情绪，要好过再去思忖那些无人照顾的人所面对的残忍孤独感。但这并未完全消除我的胆怯。一想到那些遗属，我就感觉头晕，甚至考虑托病不出。但我也清楚，根本逃无可逃。我必须想办法直面他们失去亲人的痛苦。现在，我才敢于承认，这其实意味着对我长期以来压抑内心的痛苦的共鸣。

这个案件颇为疑难。死者家人感受到了切肤之痛。一天早上，家里的大女儿走进 15 岁妹妹的房间，发现妹妹昨天晚上已经死了，却看不出明显的死因。这位名叫阿兰娜的女孩，生前热爱芭蕾，面容姣好，惹人怜爱。女孩的父母和哥哥姐姐十分震惊，同时为她的死悲痛不已，而他们的家庭医生，或者说验尸官，特地安排这一家人前来与我讨论此事。

我在停尸间的遗属休息室见到了他们。房间内的装潢温馨整洁，照明柔和，完全隔音，防止手推车发出的叮当声或者某位工作人员不合时宜的口哨声突兀地传进来。我匆匆赶了过来，作为年轻的病理学家，我刚刚上完课，马上还要去进行下一次验尸，之后还要赶回家看孩子。推开门时，我都佩服自己居然能如此迅速地调试自己。

坐在我面前的，则是依然处于惊恐状态的一家人。死者的母亲，死者的父亲，死者的哥哥，死者的姐姐。他们所呈现出的巨大悲伤，让我自己的生命几乎一下子陷入停滞状态，时间都凝固了。

我想尽办法让自己的态度变得和蔼，虽然开口试图讲话，却欲言又止。他们遭受的痛苦令人不堪承受，宛如某种无法抹去的颜色，将我一点点吞噬。痛苦袭来，将人掩埋。我该如何表现友善，该说些什么？死者的哥哥发出哽咽。姐姐的头埋在手里。父亲脸颊上流淌着热泪。突然，我想和他们一起放声恸哭。但自我母亲去世后，我就再也没有哭过，也许她去世时，我也没有。无论是幼年还是成年，我都不曾有过任何流泪的记忆。职业生涯中，无论遭遇何等残忍与悲伤，我都不曾红过眼睛。不信去问我爱人，我可曾哭过。现在我却想流泪。感觉就好像是为了释放自己的情感，我必须目睹别人落泪。

当然，职业精神迫使我不能这样去做。

如此这般，他们静静地等待，等我结束哀悼，开始说话。而在此期间是一段折磨人的沉寂。

最终，有人开口说话。本来应该是我，但实际上是死者的母亲，她的面容虽难掩悲伤之情，却依然保持镇静。

“你没事吧，医生？”她问道。声音中夹杂着悲伤，同时又不失大度与热心。所谓大度，是因为当**她**看着**我**的时候，眼中充满着同情。

我向她保证自己没事，虽然语气虚弱。

“能否……你能否让我们了解一下阿兰娜的死因呢？”她随即问道。

当然！这是我的职责所在。她的话提醒了我。他们并不需要我去分担伤悲。他们也不需要我为他们溘然离世的美丽女儿献上热泪。

咔嚓。刹那间我便调整到职业模式。我掌握着他们并不知晓的信息，受害者的身体状况，特别是那个可怕夜晚究竟发生了什么。事实上，这一切都是这位死去的女孩告诉我的。尸体会说话。通过验尸，我可以了解死者的生活方式，甚至他们的性格，当然，更多的还是他们的死因。在凶杀案中，死者告诉我的，只要我听得够仔细，就可以帮助缉拿凶嫌。而在阿兰娜的死亡事件中，凭借我所掌握的信息，可以安抚遗属的心灵。

这当然不是我第一次与遗属会面，但恰恰是从这一次开始，我终于搞懂了一件显而易见的事情。遗属之所以希望见到病理学家，只为了一件事，这便是事实真相。

阿兰娜患有癫痫，但接受了恰当的治疗。我解释道，不出所料，毒理学检测显示，她的血液中并无任何酒精或毒品残留。至关重要的是，检测结果显示，她的用药量严格遵照医嘱，没有过量，没有忘记服药。也没有因发病而出现被褥窒息的迹象。

我在验尸时，没有从尸体表面发现任何显示其他外力介入所引发的争斗痕迹。而尸体内部的检查也没有找到先天性心脏病或其他足以致死的原因。没有证据表明阿兰娜是在夜间突然发病而死。

“那到底她是怎么死的？”死者的父亲啜泣着问道。

我向他们询问了阿兰娜的病史。当然，我已经读过相关病历，但仍然希望确定没有遗漏之处。听他们讲完后，我意识到，在完全没有其他解释的情况下，导致死者去世的原因，只能是她罹患的癫痫。

现在，我们都清楚所谓“癫痫猝死”，也就是说，癫痫患者突然去世的现象一般发生在夜间，往往不一定会伴随癫痫发作。直到现在，我们依然对于癫痫猝死的准确成因及发病机理不甚了了，更别说在当时那个年代了。这一切像是天方夜谭。

也就是说，虽然我可以为他们提供此类证据，但无法具体解释阿兰娜的准确死亡过程。或许是大脑发出了错误的脑波，这种异常放电的情况让心脏停止了工作？癫痫猝死是一个谜。遗属接受了我的说法，但我还要和他们说一些别的。

他们需要听我亲口告诉他们：“这不是你们的错。她服用的治疗癫痫药物没有问题，剂量也正好。”这是事实，我如实相告。

他们需要听我亲口告诉他们：“她的死亡，不是因为你们没有在晚上听到她的呼救所导致的。”这是事实，我也如实陈述。同时，我还补充道：“阿兰娜不太可能发出任何呼救声，即便她这样做了，即便你们听到了，即便你们马上冲了进来，**你们也没有任何办法**。”对于很多遗属来说，这样的表述非常重要。悲伤的某个特定阶段便是负罪感。“**没有任何办法**”无法根除负罪感，但我希望能让一切尽快过去。我衷心希望如此。

这便是我能够给予他们的一切，这便是我所了解的全部真相，没有那些试图宽慰的话语来修饰，贵在清晰简明，其中依然夹杂着死亡带来的纯粹、剧烈的情感波动。让自己与遗属感同身受，会让真相变得复杂，结果对谁都不好，我也由此下定决心，绝不让这一切重演。

我看到阿兰娜的姐姐不再像此前那样将自己蜷缩起来，不再呈现出奇怪的防卫姿态。她的哥哥也停止了啜泣。他们的父亲拭干了泪水，虽然可能不会持续太久。但案件的真相似乎给大家带来了帮助。

这次会面改变了我面对遗属的态度，在某种程度上，消除了我在接待他们时所产生的内心恐惧。自此，我不再试图将遗属从悲惨中解救出来，而是尽力平和友善地将事实真相告诉他们，尽管接受真相的过程并不都十分简单干脆。真相就像一头遍体鳞伤、支离破碎的猛兽，我们无法看清全貌。从不同角度观察，真相也可能产生不同的意义，有的遗属说他们想要真相，但当真相与他们的预想或预期不符时，他们又拒绝相信。

这个家庭并非如此，但他们的确还有其他问题。事实上，此前无数个家庭都曾问过类似的问题。

死者的哥哥声音低沉，听起来几乎是耳语："死亡是一种什么感受？"

答案，我不知道。

我能够发表的评论是，即便在最为暴力的情况下，死亡最终都是一种终极放松和解脱的体验。因此，在缺乏相关科学证据的情况下，纯粹从我本人在医院急诊室和病房里观察到的经验来看，我倾向于认为，虽然几乎没有人一心求死，但当其真正发生的时候，或许死亡本身的确是令人愉快的。

当我如是说的时候，死者的姐姐，就是那天早上去妹妹房间发现情况的那个女孩，脱口而出："她看起来平静极了！就好像是在做着美梦！"

我经常听人说起："她看起来平静极了！"事实上，死者的面部表情并不一定代表死亡过程平和。尸体之所以看起来极其安静，在我看来，仅仅是死后面部肌肉彻底放松的结果。考虑到遗容安详对于生者的极大慰藉，一般情况下，我对此不会多加评论，当然，如果被人追问，我也只能恪守如实陈述的义务。但这次，死者的姐姐仅仅发表了评论，并未提任何问题。我想起了当年上学时父亲赠给我的蒲柏的诗句：

给人劝告，千万不要实话便实说，
直率的真话比巧妙的假话伤害多

虽然死亡的瞬间可能是令人愉悦的放松，但在此之前的过程，或许非常可怕。此时，女孩的父亲用沙哑的声音，问了一个经典的问题："阿兰娜遭罪了吗，医生？我希望她走的时候没有受什么罪！"

病理学家们无数次面对此类问题，他们在回答的时候可能会模棱两可，避免悲痛欲绝的遗属在冷酷的现实面前再次受伤。

很多病理学家，即便自己对情况并不确定，一般都会选择告诉那些在暴力情况下死亡的受害者的家属，死者当时已经昏迷或者很快便陷入无意识状态，因此走得非常安详。但事实上，我们很难确定死者去世之前究竟遭受了多大的痛苦，或者这个过程持续了多长的时间。通过查看伤口或病情，我大概能够猜测出其造成的病痛，在某种情况下，也能够估计出痛苦持续的时间。但单纯从尸体本身，我们很少能够找到关于死亡速度的准确指标。

有一种错误的看法认为，发现肺部存在大量液体——肺部浮肿——就意味着死亡过程缓慢。浮肿的现象在大多数人的死亡过程中都极为常见：随着心脏的效率变差，正常的生理反应是，液体从血管进入肺部。因此，被砍掉脑袋的死者，肺部通常不会出现任何浮肿的迹象，毕竟死亡的过程太过迅速。但反过来，情况就不一定成立了：肺部大量积液并不一定意味着死亡的过程非常漫长难挨。

那么，到底该怎么回答这家人——任何家庭——关于死亡速度及痛苦程度的问题呢？我决定凭直觉行事，沿用自己在验尸房内练就的技能，通过提供相关知识来缓解痛苦的感觉。

我告诉他们："大多数人对于死亡都存在误解。他们认为这是一个转瞬即逝的过程。你会认为，这一刻，我的女儿还活着，下一刻她便……离我而去。但真正的死亡不是这样的。人的生命，除非是在原子弹爆炸过程中瞬间灰飞烟灭，否则不会像电灯那样，能一下子彻底关掉。大多数情况下，死亡都是一个过程。"

死亡是一个过程。如今，我已经无数次使用过此类表述。在死亡过程中，身体的不同器官，根据各自内部细胞的新陈代谢速度，以不同的速度走向终结。而这些又依次进一步引发尸体分解，最终实现自然解体，化为尘土。

很多在病榻旁送走亲人的遗属看到的，仅仅是一个短暂的、简单的死亡过程，只有几秒、十几秒或几分钟。从技术上来讲，随着细胞的逐渐死亡，死亡的过程可能会持续若干小时。某些细胞、皮肤或骨骼，则会“存活”长达一天：即便在无氧的环境下，这些细胞依然能够在储备的氧气耗尽之前维持新陈代谢。即便对已经被宣告死亡的尸体，我们也依然可以采集上述细胞，并在实验室环境下继续培养数天之久。

死后数个小时，死者可能仍会出现不规则的心跳现象。消化过程可能继续。白细胞的独立活动可以在死后继续维持 12 个小时左右。肌肉仍会颤搐。只是，生命已然逝去。尸体可能会出现排气，但绝对不是呼吸。

虽然死亡的定义多种多样，但每种定义都面临道德乃至科学上的难题。如果一个人永远无法与其所处的环境建立联系，进行有意的互动，陷入不可逆的无意识状态，对于这个世界，乃至自己的存在都丧失了认识，这种情况就是死亡。当然，这也可以用来形容陷入沉睡或麻醉状态的某人——但这些状态是可逆的。这也可以用来形容陷入昏迷或植物人状态下的病人。他们的确还存在心跳，至少有某种脑干活动的迹象，因此无法将其认定为死亡状态。

如果没有心跳，没有呼吸，心电图呈直线，便是真正的死亡。有时人们会告诉我，他们守候在床边，知道自己的亲人究竟是在何时离世。但可以肯定，这种说法是错误的。他们所指的是呼吸和心跳停止的时候，他们所目睹的是躯体的死亡。细胞的死亡，则要漫长得多。

聆听解释的遗属们停止了啜泣。他们一言不发，正在努力将我所介绍的知识与他们所面临的具体悲惨经历对接起来。

“我没办法告诉你们阿兰娜的死亡过程究竟持续了多久，但未经证实的经验表明，癫痫导致的无因猝死往往十分迅速。我也没办法告诉你们她经受了多大的痛苦，但尸体状况显示她走得十分平和。”

“她可能根本没有醒过来，可能根本不知道自己正面临死亡，是吗？”死者的父亲满怀希望地问道。

我很想完全认同，但这显然不是全部真相。

“我们无法准确了解阿兰娜到底经历了什么。我只能说死者不存在痛苦的迹象。再说一次，死亡是一个生命逐渐凋零的过程。而我也的确相信，死亡是一个令人愉快的过程。”

眼看着一家人平静、放松又心事重重地离开时，死者的父亲突然发话，让我吃惊不已。“你说的这些的确让我们受益匪浅，但……我真的受不了你把我的女儿切成一块一块。”

此时，一直非常坚强镇定的母亲也痛哭不已。

“我们多想最后见她一面。但是办不到了！因为你把她切碎了！”

死者的哥哥哽咽着说不出话来，而她的姐姐的脸也皱成了一团。父亲又哭了起来。

在此之前，我几乎从来没有意识到，原来在大多数人看来，我是散发着万圣节般恐怖光芒的死亡使者，是将他们深爱的人切成碎片的罪魁祸首。而这也是我首次遭遇认为我们病理学家将美丽的尸体变成一摊碎肉的观点。尽管，此后我经常发现自己面临类似的境遇。

很多人——而且非常遗憾的是，其中包括很多警官甚至验尸官（他们本来应对情况更加了解）——错误地建议遗属，不要在验尸后选择和遗体告别，因为“病理学家做的那些事”。不能接受验尸的人，即便他们是理论上的专业人士，如果他们从来没有参观过停尸间或没有看过验尸后的尸体，就不应该在如此敏感的时候，将自己的感受强加到遗属身上。无疑，他们也想帮忙，但反而在那些希望并需要做最后道别的人心头留下了长时间难以愈合的伤痕。

令人遗憾的是，这种迷思导致很多遗属不同意将亲人的尸体送去验尸。当然，他们也并不是始终有选择：如果死亡来得非常突然，无论是因为自然原因还是出于意外，一般都需要由验尸官接手，如果其怀疑存在凶杀的可能，就会要求对尸体进行验尸。社会享有知情权，更大的公共利益压倒了遗属的个人愿望。我们需要牢记的一点便是，遗属可能是，而且通常便是，凶手。

直到看到某次重大灾难后某位遇难者亲属的陈述，我才彻底明白验尸给他们带来的恐惧。她事后发现，在自己不知情的情况下，其罹难的儿子的尸体被解剖、检验。但在这位母亲看来，既然儿子也是灾难的罹难者，那么死因再清楚不过了：

> 在我看来，肢解遗体这种毫无必要的侵入性程序，既不尊重遗体，也不尊重遗属的情感及宗教需求，实属大错特错。对我来说，他什么时候都是我的儿子。对他的遗体进行的毫无必要的损毁，是不容宽恕的冒犯。

我当然清楚，接受死亡的定局是很难的，是非常难的。今天，死者已经体会不到昨天的所思所想所为。前一天，他还可能对我在他的身体上动刀愤怒不已，但今天，他对此已毫无知觉。或许，最难理解的一点是，将手术刀深入他的体内，不是一种冒犯，而是一种尊重，甚至是一种爱护。

下面，引用一段代理愤怒的遗属群体（包括上文提到的那位母亲）的王室法律顾问的观点：

> 如何照护逝者，代表着我们这个社会的文明程度。紧闭的停尸间内，很多事情都事出有因。有鉴于此，被赋予这项工作的人以及负责监督其工作的有权机关，需要承担确保死者得到最大尊重和照护的特殊责任。这些死者的遗属与所爱之人有权对此有所期待，而社会公众有权对此提出要求。

谁会不赞成这段话呢？只是他所代理的遗属，在痛失亲人之后，还要面对验尸让他们感到的巨大愤怒。

对我来说，他的批判恰恰反映出验尸的重要性。当我进行验尸时，我不仅高效、彻底、敏锐地向逝者表达了文明社会所期待的“最大尊重和照护”，还体现出对于人类同伴的拳拳爱心。我的目的是探明死因，而在这样做的过程中，被人视为穿着白大褂的神秘屠夫，显然令人苦恼。我衷心希望那些和我直接交谈过，或者在法庭上聆听过我为他们死去的亲属做证的人，能够赞同我在工作中表现出了爱护，除此之外，我相信还有对人类的爱。

我尽力温和地向阿兰娜的遗属解释，遗体并没有在停尸间里遭到残忍的肢解，而是得到了充满尊重的检查，这样做不仅仅是为了他们这些遗属，也是为了阿兰娜和这个社会。世人没有简单地耸耸肩膀，说：“好吧，又一个 15 岁女孩死了。”他们需要了解个中真相。

我向他们保证，遗体被解剖后，我的同事会忠实且完美地保存好完整的遗体。停尸间的技术人员对于自己的技艺颇为自豪。阿兰娜的家人无须担心再次见到遗体时的感受。实际上，他们必须这样做。和遗体见最后一面是道别的方式，是尊重逝者的消亡，更是颂扬生命。

于是，我开始安排，让他们再见阿兰娜一次。在我告辞离开时，他们平静地对我表达了感谢。我很清楚，在未来的很长时间里，他们将一直面临痛失亲人的悲苦。或许，我的若干尝试能缓解他们的悲痛。出于不同的原因，我们双方想必都会对这次会面记忆终生。

当然，对于我经手的成千上万次验尸，我不能每次都因死者感到万分悲痛。悲痛并不存在于我的情感库中。我本人对此的体验往往来自目睹遗属们因丧失亲人而受苦，或是在验尸法庭这种高度受限的公共场所，或是在没有那么正式的停尸间和办公室。我现在已经逐渐习惯管控自身情绪反应的需要。在与阿兰娜有关的那次会面之后，我逐渐开始相信，病理学家和死者的所爱之人应该更加频繁地会面。可靠、确定的信息不仅能够澄清事实，还可以提供支持、抚慰，为死者的亲属夯实继续前行的基础。

于我而言，可以毫不惭愧地说，在我整个职业生涯中，我十分尊重并尝试理解遗属的伤悲，同时尽量避免让自己陷得太深。善于分析的读者想必现在已经明白，工作之初我特别不愿意与遗属会面，这和我童年丧母的经历息息相关。而我后来愿意主动感受遗属的痛苦，这些读者或许会说："啊哈！他不许自己体验巨大的丧母伤痛！所以，他一次次以可控的剂量去体验别人的悲痛。见面结束后，他就可以全身而退！"

我想，这个理论也许有些道理。

16

尽管对待工作，我总是本着对于人性的尊重和博爱，但实际操作时秉持的还是超然的科学态度。开始工作几年后，我曾一度认为自己可以在走进家门的瞬间，抽离工作中发生的一切，因此，当珍暗示我对家庭生活也仿佛置身事外时，我有些失望。难道我眼中的那个总是高高兴兴、对家人充满爱意的丈夫，原来是一个沉闷无趣、痴迷验尸的工作狂？

我？肯定不是这样的。是的，有人看见我在等待烤箱升温的过程中，用不同型号的餐刀，从不同的角度刺入周日烤肉中。可这又怎么样呢？我相信自己可以从伤口情况，推断出造成伤害的凶器的尺寸和形状，显然，和人肉最像的莫过于一大块牛肉了。将牛肉塞进烤箱之前，如果不做个小实验才傻透了，不是吗？

“爸爸，你的意思是，你把我们的午餐看作人肉？”安娜放下了手里的刀叉，“一个被杀的人？”

“别傻了，这显然不是人肉。”我说道，同时兴致勃勃地吃着牛排。

“我的肉上到处都是切口，”克里斯补充了一句，“快看！”

我本来还指望从家里另一位男士身上收获更多支持。隔着肉，我狠狠瞪了他一眼。但为时已晚。现在，所有人都放下了餐具。

我们的生活忙得要命。大多数情况下，我会尽量晚上赶回家接替下班的保姆照顾孩子，同时做晚饭。珍当时还在担任实习医生。不要再奢望彼此配合时间那回事了，每周都只能拼拼凑凑。

然后，某天当我们一家外出时，房子着火了。虽然没有完全烧毁，但一家人还是被迫迁出。可能因为电线短路，或者是某个被我做证指控过的罪犯干的（警方怀疑如此），或者是我的错误所致。到底也没有弄清楚原因，但珍一直倾向于是最后一种可能。

我们在朋友家借住，也租过公寓，为建筑工人瞎操心，纠结于将烧成架子的家出售后购买新宅，还是推倒重建然后搬回去住。我竭力不将这栋结构完整但内部装修被烧得黢黑且大部分荡然无存的屋子，视为自己摇摇欲坠的婚姻的象征，但即便是我，也能感受到临时暂住带来的困难和压力，不会让这段婚姻变得更加平顺。

当假期来临，大家长舒一口气。我们把孩子和狗狗塞进车里，沿着公路悠闲地一路向北。目标便是马恩岛，慷慨好客的岳父岳母在那里为我们准备了美食、派对、关爱、沙滩专用毛巾、为孩子特制的下午茶，以及为美好夜晚准备的威士忌苏打。奥斯汀和玛吉分别自嘲是死板的殖民地老古董、挂着华服嘎吱作响的旧衣橱，这老两口的朋友之多，恐怕整间房子甚至整个马恩岛都容纳不下。

在这样的假期，珍和我会休战，她的父母想尽办法给我们减轻负担，此前的压力烟消云散。只有一次，玛吉撞见我正在厨房用她的刀插牛肉，但她并未动怒，反倒被激起了好奇心。之后，倍感幸福、如获新生的我们，开车拉着后座被晒得黝黑的儿女、后备厢里新鲜的海产以及尾巴沾满沙土的狗狗，原路返回伦敦，和离开时剑拔弩张的状态完全不同。

约莫两天后，我们就故态复萌，甚至在我们完全恢复繁忙的父母和医生身份之前，紧张气氛便开始蔓延。我和妻子之间不吵架，只有勃然大怒和沉默。为了弥补热战或冷战，原因实在记不得了，我给珍买了新裙子和很多张歌剧门票。《托斯卡》，我热衷看这部歌剧。我之所以对它如此着迷是因为一名同事告诉我，这是一部“非常精彩的法医题材歌剧”。

从我们当时的生活标准来看，出门度过这样的夜晚显然十分奢侈，因此才会满心期待。唯一美中不足的，可能就是我突然接到紧急赶往现场的电话，又找不到其他人来替班。可以肯定，当时的场景是：保姆已经就位，我们在卧室里整装待发，突然电话响起，珍等着答复。

“我是帕姆。”态度强硬，绝无废话，能把乱成一团的病理学家们组织起来的帕姆。只有一种可能。珍看着我的脸，眼睛眯成了一条线。

“好吧，”帕姆说道，这是她的口头禅，“你要去一趟现场。惨绝人寰的案件。家里所有人都被射杀在床上，案发时间不详，或许是昨天晚上，但直到今天下午才发现。只有父亲幸存，伤得很重，已经被送到了医院。”

听起来像是需要我马上出发的案件。而我的表情看上去正是如此。珍看在眼里，转过身去。漂亮的礼服此时还挂在衣架上。她很不开心地拉开壁橱，但没有取下衣服，反而将它挂好。

“要去哪里？”我问帕姆。

“我会告诉你，但今晚你不要来。”

我倒吸了一口凉气。一般情况下，我**总是**需要立即赶往现场。

“你给珍置办了礼服，买了戏票，肯定没办法临时取消。”

帕姆果然是什么都知道啊。

“但——”

“如果现在跑去杀人现场，她绝对不会再和你说话了！工作可以等等。”

这句话足以让任何法医病理学家心悸。之所以要第一时间赶到现场，除了警情紧急，遗属们着急了解真相之外，尸体最早出现的迹象，如温度、尸体僵直，可以为判明死亡时间提供最准确的指标。

我说：“帕姆，我认为我应该去，因为——”

“我已经说过，你今晚不用来。如果你是担心死亡时间，别想了，警察已经清楚了。这位父亲自杀前留下遗书，邻居大概在凌晨 1 点听到了枪声。无论如何，案件发生在昨晚，警方已经忙了一下午。一共有三具尸体，还有其他工作人员，在明天之前，都不需要你到场。”

“但——”

“死者哪儿也去不了，而那个丈夫现在待在医院，所以不用着急。”

可事情总是很紧急！

“明天早上 8 点到就行，一切都安排好了。”

“可是——”

“迪克，没必要和我犟吧，不是吗？”

当然没必要，没有人会和帕姆顶嘴。

我们夫妻二人当天晚上去看了歌剧，珍穿了礼服，真是一个美好的夜晚，只是不知为何，被射杀在床上的那一家人也和我们如影随形。虽然我想尽办法不去想他们，但做不到。我该从哪具尸体开始着手？那位父亲的伤势有多严重？难道是他把家人都杀死后自戕？但最后退缩了？或者没有瞄准？抑或是某个疯子闯进来，迫使这位父亲杀死了自己的亲人，然后写下遗书？无论如何，为什么父亲得以幸免？

虽然我没有直接赶赴现场，但在珍看来，我显然更想去现场，这正是帕姆想阻止发生的。在我们俩外出期间，珍只说了几句话，但等到回家，保姆离开后，我们便爆发了争吵。好吧，是珍大发雷霆。面对她的愤怒，我表现得非常非常安静，就好像蜷缩在一角，等待猛禽离开的小小哺乳动物。不知为何，我又搞砸了我们一同外出的美好夜晚。

“你总是生气又不发脾气，我忍不了了，”珍痛斥道，“我非常难受！你为什么不主动点？不安慰我？”

嗯，因为……

“所以你和尸体打交道，是吗，迪克？”

等一下。

“因为他们注意不到你和他们在一起的时候那么冷漠？”

一针见血！

尽管珍将我一遇到棘手问题就裹足不前归咎于早年丧母，但我怀疑，这更可能是因为我父亲的火暴脾气。我完全依靠他，大多数情况下，他为我营造了一个安全、充满爱意的成长环境。但这一切时不时被他的暴脾气打破。长此以往，我变得很难释放自己的情感。

当然，有时我也会感觉愤怒、沮丧或失落。但我宁愿安静地挨过，也不愿表现出来。我很少与人争辩，绝对不会发飙。好吧，有过一次，大概在这段时期前后或更早之前。很多年后，我女儿在婚礼上表示，她只记得我发过一次脾气（新西装，孩子，洗澡，水枪）。对此，我没有什么好惭愧的。事实上，我挺高兴自己居然能够发脾气。

本来应该非常浪漫的歌剧之夜，结果事与愿违，我认为最好立即赶赴凶案现场。但只要看一眼珍的脸，我就知道这样做很可能会让我们就此分道扬镳，所以我忍住了。然而，第二天周六早上 6 点半，我就起床准备赶赴发生凶案的房子，珍尚未醒来，或者，只是看起来如此吧。

我遵照帕姆的指示，在8点钟准时抵达。这注定是非常漫长的一天。虽然到处都是警察，但令人吃惊的是，看不到几个记者。或许他们来了又走了。很少有谋杀案，特别是如此耸人听闻的多重谋杀案，会无人关注。根据我的经验判断，媒体关注越少越好。时至今日，"开膛手杰克"[1]的命案依然会登上报纸的头条新闻。媒体只会规避某些涉及性侵的谋杀案细节——尽管这很可能与警方封锁消息有关，而非出于对死者的尊重。

当我走进死者一家的房屋，能够感觉到某种我十分熟知的静寂，尽管周围还有警官正在忙碌，大家在窃窃私语。屋子里看到的一切，可怕地还原了平凡家庭的一切，让人宛如置身于某个再普通不过的周六早晨。

井然有序，全然不见典型谋杀现场的杂乱无章：看不见任何啤酒或伏特加空瓶，没有污秽不堪的地毯，厨房干净整洁，浴室绝无半点血污。显然，这家人的衣食住行井井有条，彼此照料。

十几岁的女儿的房间温馨整洁，做完的作业整齐地摆放在书包旁边。她的衣服整齐叠放，本人身着亮闪闪的睡衣躺在床

1 "开膛手杰克"（Jack the Ripper），是指于1888年7月7日到11月9日期间，在伦敦东区白教堂一带以残忍手法连续杀害五名妓女的凶手的化名。犯案期间，凶手多次寄信挑衅，却始终未落入法网。其大胆的犯案手法，经媒体一再渲染，引起当时英国社会的恐慌。至今他依然是欧美文化中最恶名昭彰的杀手之一。

上，一颗子弹射穿了她的头部。

隔壁房间，女孩的哥哥仰卧倒毙，前额中枪，枪口距离头部约六英寸。看起来，死者仿佛正在酣睡。没有任何挣扎或扰动的迹象。

他们的母亲，一位面容姣好的黑发女子朝右侧卧在双人床上，双手合拢，置于脸颊下，仿佛正在祷告。她神态安详。子弹从其左侧额头射入，脸上还残留着干涸的血痕。

“毫无疑问，是父亲干的。”犯罪现场调查官说。

“他的伤势如何？”我问道。

这位调查官在这里度过了大半个夜晚，看起来灰头土脸，头发蓬乱。

“好吧，起码不会死。”

我怀疑这位父亲是否真的求死，伤害自己真的是他的本意吗？对于之前三枪，他显然再确定不过。他是对着自己的头部射击吗？如果是这样的话，肯定必死无疑。真是令人费解。

我和摄影师讨论了已拍的照片，告诉他我还需要什么照片。在最终同意验尸官办公室将这三具悲惨的尸体运到停尸间之前，我最后一次查看了死去的母亲和两个孩子的遗体。

他们走了之后，因为无须继续采集指纹，我开始在犯罪现场转悠，更仔细地打量。当时，DNA 证据还鲜为人知，法医学还没有如今这般发达。结果就是，现在看来在犯罪现场比无心之失还要糟的行为，在那个年代却稀松平常。尽管我们会小心不去触碰尸体以外的其他物件，但如果现场收集到一枚属于某位病理学家的指纹，唯一的结果便是我们要给犯罪现场调查官买上一瓶威士忌。

后续的验尸进行得相对顺利：毕竟，眼前的三具遗体生前健康状况良好，均为头部一枪毙命。然而，这起案件却让我始终无法忘怀。整洁的房间，静寂的氛围，与此格格不入的尸体，在我的脑海里挥之不去。即便关上身后的大门，这种黑暗感也依然如影随形。下午稍晚，孩子们在房间里欢笑打闹，他们红润的笑颜如此鲜活，令我无端高兴起来。

我径直走向书桌，将正在伏案苦读的珍揽在怀里，向她忏悔自己痴迷工作，疏于照顾她和这个家庭。我知道没有什么比对家人冷漠更糟，我刚刚检查过被如此对待的那家人的尸体，于是我在妻子耳边低声呢喃，发誓自己将努力变成一个更富爱心、更加外向、更加流露真情的丈夫。

人们后来发现，枪杀全家的那位父亲，没有对着自己的头部射击。他的伤情并不致命。出院后，他被直接送入精神病院。在后来的案件中遇到的一位警官告诉我，这个父亲的辩护团队轻而易举地说服所有人相信，行为人精神失常，判处非预谋杀人罪时应减轻责任。

非预谋杀人罪的量刑比谋杀罪轻，因此更受辩方青睐。而在那个时代，减轻责任也可以轻而易举得到证明。2010 年英国修改立法，限缩了减轻责任的定义。因此，如今只有经法庭认定存在医学问题，才能申请减轻责任。但是，在改革之前的很多年，对于辩护团队来说，提出这一答辩理由易如反掌，我担心他们常常滥用了减轻责任原则。当然，在这个案件中，在包括我在内的大多数人看来，这个父亲一定是疯了。若非如此，如何能够对自己的家人下此毒手？

本以为事情到此便告一段落，但在法医学界，尽管逝者已矣，案件却往往能够起死回生。数月后，我被传唤在这个父亲的庭审中出庭做证。我惊讶地发现，他被指控的罪名是谋杀罪而不是非预谋杀人罪。警官向我透露，这个父亲在精神病院里和一位女性住院医师谈起了恋爱，并亲口告诉新欢，自己其实是在装疯，家庭生活令他厌烦，因为厌倦家人，他就将他们全部杀死，一了百了。

你或许认为说出这种话完全是精神失常的结果，但当他的情人将信息透露给有关方面时，当局马上进行了深入调查，结论便是此人心智健全。检方提出了谋杀指控，这个父亲的罪名成立，被判终身监禁。摧毁表面上静谧和谐的家庭生活的，不是疯癫，而是蓄谋已久的冷血屠戮。

这次庭审时刻提醒我，要做一个更为体贴的丈夫。我认为，至少在孩子们看来，我不再是那个事不关己的甩手父亲。我早上起来帮他们准备好上学，下班后一回到家，便开始忙于给孩子们读故事、做饭，辅导他们写作业，陪他们玩耍，哄他们睡觉。但在扮演丈夫方面，我仍然不令人满意。

珍心目中的丈夫应该易于流露真情，时刻表达爱意。而我对于爱意的理解，便是在她接受医学培训的漫长时间里尽量承担照顾孩子和家庭的职责。然而，每每想起被投入大牢的那个父亲，我就意识到，他也看似极力呵护家人，同时暗地筹划谋杀。也就是说，一个人有可能看似全身心投入家庭生活中，却心有旁骛。难道，我也在做同样的事情？在扮演好父亲的时候，我是否过度牵挂工作？这是否便是珍颇有抱怨的真正原因？她所要求的是不是更为专注的付出与关爱？

我思前想后，却并未采取行动。我们的生活重归忙碌，似乎根本没有办法展现彼此的爱意。两个人总有一个正要去工作。即便同时在家，也总是有无数理由让我们无法关注对方：孩子和他们的作业、工作中遇到的难题、修缮房屋……

我不禁怀疑，如何才能对所有这些倾注满腔爱意？我是不是要在记事本里写“下午 5 点，工作例会，晚上 7 点，展现爱意”？我该怎么做？买束花回家？晚餐的时候点燃蜡烛？我倒是很想知道其他人如何将婚姻生活经营得温馨、幽默而又充满浪漫色彩，然而，在我的工作圈子中，绝对没人能接受这种话题。事实上，毫无可能。我们所讨论的，尽是凶杀，而非关爱。恰恰因为这样，我不知不觉铸成大错。

17

皇家检控署终于就安东尼·皮尔逊的案件与我联系。他的女友特里萨·拉曾比被指控犯下谋杀罪，而庭审行将开始。

在此之前，有一场审前会议（在辛普森教授执业的时代，他始终可以享有此项奢侈的流程，但在我的职业生涯中，这一制度却走向终结），我开始翻阅笔记，查看照片，回忆案情。检方律师为我提供了更多的材料，其中就包括特里萨接受警方讯问时的笔录。

读着读着，我想起讯问被告人的警探认为，很难将被勒死的成年男性和这位年轻女性联系起来，以及他们话语中流露出的对被告人的维护。很快，我就明白了其中原委。

笔录中，特里萨供述，自己和安东尼已经相识五年，并为他生下了一名现年四岁的女孩，现由她的父母照顾。她每天的生活分为两半，晚上和受害者一起在两人的公寓过夜，白天则回到附近的父母家。

安东尼死的那天，特里萨的父母带着外孙女外出度假。根据被告人的描述，这本是非常普通的一天，却以某种非常怪异的方式走向结尾。二者放在一起，颇具超现实主义色彩。特里萨为一位朋友购买了生日卡片，为外出远游的父母录制了他们中意的电视节目，前往祖母家问候身体状况不佳的祖父。她还试图借点钱，以凑足和朋友前往西班牙特内里费岛旅行的费用，但最终未果。到目前为止，一切都看似平常。

后来，她在一家酒吧遇到了安东尼，后者喝得烂醉如泥，因为她过早出现而莫名其妙地大发雷霆。他非但不支持特里萨的旅行计划（“你这个荡妇！”），还向她索要钱财买酒和大麻。

特里萨从同在酒吧里的老板那里替安东尼借了点钱。在酒精、大麻和怒火之下，这个夜晚变得复杂起来。她当晚只喝了半杯淡爽啤酒，没有吸食大麻，她的供词将自己描述为始终在安抚行为乖张、很难相处的混蛋男友的乖女孩。两人点了外卖比萨带回家，这时她说他的行为逐渐失去控制：

> 我进前屋把比萨给他，听见他说把大麻烟搞丢了。我告诉他，别傻了。在我翻找他的口袋时，被他一把推开，撞在墙上……他还把两个玻璃烟灰缸往墙上扔……我说，你非要砸东西吗？他的回答说：是呀，你说得对。
>
> 他开始发狂，将壁炉架上放的录像带丢得到处都是，大喊大叫，还把录像机砸碎，我过去拉住他，想阻止他（啜泣），被他一拳打在脸上，摔倒在地，手也被划伤了（向警方展示右手掌伤口），到处都是碎玻璃，我瘫坐在客

厅门口，他因为没有办法开门，便使劲用我的头撞门。

他走进卫生间，叫我过去，我进去时才发现他正在故意用剃刀割自己的胳膊……我赶紧拿起一条毛巾，说：你别犯傻。我拿毛巾包在他的胳膊上，我想应该是右臂吧。他好像是一把把手巾丢开。然后拽起电灯插座的电线……

我返回卧室，他开始变本加厉地摔东西，包括我收集的小玩意儿。他后来走进厨房，那里有我的一张玻璃餐桌，于是我求他别把桌子砸碎了，他却拿起放盐和胡椒的罐子，将它们从卧室窗户丢了出去。最后，他把镜子从墙上摘下来，我赶忙把窗户关上，抓住他的手，结果我们两个人都倒在了床上（啜泣），这个时候我拉住他。

他割伤了我的手臂。我不知道怎么搞的，但我动了下胳膊（向警方展示了右前臂的伤口），他一胳膊肘打在我肚子上。我再次用手拦着他，他开始又切又咬（向警方展示了右上臂的瘀伤和伤口）。我顺手拿起床边的一条领带（啜泣），就在左边的床头柜上，用领带勒住了他的脖子。我真的不想伤害他，只是想让他别动，别再伤害我，我不知道，只是不想让他再伤害我了。我对他大喊，别烦我了，离我远点。离我远点！离我远点！然后他不再打我，我从家里跑了出来，到了这里。

问：当你在勒托尼的时候，你在他上面，他在你上面，还是你们并排躺着？是哪种情况？

答：差不多并排吧。我在床的左侧，仰面躺着，他躺在我的腿上。我没被困住。他朝我肚子打了好几拳，我就把领带缠到了他的脖子上……（啜泣）

问：你继续说……

答：我把领带勒在他的脖子上，使劲拉，好让他不要继续打我。不知道过了多久，他不再打我，我就从家里跑出来，来到这里。

问：你想杀死他？

答：（啜泣）不，我不想杀死他。

问：你没想过自己这样会杀死他吗？

答：我知道自己可能会让他受伤，因为他看起来好像透不过气。他脸色发紫，舌头也伸出来……我盯着他看，我知道自己在伤害他。所以我一定要出来，跑到这里找人去帮助托尼。我告诉那个警察，赶紧过去。

特里萨继续说，托尼此前也曾对自己动过手，但痛哭流涕的被告人表示，自己深爱着他，而托尼也需要她。被告人看起来十分年轻，她和托尼一定都还没有成年便有了孩子，因为确信他需要自己，她才深陷这段充满家暴的关系。

我被她的申辩触动了，她坚称这是自己第一次还手，是在面临托尼严重的肢体伤害的情况下。有些时候，行凶者看起来更像是受害者，而特里萨显然对自己的行为痛苦万分，追悔莫及。然而，检方还等着倚仗我提交的证据。而证据必须不偏不倚。于是，我决定坚持真理，用简单明了的事实说话，不让任何情绪及其可能导致的所有歪曲，玷污简明的真理。

审前会议在位于中央刑事法院楼上的皇家检控署的某间办公室召开。这里的法庭庄严巍峨，实木装修：在英国，因其历史与重要性，没有任何法庭像中央刑事法院一号法庭那样，给在场人士带来如此强的正义感。

但在楼上的办公室里，寻不到任何类似的庄严气氛。

我在一间家具破旧，窗户还关不严的办公室里等候，突然，一名高级出庭律师带着一名初级出庭律师走了进来。他们刚刚结束楼下的庭审，身上还穿着长袍，在正式程序开始前，两人与我互相寒暄，然后把假发丢在桌子上。两名警探稍后赶到。在停尸间的共同经历像一种亲密的联结，我们像老朋友那样热情地握手致意。

我们围坐在一张布满划痕的大桌子旁，喝着瓷杯泡的茶——出庭律师可从来不用塑料货——面前散落着卷宗及照片。伦敦警方提供的所有照片，都会放进有呆板的褐色封面的文件夹，用黑色塑料圈固定。

在其他人讨论特里萨·拉曾比的答辩时，我沉默不语。检方指控的罪名是谋杀，同时认为，辩方律师很可能会做非预谋杀人的有罪答辩，并提出减轻责任，非预谋杀人罪的刑期当然更短。而警探非常希望能够达成这个结果，他们都很喜欢特里萨，相信她的行为是出于自卫。实际上，对于被指控谋杀的被告人来说非常罕见的是，警方居然没有在她保释时提出反对。

“你读过警方的笔录吗，谢泼德医生？”高级出庭律师问道。

“读了。”

“在被告人抓起领带前，受害者对被告人的所作所为，那些照片你看过了吗？”一名警探问我。

“没有，我没有收到这些照片。”

照片数量过多，出庭律师为此专门做了一个文件夹。通常我所看到的警方照片只包括犯罪现场及验尸现场的照片。但眼前的这本影集不同，第一张照片便是一位看起来栩栩如生的年轻美女。

“那么，”我说道，“这就是特里萨？”

她的青春活力呼之欲出。她面色红润，红发及肩，整齐梳向身后。正如几个月前警探向我感叹的那样，这真是位漂亮女孩。她与通常被指控实施谋杀的犯罪嫌疑人有着天壤之别。

我仔细翻看每张照片，其他人则啜着热茶在闲聊。终于，我把头抬了起来。

“我认为……”

我没说下去。我能确定吗？我不希望被本案的任何预设蒙蔽双眼，忘记鉴定出错的可怕后果。

警官满心期待地看着我，出庭律师眉头紧皱。

停顿没有持续多久。

“然后？”高级出庭律师的语调是在暗示，我再迟疑下去，会让我下面讲的话的可信度大打折扣。

我想起了验尸当天困扰我的那个问题。当时，事实和讲述之间的不符就让我深感困惑，现在我又发现特里萨的说法和真相之间相去甚远。

是的，现在我可以肯定了。

“我认为，特里萨身上所有的伤痕都是自己造成的。”

检方的出庭律师睁大了眼睛。

“什么？！”

“这些伤痕都是她自己做的。”

年轻律师接过了照片。

“这些胳膊上的伤痕，你说都是她自己弄的？”

“是的，我不认为她杀死安东尼·皮尔逊是因为受到后者使用玻璃、刀片或什么东西的攻击而采取的自卫行为。”

他们彼此交换了下眼神。

“你会在出庭做证时这么说？”

“是的。当然，我还需要点时间对此加以研究。”

“怎么回事……”督察并不震惊，但看起来很悲伤，“你怎么能够肯定托尼·皮尔逊没有割伤被告呢？”

事实上，照片上的所有伤痕都呈现出典型的自伤特征。如果遭遇攻击，你为了挣脱可能会扭打、移动，做任何可能的事情，对此你根本无法控制。除非你被牢牢控制住——特里萨对此矢口否认；或者因为醉酒或吸毒而动弹不得——显然她也没有陷入此种境遇，那么你肯定不会任由某个人沿着相同方向，在同一位置，在你的皮肤上切来切去。

有进一步的证据可以证明。这些伤痕大体上集中在易于自伤的部位（因为这些部位容易下手），伤害的力道也只能说是适中。如果你是在暴怒之下伤害他人，力道不会这么轻。但在伤害自己的时候，你很难下重手。

我将以上的道理解释了一遍。

“这些肯定不是防御伤。”我表示。

两位出庭律师面面相觑，然后又看向警官。我再一次发现，虽然警探们提出了谋杀指控，但他们都对特里萨心存好感。其中一位警探拿起装有特里萨照片的文件夹。

“看看这张脸。托尼·皮尔逊一定抓伤了这里。”他说。

我摇了摇头。

“不，这是指甲造成的伤痕而已。”

我把手放在脸上，在完全相同的区域，以完全相同的方式，模拟照片中出现的痕迹。

“如果我没记错，受害者的指甲被咬得很厉害，因为太短，根本无法造成你所说的这种伤痕。”

我拿出验尸文件夹。里面有我在验尸时所做的笔记，而在翻动时，空气中弥漫起一股若有若无的停尸间的气味，像折断的枯枝的味道。

我快速翻找，直到找到那张清楚显示安东尼指甲的照片。

“没错，他绝对是经常咬手指甲，他的指甲不可能尖锐到可以抓伤被告人面部的程度。”

我把文件夹递过去。两位警探看了半天，然后又递给高级出庭律师，后者戴上眼镜，认真端详了片刻，之后把照片放在年轻律师面前，年轻律师勉强瞥了一眼，便啪的一声合上了文件夹。

我拿起特里萨的照片。

“另一方面……”我举起另外一张被告人的指甲清楚可见的照片，“她的手指甲虽然修剪过，但依然足以达到抓伤自己面部的程度。”

大家传阅了这张照片，之后便陷入沉默。

“胳膊上的咬痕怎么解释？”高级出庭律师询问。

“她完全可以咬到自己的上臂位置。”

我继续示范，虽然稍显笨拙，但我也可以咬到自己的胳膊。接下来，我再次翻开文件夹。

“仔细观察，就会发现咬痕对应的嘴应当很小，对于男人来说，尤为如此。我们可以通过测量她的口唇部尺寸来证实，但这项工作只能交给法医口腔学家。咬痕具有高度的个体识别度。”

屋子里再次陷入沉寂。

“我的确在你提交的书面材料中注意到，”我转向督察，“当特里萨出现在警察局外面时，你马上叫救护车，接下来——”

“等检查完伤势后，我们又叫停了救护车。”他同意道。

“因为你也认为不够严重。”我提醒他。

出庭律师询问：“你今天来这儿的时候，是不是已经准备好告诉我们这些？”

“我当时还没见过这些照片。但我早就想告诉你们，特里萨的故事不是真的。在阅读审讯笔录时，我就意识到了这一点。”

检方律师看起来兴高采烈，而两位警官表情疲惫，仿佛疑心自己被愚弄了。

我对这个结论颇为自信，至少是因为此前我已经和盖伊医院的同事进行过研判，大家的观点一致。从勒痕来看，绝非像她所说的那样，将领带套在脖子上，环绕一圈，然后用力拉动。死者的脖颈处并无完整的环绕勒痕，而仅仅存在于喉咙部位。

我说：“乍看起来，我还以为她是在受害者的身后，用双手拽住领带用力拉拽，但她准确地描述了被害人被勒死时的面部状态。”

“她的确说过当时在受害者的面前。”

“这一点我是相信的。但如果她以自己描述的这种方式勒住他，对于一名清醒的成年男子来说，想要制止这一切轻而易举。”

他们在等我把话说完。其中一位警探看起来疑惑不解，低声问道：“那么，到底是怎么回事……？”

“托尼·皮尔逊当时烂醉如泥，体内酒精浓度几乎是酒驾标准的三倍之多。并且，他还吸食过大麻，这会加剧其醉酒的状态。最为可能的情况便是，受害者仰卧在床上，毫无还手之力。我认为她是直接从受害者前面拉扯领带压迫他的颈部，不省人事的受害者根本无法反抗。如果说受害者俯卧，被告人将领带从下穿过，然后两手向上拽领带，也能成立。但如此一来，被告人就没有办法如此准确地描述受害者死亡过程中的面部表情。”

律师凑过身来。

“你是想说，公寓里根本就没有发生过打斗？是被告人伪造了现场，以证明自己当时是在正当防卫……？”

“我认为公寓里的确发生过争吵，因为邻居们听到了声响，但与被告人描述的程度相去甚远。没有证据显示被告人是家庭暴力的受害者，没有证据证明她的行为是为了自卫。恰恰相反，我相信，被告人是在受害者完全丧失意识或几乎丧失意识的情况下，将其活活勒死。然后，自伤，制造假象。”

大家面面相觑。

“对于本案，我们不能以非预谋杀人罪指控，”高级出庭律师表示，“这纯属谋杀，我们不能让她借口自卫逍遥法外。”

我们握手作别，各奔东西。庭审被安排到数周之后，下一次，我们将在法庭见面。

最早开始出庭做证时，我总是非常紧张，只有在任何一位律师向我提问时，我才敢抬头看对方。偶尔，如果来了勇气，我还会与法官对视。

伊恩·韦斯特曾目睹我在证人席中的表现。事后，在酒吧小聚时，他说道：“那么，你觉得是谁需要相信你所说的话，理解你提交的证据？”

根据伊恩的风格，他总是不等对方回答，先行揭晓答案。

“不是律师，这点可以肯定。他们知道你要说什么，甚至知道该如何引导你这样去说。至于法官，你也不需要承担说服他的责任。”

“陪审团。”

伊恩点了点他的大脑袋。

“陪审团，迪克，”他操着一口苏格兰口音，“陪审团，切记，是陪审团。”

当然，他是正确的。在法庭上，伊恩简直如鱼得水。12 名好公民、公众、新闻媒体，都是他的观众，而他的表演永远不会让他们失望。我不是一名好演员，正如我没有办法成为贤夫慈父那样，我也没有在法庭上表演的才能。

尽管如此，我还是努力向伊恩学习。我仔细观察，在中央刑事法院，他如何听取律师的提问，然后思考片刻，面向陪审团，深吸一口气，双手置于证人席栏杆上，这样就可以做些夸张的手势，然后如同回答陪审团的提问那样回答律师的问题。伊恩会始终让自己的目光集中于陪审员的脸上，他的回答沉着、自信。对陪审团来说，这就像在自家客厅里观赏皇家莎士比亚剧团的全员演出。

我肯定没办法效仿伊恩的精彩表演，但拉曾比案之前，我正在尽最大努力直面陪审团。因为出庭的目的是提供科学证据而非下判断，所以无论是当时还是现在，我都尽量不去看被告人。但在最开始的时候，我往往无法控制自己的好奇心，想要看看被指控犯下此恶劣罪行（我亲眼见证了罪行的后果）的人，到底长什么样子。我惊讶地发现大多数谋杀犯看起来非常普通。他们中很多人就像平时在火车上坐在你旁边的人，你根本不会注意这个举止温和的人，直到他热心地捡起你掉下的车票，你才会留意他。

当我踏入雷吉纳诉拉曾比案的证人席时，还是禁不住瞥了一眼被告人。

但见眼前的这位年轻女性，正如案发后立即拍摄的照片所显示的那样，面容姣好，脸色红润，神情警觉。一头红色长发梳成了整洁的马尾辫。当我出示证据时，她看起来眼噙热泪，律师还体贴地递纸巾给她。她轻轻擦了下自己的脸颊，将头埋了下去。我能感觉到陪审团的某些人目露同情。

这位体态娇小、五官精致的女性，如何成为英国历史为数极少的女性绞杀犯之一？她是如何极其冷血地实施犯罪，然后想到把自己弄得遍体鳞伤，最后泪眼婆娑地主动前往警察局？看起来毫无可能。我也差一点对自己的结论产生怀疑。

然而，在交叉询问环节，我坚持了自己的意见。后来我才了解到，辩方聘请的病理学家对于我的发现、观点及验尸报告的主要内容，均没有提出异议：他也同意，被告人身上的部分甚至大多数伤痕，都是自己造成的。

检方基于我所提交的证据坚持认为，特里萨在男友丧失意识或者无力反抗的情况下将其勒死。所有的迹象都表明，特里萨当时根本不需要面对烂醉如泥的受害者采取任何所谓自卫手段。除非她是为了自救，否则人们很难接受如此动人而懊悔的女性怎么会犯下如此恶劣的罪行。陪审团更是无法相信，他们接受了被告人自卫的辩解，判定其无罪。

特里萨的律师成功地说服陪审团相信，检方并未**排除合理怀疑**，证明谋杀指控。排除合理怀疑，实属极难跨越的证明门槛，但如果我身处被告席，我也希望申请适用这项标准。尽管如此，我还是对特里萨能全身而退感到无比震惊。我清楚，安东尼·皮尔逊通过我说出了真相，只不过陪审团显然没有听进去。我认为，陪审团并没有充分考察本案的证据，仅仅因为同情一个声称遭受了虐待的女性，便草草作出了无罪裁断。

当天晚上，在我滔滔不绝、直抒胸臆时，珍皱了皱眉。我告诉她，我认为实施了谋杀的被告人居然无罪离开法庭。我怀疑她的年轻貌美是其获得无罪判决的重要原因，而这显然有失公允。

“一个可爱的女孩成了受害者，这改变了一切。”珍指出了问题所在。平时不喜形于色的丈夫对本案流露出明显的情绪化反应，她多少感到不解。即便是我自己，都感觉自己踏入了通常努力避免的气愤情绪，有些不太对劲。

“我需要控制一下情绪，”我说，“我不能对每个错判的案子都如此沮丧。”

当然，我最终还是控制住了。拉曾比案很可能是最后一个让我对审判结果如此情绪化的案件。我的工作是厘清科学真相，并把真相告诉陪审团，他们有权作出任何裁断，毕竟他们听取了涉案的所有陈述及细节，而我很少这样做。现在，提供事实之后，我不再过多涉足。

如此一来，我无须继续背负情感负担，不用继续暗中观察被告人或如坐针毡的警官来判断审判结果。通常情况下，不会有人告诉我案件的审理结果，因此如果没有在报纸上读到，我不得不询问负责该案的警官，或者向其他参与案件的同事打听。此案之后，我下定决心绝不再问。无论什么结果都漠然视之，我只对我提供的证据感兴趣。我必须努力不让自己因为看到犯罪分子被绳之以法而由衷欢喜，不因一时意气在陪审团面前维护自己的发现。让伊恩·韦斯特继续全身心投入法庭表演吧，等陪审团作出不利裁断时，看他有多难受。从现在开始，在证人席里，我必须继续精进此前在停尸间里开始修炼的情感抽离。

我把这件事告诉珍，她看上去很难过。

“更冷漠，”她慨叹，“就是你对所有事情的反应。”

“我不应该让自己太关心判决结果，我肯定这样做是对的。”我说道。

珍耸了耸肩。“看到你如此激动地讨论一个案件，还挺有趣的，或许你该更经常这样。”

我不禁打了个冷战。激情。我肯定不希望再产生类似的感受了，更别说经常这样做。激情，会给你带来很多麻烦。

18

20 世纪 80 年代后期，英国经历了一系列悲惨事件，夺走了很多人的生命。其中大部分灾难，与其说是天灾，不如说是人祸，几乎都暴露出重要的制度缺陷。抑或，在这一时期，“二战”后一度成为主流价值观的自立自强，逐渐让位于个人与国家利益之间的矛盾冲突。可以肯定的是，随着民众态度的转变、人口的增加，我们依赖的各种制度必须在规模及复杂程度方面不断扩容。

1987 年 3 月，自由企业先驱号渡轮在比利时泽布鲁日港口外海沉没，事故原因是艏门未关闭，包括船员及乘客在内的 193 人遇难。

1987 年 8 月，迈克尔·瑞安在亨格福德实施大规模无差别屠杀，在最终饮弹自尽前，共枪杀 31 名无辜者。

1987 年 11 月，伦敦国王十字车站，一根未熄灭的火柴从自动扶梯缝隙掉落到正从下面经过的皮卡迪利线地铁上，引发火灾，共造成 31 人死亡，超过 100 人受伤。

1988年7月，位于北海的派珀一号石油钻井平台发生爆炸，167人丧生。

1988年12月12日，伦敦克拉珀姆交会站外，因为信号失灵，三辆列车发生连环碰撞。35名乘客死亡，超过400人受伤，其中69人伤势危重。

同年12月末，泛美航空公司的一架波音747客机被投置炸弹，在苏格兰洛克比镇上空发生爆炸，机上259人无一生还，事故还造成地面上的11人死亡。

之后不出3周，1989年1月8日，隶属于英伦航空公司的一架波音737客机，因为引擎故障加上飞行员处理不当，撞在M1高速公路路基上，距离东米德兰兹机场不远，机上126人中，47人死亡，74人重伤。

1989年4月，谢菲尔德的希尔斯堡球场发生踩踏事件，共有96名利物浦球迷丧生，超过700人受伤。2016年的第二次调查，才最终认定受害者死于重大过失造成的非法杀人，当时在场的警方、医疗救护人员及场地保安均受到了严厉追责。

1989年8月，一艘游船在泰晤士河上与一艘疏浚船发生碰撞，共有51人遇难，其中大部分受害者年龄不到30岁。

每起事件均举国震惊。在人们的情绪冷静下来，特别是环环相扣的事故原因得到分析研判后，每场悲剧均催生出重大的制度改革。古老的制度被推倒重来，健康安全理念开花结果——甚至有人用取得爆发式增长来形容——雇主开始认识到技能培训以及公司乃至国家面对风险与责任的态度的重要性。

相关领域的重要性陡然上升，安全不再是管理学意义上的后见之明，而是当务之急。

我个人亲身参与了以上多起事件，或在危机应对或在事后调查阶段。在应对大规模灾难的过程中，病理学取得了长足进步，而我也从中受教良多。正是得益于上述分水岭时期的经验教训，我们才能有效应对21世纪之初恐怖主义引发的可怕事件。

于我而言，首次经历的此类事件是亨格福德大屠杀。但上述灾难主要与交通事故相关，而我首次参与的相关调查，便是克拉珀姆交会站惨案。当时，一列满载旅客的快速客运列车，从英国南部沿海城市出发，遵照绿灯信号，进入克拉珀姆交会站，并于周一上午8点10分左右进入弯道，此时一列从贝辛斯托克驶来的慢车已经停在同一条轨道上。

撞车事故无法避免。本来应该是红灯而非绿灯，但事实情况恰恰相反。事后调查发现，是因为一根电线松了，电工没有及时处理，而是将问题遗留在那里。在过去的13周，这名电工只休息了一天。后续调查显示，虽然这名电工的工作在经理眼中非常令人满意，但实际上，此人的工作非常蹩脚，甚至可以说，在过去的16年里，这条铁路一直处于极不安全的状态。这也反映出，对于该电工的工作，从来没有人进行过任何监督或检查，理由是他“信得过”，而且，铁路公司根本没有检查的工作文化。但最根本的导火索是：所有人都在着急忙慌地更换信号布线。为什么要更换？因为上一次工事整备还要追溯到1936

年。确保铁路安全性迫在眉睫。约束我们的自然法则有时似乎能解释我的大部分工作，那便是无法预料的后果之法则。

因为碰撞，快速列车发生倾覆，撞到了在邻近线路运行的另外一列火车。幸运的是，这是一列计划返回黑斯尔米尔的空车。火车司机虽然看到了前面发生的一切，但根本没有时间阻止。第四列火车跟在快速列车后面，虽然速度很快，但因为之前火车碰撞导致自动断电，这列火车进入弯道时已处于滑行状态，火车司机设法紧急制动，非常惊险地避免了又一起列车碰撞。

35 名死者在火车相撞时，均坐在快车的前两节车厢，这两节车厢在碰撞后侧翻在地，车厢侧面被撕开。最靠近碰撞位置的乘客都已粉身碎骨。最先达到现场的资深消防员自上而下察看了情况后，马上增调 8 辆消防车、8 辆救护车及 1 个外科急救小组。因为事发地点树高林密，作业不便，他还要求向现场增派切割、起重设备，以解救受困乘客。

救灾计划需要围绕受害者展开，但乍看起来，救灾措施仿佛和受害者毫无关系。交通运输、车辆停放看似是微不足道的问题，但如果不解决这些，急救车辆就没有办法快速进出现场。因此，必须保证现场的畅通（在这个案例中，树木和栏杆必须清除干净），医院必须处于待命状态，随时协调危重病人的转移救助。医疗小组必须抵达现场。必须第一时间为能够自主行走的伤者开辟伤患中心，并设置伤员收治点及临时停尸间。必须统计所有乘客的信息，并向心急如焚的乘客亲属及时公布（1988 年时还没有移动电话）。成立担架队，并由专人负责运送救护物资，所有作业必须由前线指挥员统一安排，并由其负责设置无线电联系网，确保所有急救工作人员能够及时沟通信息。

工程可谓浩大，而且必须迅速开展。速度，只有在训练有素的情况下才能得到保障。冥冥中如有天意，1988 年 12 月 12 日，离此地最近的图厅地区圣乔治医院新组建的急救中心恰好第一天运行。这里的工作人员在接到灾害红色警报时，费了好大劲才相信，这次是来真的，不是其他医院工作人员的恶作剧。

投入克拉珀姆营救的救援力量十分庞大：他们来自全伦敦地区，包括伦敦消防局、伦敦急救中心、伦敦警察厅、英国交通警察局、英国即时护理协会[1]（特别是经过训练的医生，其中大部分人是全科医师，他们随时待命，放下日常工作，奔赴灾难现场）、英国铁路以及伦敦旺兹沃思区（幸运的是，这是当时国内为数不多配备急救预案的地方当局，他们马上行动，出动了 134 名无比珍贵的急救人员）相关人员，当然，还有救世军[2]，他们搭建了移动食堂，为救援者、工作人员以及赶到现场的乘客家属提供食物及心理疏导。

急救服务的首要作用是照顾幸存者，营救被困者，尽快救治伤员。最后，才会轮到死难者。

---

1 英国即时护理协会（British Association for Immediate Care, BASICS），成立于 1977 年，是旨在推行急救计划以应对灾难事件的英国慈善组织。

2 救世军（The Salvation Army），1865 年由卜维廉、卜凯瑟琳夫妇在英国伦敦成立，以军队形式作为其架构和行政方针，并以基督教作为信仰基础的国际性宗教及慈善公益组织，该组织以街头布道和慈善活动、社会服务著称。

最先抵达现场的伦敦消防局在确保切断了铁路电力设施后，让还能行走的伤者离开火车残骸。伤者被陪护至邻近的伊曼纽尔学校和罗德豪斯酒吧，同时救援人员在斯宾塞公园为伤者设立了集结点。

总计有67辆救护车将伤者送往医院。现场33名死难者及他们的肢体残块也一并被运走。最开始，这些尸体被放置在一个临时停尸间，但只是短暂停留，这是正确的。验尸官组织了大量殡仪业从业者到现场寻找遗体及肢体残块。之后这些遗体将全部被运往停尸间进行完整的身份鉴定和检验。在所有大规模灾难事件中，救助伤员之外的另一个关键问题是：遗体存放在哪里?

下午1点04分。最后一名伤者被抬出列车残骸。下午3点40分，最后一具遗体从列车残骸处运走。不幸的是，现场并未派驻任何病理学家，因此没有关于遗体现场情况的详细图片，而这样做本有助于我们分析伤痕情况。

最终被选定接收遗体的停尸间，便是当时刚刚完成翻建、设备先进的威斯敏斯特停尸间。

盖伊医院选派了四人，其中包括当仁不让作为领导者的伊恩，以及负责确保我们（以及伦敦警方）有序工作的帕姆。最初，我们不清楚遗体的数量，所以我们决定使用流程图，以显示停尸间内遗体要经过的具体流经程序及位置。第一步就是给每一具遗体、每一块尸骸编号、贴标签以及拍照，然后将其送入单独的冰柜中，并贴上专门的号码。

我们四人在停尸间工作人员的帮助下，同时开展工作，每完成一具遗体的检验工作，在警方的护送下，移出下一具遗体，重复从拍照开始的整个程序。而这也正是整个“证据链条”的关键一环。我们必须能够证明被送进停尸间、编号23的遗体，就是我们正在检验的第23号遗体，而这具遗体的验尸结果，最终得到验尸官明确、满意的确认后，遗体将送至殡仪馆准备安葬。

在开始阶段，我们并未采取彻底的验尸流程，而是关注可以确认死者身份的信息，记录遗体的外表，包括首饰、衣着、文身及主要伤情，如断肢等。由警方负责填写身份确认表。然后我们再采集指纹，清洗遗体。之后，我们会将遗体从冷柜里第二次移出进行全面检验，同时保存血样。

对病理学家来说，无论是过去还是现在，确认身份是大规模灾难事件中的当务之急——备受煎熬的家属，正焦急等待可靠的消息。呼叫中心的电话号码借由媒体发送给事故受害者亲属，供其来电查询，但因为当时缺乏来电排队系统，因此经常出现占线的情况。可以想象一下由此导致的愤怒及失望。但呼叫中心很快汲取了教训，重新设计和安排了来电接听系统。虽然只有35名死难者，但在第二天，呼叫中心接到了超过8 000通来电，还有很多人打电话到各大医院及殡仪馆。

如果伤者伤情较轻，警方会通过电话告知伤者亲属。如果是更坏的消息，则必须由警官当面告知。如果处理不当，很容易出现以下情况：一位女士得知，她的丈夫去世了，后来发现不是（或相反情况）。举例来说，当天搭乘同一列车的乘客中有四人同名同姓。令人难以置信的是，其中两人还坐在同一节车厢里，而其中有一人罹难。

当时最可靠的身份确认手段，只有指纹和牙科记录。依靠随身物品，例如和遗体一同送来的手袋或钱包，并不可行，毕竟存在误将他人的东西弄混后送来的可能性。另外，因为现场的警员和消防人员非常积极热心地搜寻所有遗落的肢体残块，因此送到停尸间的同一个裹尸袋里假如装有三块残肢，很可能分属于三名不同的死者，而不是同一个人的，对此，搜救队员们也心知肚明。当时总共有 60 多块残肢——头颅、大腿、下颌、内脏，而所有这些必须一一匹配。验尸官办公室的工作人员和警方将各种细节输入数据库，于是，电脑里出现了逐渐完整的人类拼图……男性，44 岁左右，6 英尺高，略微超重，秃顶，右肩有胎记，坐在列车前部车厢，最终，我们会找出这名受害者的姓名。能够锁定受害者身份，我们当然高兴，但这也意味着死者的亲友彻底失去希望。

我们一直忙到翌日凌晨，才终于完成首轮检查。之后，为了避免第二天一大早的验尸工作因过于疲惫而出错，大家纷纷回家短暂休息。几位被送到医院抢救无效后死亡的死难者遗体，现在也被送到了停尸间。虽然增加了工作量，但因为他们的身份已经在医院得到亲属确认，这极大地简化了工作流程。

坐在列车前部的大多数死者死于重伤，并不只是因为最初的冲击，还因为从座椅上弹射下来或在车厢内部被动撞到了某些硬物。一些人死于外伤性窒息，或由桌子压迫腹部所致，或因被其他重物压覆。伊恩·韦斯特的报告系统总结了我们的发现，从中可以得到很多教训，例如，报告提出需要将列车座椅固定在地板上，同时对车内的所有硬立面做软化处理。虽然也有人主张要在火车上配备安全带，但因为缺乏可操作性最终未果。总体而言，当时负责信号管理的英国铁路认识到无论是线路安全体系还是危机管理机制，都存在大量可改进之处。如果克拉珀姆交会站惨案促进了某种程度上的浴火重生，便是由此产生的完善。

对我来说，这次经历也是一次重生之旅。

灾难之后，停尸间进入高度专注的繁忙状态，我也开始投入工作。面对每一具受害者的遗体，我不禁想起他们原本是要早上离家上班，却永远都回不了家了。他们在撞车事故中粉身碎骨，而他们的家人悲痛欲绝。这导致的后果就算不会世世代代延续下去，也会持续很长时间。我思绪万千，但我不能任由自己继续想下去。我的情感太过强烈，会给工作徒增烦扰，因此，我只能将自己的心门牢牢关闭起来。

工作中的某个时候，我抬起头，发现站在旁边很久的那位警官脸色惨白。

“你要不要休息一下？你看起来状态不是很好。”我说道。

他回答：“医生，我想我没事。有一件事一直在支撑着我。”

我本以为他会说，自己的奖励将是去酒吧喝一杯或者回家后得到女友的拥抱。

但他的解释是：“我的飞行课。”

我一定是听错了，但我听到他在提飞行……

“是的，医生。下班后，我就要去参加飞行培训课。”

我不由地将目光转向他。

“你开飞机？”我脱口而出，难以置信。“这是我一直都希望尝试的事情！”后半句我没说，“但我可负担不起”。

好吧，有谁会不喜欢飞行？但首先需要找到一大笔钱，然后需要在日常生活中挤出时间，需要在家庭、上课、部门会议、验尸、出庭之间找到空闲时间……好吧，只能想想了。

这位警官说：“我想告诉你，晴空之上的新鲜空气，足以压倒停尸间的可怖氛围。”

我环顾四周，周围满是从事故现场收集来的残肢断臂。还需要有谁来告诉我云端天际比这里更好吗？

他继续说道：“伦敦警察厅有一个飞行俱乐部，我参加的就是这里的活动。如果你感兴趣，我觉得你也可以参加，毕竟你和我们的合作关系这么紧密。”

数周后，我身处伦敦比金山机场，准确点说，就站在 2-1 号跑道入口处。更准确点说，我坐在一架两座型塞斯纳 152 飞机里，旁边坐着一位获得飞行教练资格的警官。

我们坐在一起喝咖啡，他同时对我的首次飞行课进行讲解。然后，我的心怦怦乱跳，手指在激动地颤抖，内心充满对陌生事物的紧张不安。我推开节流阀，2-1 号跑道开始出现在我的眼前。

“时速 50 节时，轻拉驾驶杆，”教练说道，“轻轻拉！”

我照他的话做，机首开始离地。轮胎与柏油跑道摩擦产生隆隆噪声，我的心跳快停止了，突然，噪声消失，耳边响起的只有呼啸的风声以及引擎的轰鸣。是的！我们飞起来了。

飞机爬升，向上，向上。深蓝色的地平线不断向前延展。我看了下速度表，75 节。我们笔直地穿过云层，就好像每天早上我差一点没赶上的公共汽车经过我身边那样。坐在这个薄薄的铁皮盒子里飞越薄雾，而我，居然没有向下坠落。

这个时候，我才发现自己一直在屏住呼吸。呼气，吸气，我鼓足勇气向下看。大伦敦地区的建筑物就在脚下，我甚至可以看到南方的海岸线，一路指向布莱顿的方向。我的目光停留在眼前绝美的田园风光上，它像一席飨宴，一位穿着华服的美女，一件艺术珍品，一场云端野餐。我感到有些飘飘然。我真的在飞行。悲伤和乏味，悉数被抛在身后，还有堆放失去魂魄的尸体的停尸间，不足挂齿的失败，琐碎不堪的烦恼，未能达成所愿的失望，家里的冷战沉寂，最近一连串令人讨厌的被迫妥协——“死因：无法确定”以及愚蠢的虚荣和令人身心俱疲的竞争。所有将生活渲染为灰色的无趣琐事全都消失不见，取而代之的是这股狂喜。

我把所有注意力都集中在这架盘旋在肯特郡上空的小飞机上，我意识到，如果飞行能让自己产生这种感觉，我断然不能放弃。永不放弃。

19

飞行课仅仅持续了五个学时，便戛然而止。突然降临的家宅火灾引发了一系列复杂情况，给我造成了不小压力，那股无拘无束的欢愉被迫从我的日程表中删去。把本该和家人共同度过的有限业余时间，花在独自与飞行教练一起练习飞行上面，会让我显得非常自私。所以，一切又恢复到白天挥舞 PM40 手术刀，晚上忙于琐事：做饭，写验尸报告，给建筑工人打电话。生活，被彻底打回原形。

不能说这种生活很无聊。我喜欢自己工作的多样性——在一周内，我可能会遇到用猎枪自杀、一氧化碳中毒、溺水、捅杀、吸毒过量及各种突发的自然死亡事件。每一个案件都各有吸引力，只要我能确保自己可以从死亡留给周围生者的情感负累中抽离出来。当时，因吸毒过量而死的情况还很少见，特别是吸毒者死的时候手臂上留有针头的案例，这绝对要给对此感兴趣的同事看（当然，今天此类案件已经变得稀松平常）。如果被认定为静脉注射毒品的瘾君子，那么死者呈艾滋病病毒抗体阳性的可能性就极高，因此，解剖吸毒致死的尸体时，必须采取精心设计的安全防护措施。当时，艾滋病是一种刚刚流行且缺乏合理解释的可怕疾病，在对其传播一无所知的年代，由此产生的恐惧始终笼罩着医院的走廊。

当时，伊恩·韦斯特已俨然成为英国甚至世界范围内的顶尖弹道轨迹及爆炸鉴定专家：他的职业生涯随着爱尔兰共和军的活动达到顶峰，他的工作经常成为头条新闻。我十分自得于能处理不同类型的案件，但同事们善意暗示，我也应该选择某个特长领域。那么，我该钻研什么呢？

因吸食毒品甚至吸胶毒而死亡的案件呈现不断增长的趋势，但这通常更需要的是毒理学家，而非法医病理学家。

婴儿死亡？不，谢谢。我觉得很少有病理学家会乐于参与此类涉及复杂道德情感，同时让人身心俱疲的案件，尽管事实上，在接下来的日子里，这个专业门类的重要性和复杂性都将极速提升。

好奇心让我将注意力逐渐转向刀子，这是一种和人类历史同样古老的凶杀方式，在我看来，只要人类存在，这种案件类型就会存在。刀杀的一个有趣侧面是，刀常常是女性的首选武器。地球上每个厨房抽屉里的餐刀，都在静静等待不期而至的谋杀。而且刀具使用起来非常容易。无须培训或专业知识，甚至使用者都不需要太用力，我是说真的。唯一需要的就是接近受害者的能力。但令我感兴趣的，并不是刀杀所具有的家庭或街头属性，而是一个逐渐清晰起来的事实：我发现自己似乎能根据刀伤本身，还原凶杀案发生的环境。而且，虽然我也开始逐渐接受这样一个事实，即在辛普森教授的那个时代结束后，警方不再将案件还原本身视为适格的证据，控辩双方的律师也很少有时间或意愿听取案情的过程重建，但我无法完全放弃自己成为法医病理学家的初衷：帮助解决死亡之谜。

我真的不认为是自己主动选择成为刀杀专家的。一切似乎自然发生了。那是一个阳光明媚的秋日周日早晨，我早早醒来，看着晴空发呆，自怨自艾地幻想，如果能够开着小飞机飞过头顶这片天空该有多好。之前被烧毁的房子修缮完毕并最终成功售出，我们经历了搬家带来的混乱，新家的一切看起来井然有序……但我清楚，从繁忙的家庭和工作生活中挤出时间参加飞行课，根本不可能。之后我收到通知赶往现场，我的专业兴趣自此确定。

在那个干燥寒冷的清朗早晨，我赶到位于一处村庄的凶案现场，这个时节，树叶已经开始变黄。一名老汉遭人割喉，惨死在自家厨房。凶案现场附近的路边停了好几辆警车。一位疲倦的年轻警员正在尽力劝说聚集在周围交头接耳的邻居散开。

这位老人生前住在一处用红黑两色砖石砌筑、结实耐用的独栋公营房屋里。我走近时，邻居们变得鸦雀无声。我向警员表明身份，后者则掀起警戒线的一角让我进去，在旁边听到我说话的邻居们，又开始窃窃私语。而我用眼角的余光瞥见一辆警车里坐着一个人，一个女人，双手抱头。

“我是本地的验尸官，谢谢你这么快就赶过来。”门口的一位红脸大汉对我说。我马上猜到，和其他地方类似，这位验尸官也一定是警察出身。犯罪现场调查官们正忙于用专用袋子收集物证，旁边站着几名资深警探。警局的摄影师也赶了过来。

“那位就是死者的女儿，”验尸官嘟囔道，示意刚才的那辆警车，“打电话没人接听，赶过来后发现……”

厨房靠近后门的位置，面向起居室门口的方向，躺着那位老人的尸体。

“约瑟夫·加兰先生，82 岁。”验尸官在我耳边小声说道。

加兰先生左肩朝上，侧卧在地，衣服上沾满血污。在他身下，厨房地板上也到处是血。脚垫、壁橱、墙壁，都留下了血液喷溅的痕迹。

死者穿着睡衣，套在外面的粗花呢夹克被掀到头上。他的双手满是鲜血，光脚，大敞四开的后门边上放着一双沾血的威灵顿长靴。

我听到背后的两名警探正在交谈。

“所以，死者听到凶手砸门，也许已经看到他们从花园闯进来，于是他穿上夹克，蹬上靴子，走了出去……凶手用刀砍伤他，但死者挣扎着返回家中，或许是要打电话报警……”

我回头看了看加兰先生。血迹分布异常。他所穿着的夹克和睡衣前面浸血严重。令人困惑的是，血痕一直延伸到小腿上部，而以下部位除了脚底之外，再无血迹。不过，这双惠灵顿长靴的外侧和靴口内侧的窄边上都留有血迹。

很明显，他在受伤时或受伤后一直穿着这双雨靴。进屋的时候，他将靴子脱下，并将其整齐地摆放在门边通常放置的位置，这点几乎可以肯定。靴子的主人可能长期以来形成了根深蒂固的习惯，进屋的时候就会将靴子脱下。

“我敢打赌，他曾有过一个爱唠叨的太太，经常抱怨他鞋上有泥，弄脏了厨房地板。”我随口说道。

我凝视着外面的后花园，几名警官正在那里搜索着任何可能的蛛丝马迹。一道血迹通向温室，温室外面，堆放着加兰先生的盆罐。透过肮脏的窗户，可以看到夏天时栽种的西红柿秧苗，随着秋天的临近，现在呈现出黄褐色，面临枯萎。

温室后面是一个车库以及用于停车的空地。停车场里留有一摊血迹，很明显，死者是在这里受伤的。附近，一辆红色的汽车以奇怪的角度停着，驾驶员一侧的车门关得不严，好像当时有人急着跳出来似的。

“死者女儿的车。”验尸官解释道。

此时，摄影师已经完成了初步工作，我回到尸体旁边，将加兰先生翻了过来，他的脖子上有一个大伤口，就在夹克上方，仿佛向我张开了大嘴。有人用刀割断了死者的颈部肌肉和右颈静脉，部分切断了颈动脉。死者喉部周围还存在其他水平创口，但都没有致死的一刀那样深入见骨。

我摸了摸死者的胳膊和大腿。尸僵已经出现，但腿部尚能活动。我又量了下遗体的温度。

另外一名警官在时刻关注自己手上的警用电台。

“可疑的货车……今天早上，两个二十出头的男性接近过一位靠养老金生活的老人，询问是否需要园艺服务。嫌疑货车为白色福特，牌照中可能包含字母 T 及字母 K……”

“派人出去寻找这辆车。”一个听起来颇为沧桑的声音命令道。后来，此人向我自我介绍，他是本地警司。

此前，我一直蹲在尸体旁边，现在站起身来。

“能否向死者女儿打听一下，她父亲是不是左撇子？”

警司定睛看了我一会儿，然后向警车走去。透过开着的门，我听到加兰先生含泪的女儿证实，他确实是左撇子。她清楚这个问题的意涵，也许在警探询问前已意识到，因为她开始痛哭流涕。

“我不认为这属于谋杀。”警司回来后我说道。

正在现场里里外外忙成一团的警察都愣住了。

“伤是自己造成的。恐怕加兰先生是自杀的。”

警司摇了摇头。

“我们最开始也是这么认为的，但我们到处找，也没找到涉案的凶器。”

“一定就在某处。”

警司开始变得有些不耐烦：“你不可能自杀后再去处理凶器。这里找不到凶器，所以一定是他杀。”

“也许他将凶器丢入了树丛。”

警司指了指自己的手下，他们现在还在花床间搜索。

“这已经是第二遍搜查花园了，地方不大，这里没有任何刀具。”

我肯定刀子就在现场，我也肯定这位老人是自杀。我沉吟片刻。自己有多肯定呢？

这位资深警探瞪着我，说：“医生，在没有开始验尸之前，你什么都不知道。”

人们总是以为，把死者的身体切开，就能发现里面的秘密，就好像撬开了保险箱。但在本案中，即便只是认真查验了尸体的体表，我就已经了解到了许多信息。

没有任何争吵的必要，反正我都要验尸。我问验尸官：“能否现在将尸体运送至停尸间？”

验尸官点了点头，叫来了两名制服警员。

“好吧，将尸体装袋，然后送到皇家萨里停尸间。”

我转身面向警司，自信满满。

“当然，我会验尸的，但我可以肯定，这是一起自杀事件。”

“你凭什么这么肯定？”警司质问道，显得颇为不悦。这种语气虽然并不陌生，但在犯罪现场还很少遇到，这里存在的通常都是安静、友好的团队合作。哦，想起来了，这种讥讽出现在法庭上，资深辩护律师会如此羞辱因出庭做证而对自己当事人不利的病理学家。

我用最专业的语气回答道。

“首先，受伤部位。加兰先生曾经割伤过自己好几回，他选择的部位绝对属于典型的自造伤口。此类伤口，几乎无一例外集中在脖子或手腕上。他割断了自己右侧的脖子，如果是右撇子的话，这显然不太可能。而你刚刚证实，死者恰恰是左撇子。现在请看一下这些小伤痕，均处于平行状态。”

警司不情不愿地瞥了一眼老人的脖子。我指了指最大刀伤两侧的浅层血痕，并向他解释了所谓“试切伤”。“我们不知道人们为什么这么做：也许他们只是在鼓起勇气，为最后的疼痛做好准备。或者是为了找准地方。但试切伤是自杀的有力证明。”

警司看起来仍然将信将疑。

“这类伤痕难道**一定**意味着自杀？”

“从我的经验来看，基本如此。”当时我的经验还不算十分丰富，但我不打算把这一点告诉这位警司。

“如果他把自己割伤了……”警司指了指停车场的血泊，“……然后在这里死了，他有多少时间处理凶器？”

我想了下。

“最多一分钟。”

这点时间，虽然不足以让死者在失血过多前藏匿刀具，但足以让他丢弃自杀所用的刀具，或者刀很可能只是从手里掉下来。

这名警司似乎真的希望一桩凶杀案能点亮他的这个周日，他说道：“可能有人用刀伤了他，然后拿着凶器逃跑了。”

“好吧……”

“有这个可能，你也承认这种可能性，也就是说其他人可能实施伤害行为？”

我略有迟疑。当然存在这样的一种可能性，凡事皆有可能。但我的职责是收集并提交证据，而不是推测每一种大胆的理论。

我说道：“可能性极低，但的确可能。”

警司看起来胜券在握。

“但是，我相信刀就在这里，”我说，“而且在一个非常显眼的地方。”

寻找凶器的团队听闻此言，放下了手里的工作。有些警官双手叉腰，有些则直起身来，盯着我看。他们已经找了好长一段时间，不愿意听到有人责备他们漏掉了一些显而易见的东西。

我从后门走出来，迈过沾满鲜血的惠灵顿长靴，经过温室和旧的陶土花盆以及一个放在旁边的旧锡制浴盆，顺着血迹找它的源头。

“他失了很多血，在挣扎返回屋子里时，失血过程会加快，我由衷认为，他应该把刀掉在这儿附近的某个地方，而不是把刀扔了出去，”我说道，“也许是女儿……？”

“她说自己什么也没碰。”

当有人自杀时，其亲戚或朋友常常会怀疑死者之前是否自杀未遂。也许加兰先生威胁要自杀，也许他只是看起来情绪沮丧。我试着想象，人到中年的女儿开着那辆红色轿车很快到场，她心跳加速，害怕自己可能会发现什么。她最先看到的，就是一摊血泊。她一个急刹车，在不远处停了下来，尽管停得七扭八歪，但她连车门都没关，就跳出来跑进屋里寻找自己的父亲。

“找不到刀，就不存在自杀。”警司一口咬死。

“能否把她的车倒一下？”

大家面面相觑，最终，这名警司向受害者的女儿要来了车钥匙，缓慢地将车倒出停车场。

在靠近原来车轮的位置，赫然出现一把沾满血迹的骨柄面包刀。

警司一定不知道，在自己的理论得到证实后我是何等轻松。我可能听起来对自己很有信心。我是很有信心。但在内心深处，我从小就明白，生活是一连串意想不到的反转。这种认知一直奴役着我。虽然我的工作需要确定无疑，但在那天包括现在，我仍然无法放弃一种更大的确定性：永远存在其他可能。

20

现在，我开始怀疑，自己试图根据刺伤痕迹还原凶杀过程的努力，在最近刚刚引入法医工作的新技术面前很可能黯然失色。人们早就开始谈论 DNA 检测。有人说，DNA 是比指纹识别或目前任何其他方法都更好的鉴识手段。周五办公室例行聚餐时，大家七嘴八舌地在酒吧讨论这个问题，争论一直持续到下午，秘书和技术人员都加入进来。DNA 代表着未来吗？抑或仅仅是那些多年来没有实际应用价值的技术进步之一？

新的发展确实让我怀疑，我对刺伤痕迹的特殊兴趣是否很快就会过时，沦为一无是处。我对自己原本想法的痴迷并没有因此减弱，但碰巧在那个时候，另一项特长也逐渐显现。一开始，我曾试图无视它，但不知怎么的，它却狠狠碰触到我此前几乎并不自知的软肋：我的社会良知。我确实认为自己在为社会贡献才智：法医病理学家帮助死难者家属及政府了解死因，为其伸张正义，难道不是吗？我当时并没有意识到，自己能在促成社会变革方面发挥更为直接的作用。

在犯罪现场与警方密切合作是我工作的一部分。他们的专业精神和战友情谊，使凶杀案所带来的混乱、血腥、肮脏和人间悲剧，变得更容易应对。如果遇到关系良好的警官，他们还会随时向我通报案件进展，我对此无比珍视。

可以想见，亲眼见证另一种警察是多么艰难。他们的行径与我此前遇到的品行高尚、严肃认真的警员的作为，毫无共通之处。

一天晚上，我到医院停尸间完成验尸，我收到的信息简报略显粗略。但我很快就明白了个中原委。这名病囚是在监狱服刑期间死亡的。我注意到，大家换衣服走进停尸间进行验尸时，没有人开玩笑，也没有人闲聊。

死者是一名28岁的尼日利亚人。尸体外部检验显示，他的鼻子前部和嘴唇周围留有擦伤。我还看到他的手臂，尤其是手腕周围还有腹部，存在最近形成的瘀痕。

我询问："死者去世的时候佩戴了腰绳？"

警方人员神情阴郁地点了点头。

腰绳是一种不怎么招人喜欢的戒具，包括一条粗重的皮带，以及系在皮带两侧铁环上的手铐。当然，皮带就系在囚犯腹部，他们的手腕通过手铐被固定在上面。

当我对尸体进行内检时发现，死者患有严重的动脉粥样硬化（动脉内壁的斑块），但只存在于负责将血液输送给大脑的颈动脉内：这在一个28岁的年轻人身上非常罕见。不用几年，这种疾患便足以危及生命，但现在，它不是致死原因。

进一步检测查明，死者还是镰状细胞性状携带者。

镰状细胞病是一种在英国呈现爆发式增长的遗传疾病。世界范围内，镰状细胞病的患者数以百万计，其中大部分人来自非洲及加勒比地区。患病者更容易抵御疟疾的侵扰（这一点在大都市伦敦似乎没有太大意义）。但好消息到此为止，这种疾病由红细胞基因突变引发，而红细胞的重要功能便是在身体内部运输氧气。在红细胞正常的健康人体内，红细胞非常饱满，中间有一个浅窝，和环形的甜甜圈没什么两样。而且，最重要的是，健康的红细胞非常柔软。镰状细胞基因突变导致某种氨基酸发生替换，这意味着红细胞的折叠方式发生改变。在大多数情况下，这不算什么大问题，但当红细胞分子没有固定在氧分子上时，前者就会变硬，并以一种不规则的形状固定下来。在这种情况下，红细胞可能看起来像奇怪的香蕉或镰刀形状，此病因此得名。这种僵硬、奇怪的形状导致的结果便是，血细胞无法平稳地流经血管，而是趋向于堆积、闭锁、阻塞血管——使人体重要器官陷入缺氧状态。

关节和腹部的疼痛以及经常性贫血，只是这些阻塞刚开始可能引起的问题。患此类疾病的患者生命曾一度十分短暂，但随着对这种疾病认识的深入，以及全新药物的开发，一切都在改变，也许有朝一日，基因治疗就能为他们提供更多帮助。

如果症状完全恶化，情况十分严重，则意味着患病个体从双亲那里继承了同样有缺陷的基因。这被称为“纯合子”（homozygous），意味着患者只能制造出有缺陷的红细胞。然而，如果从父母一方遗传到有缺陷的基因，而从另一方遗传到正常的基因，这种情况被称为“杂合子”（heterozygous），此类患者可以制造一些正常的红细胞，也可以制造一些有缺陷的红细胞。这些人的病情相对更轻，毫无疑问，在此类遗传疾病的患者中，相较于彻底的镰状细胞病患者，他们的人数更多。这就是所谓的镰状细胞性状。

在相当长的一段时间内，人们认为镰状细胞性状对携带者没有显著影响（除非他们感染了疟疾）。直到最近几十年，人们才意识到这种性状在某些情况下属于人类面临的主要风险之一。那些情况包括患者严重缺氧的状况。所以，携带镰状细胞性状的人不能攀登珠穆朗玛峰。事实上，镰状细胞性状携带者应避免所有可能造成缺氧的情况，除了攀登高山之外，还包括潜水、跳伞等，以及被强力束缚身体。当然，前者是可以选择的，而后者不是。

在本案中，我首次遭遇非裔镰状细胞性状携带者在受到强力束缚的情况下死亡的事例，当然，后来类似的案件接踵而至。当我从显微镜中观察时，只能在死者组织中找到为数不多的镰状细胞。这表明这些病人并非患有镰状细胞病，而是携带镰状细胞性状，专家检测其红细胞后就能证实。但可悲的是，很多人都不知道自己是镰状细胞性状携带者。

本案中的这个病人还表现出缺氧的症状，即窒息。他遭到强力束缚，但身上没有一处致命伤。那么，警察肯定采取了比我在报告中详细记录的瘀伤所证实的更激烈的行动。

直到后来，我才听到故事的完整版本。死者因共谋诈骗罪被关押在伦敦一所监狱中等待审判。我不知道他做了什么，但监狱医务室认为他行为“异常”，后来他被安排住到布里克斯顿监狱医院。从这一点判断，我认为死者可能存在心理健康问题，尽管没有任何一份医学报告明确指出这一点。我不认为这种行为与毒品有关，因为我们虽然在死者的尿液中检出了可卡因，但含量微乎其微。

在转往布里克斯顿监狱医院的途中，死者变得“激动或者说好斗，然后失去反应”。这一描述来自一名急诊室医生，死者后被送至该科室。根据警方自己的记录，在抵达布里克斯顿监狱医院时，“发现他似乎已没了呼吸”。

于是，死者被匆忙搬上一辆货车后车厢，然后送往急诊室。他在途中接受了心肺复苏术，但没有用。事实上，急诊室医生的便条上还写着“手指僵硬”。

在我看来，警方对待死者的方式可能导致他的呼吸和氧气供应受限——他可能面朝下，或者可能有人用膝盖压制他的胸部。但验尸结果显示，他的主要死因是他患有严重肺炎。

这一点足以排除可疑死亡的可能。他死于自然原因——肺炎和镰状细胞性状。尽管我感觉并且表示，如果得到立即且适当的治疗，如果没有正面朝下被腰绳所束缚，或者如果没有处于其他限制其呼吸能力的姿势，他很可能在肺炎中幸存下来。

死者此前居无定所，因此，在被捕前可能一直过着艰苦的生活，并感染了肺炎，或者，他有可能是在拘留期间感染上的。

死因调查裁断死者系自然死亡，验尸官轻描淡写地说，由于缺乏照顾，导致病情恶化。

此事距今还不到30年，但在那些日子里，一般来说——虽然绝非全部——大部分英国人都认为，罪犯罪有应得，警察总是或者至少在通常情况下，是对的。因此，即使没有镰状细胞性状和肺炎等自然因素，也不会有人为囚犯的死亡大声疾呼。很遗憾，当时的情况就是如此，这种漠不关心的态度尤其针对非裔囚犯。

公众和警方的冷漠，意味着人们对于如何以及何时才能较为安全地对某人采取强制措施，完全缺乏科学理解和有效训练。人们认为此类培训与警察或狱警的日常工作无关，或毫无用处可言。警方采取“橄榄球阻截式执法”——抓住嫌疑人，压到他们身上，和他们搏斗，尽一切可能控制住他们——公众对此是可以接受的，而“控制”意味着“一动不动”。

人们信任警察和狱警会正确执法，至于他们也可能不这样做，英国民众则显得漠不关心。然而，我对此无法认同。我亲眼见证很多人死于拘留期间或因警方所采取的强制措施而死。许多死者是非裔。这不仅仅是镰状细胞的问题，尽管是镰状细胞引发了我的关注。我觉得必须要做点什么。但是，能做什么呢？我和伦敦警方并肩战斗，在案发现场乃至案发之后，彼此良好的支持关系至关重要。我喜欢并由衷尊敬很多警官，与他们保持令人愉快的工作关系，很有必要，所以我不知道该如何提醒他们注意自己的言行。但我知道必须这样做，而且，由于遭受强制束缚而死亡的现象绝非个案，我意识到必须把注意力集中在这个问题上。我只是不知道该如何利用自己的专业知识来改善这种状况。说到底，病理学家的任务是检查尸体并了解死因。我们的发现可能有助于拯救未来的生命，有助于伸张正义。但改变世界不是我的工作，对吗？

21

强制束缚所导致的死亡问题不容忽视，但无论从理智出发还是基于对现实的分析，我仍然致力于研究用刀杀人的案件。作为枪炮弹药方面的权威，伊恩·韦斯特钻研的问题相对简单。凶手想要杀人，所以开枪打死他们，故事便结束了。相比之下，刺伤则需要行凶者和受害者近距离接触，且往往涉及多种动机。这种伤口可能更多地与营造某种戏剧感有关，往往缺乏明确的杀人意愿——特别是如果伤害是自己造成的话。但真正吸引人的，还是我奉行的那个理论：每一个伤口，都会讲述一个故事。我一直坚信，如果对伤情了解充分，一把刀在尸体上留下的具体轨迹——受害者经常被捅刺多次——足以为我们提供一张描摹凶杀行为全景的写真。

在每一起刀杀案中，我迫切希望从伤情分析中学习新知。就在那位老人用面包刀自杀后不久，我又遇到一起刀杀案件。这完全是一起标准的凶杀，也的确证明，我在周日烤肉期间进行的实验并没有白做。

秋日暖阳转瞬即逝，寒冬随即到来，不久，当年的第一场霜冻不期而至。一天早上，我接到电话，在伦敦北部的一条运河边发现了一具尸体。中午赶到现场的时候，我发现一个穿着牛仔裤和夹克的年轻人，脸朝下趴在一片杂草丛生的荒地里，他的胳膊被压在下面。当时气温只有 2℃左右，这无助于确定死亡时间。尸体温度降至 20℃，警方的照片显示，尸体被发现时，上面还结有霜冻。尸僵的迹象已经出现，但尚未完全僵硬。

至此，我能告诉警方的只有，死亡大概发生在午夜到早上 6 点之间的某个时间。警方的反应一如往常，多少有些刻意掩饰的沮丧。

死者脚边的草上留有血迹，尸体旁边有一把血迹斑斑的厨刀。我把尸体翻过来，看到死者的嘴、鼻子、双手和胸前全都是血。

我们将死者运到停尸间，对其彻底检验，根据检验结果，我确认了死者遭遇的唯一一刀，首先刺透了外衣，然后穿过三根相邻的肋骨，这里的软骨组织使刀刃发生偏转。虽然只偏转了一点点，但很不幸，刀子直接切断了主动脉。事实上，这一刀用力之大，甚至伤及主动脉后面的气管。伤口止于食道。伤口距离体表的深度达 12 厘米。伤口从前向后呈水平位置，略微从左向右倾斜。

在尸体旁边发现的黑柄厨刀，其尺寸和形状都与创伤情况极为吻合。凶手的力度一定很大，因为刀穿过了衣服和三根肋骨。死者面部及左臂存在轻微擦伤。

这起案件看起来像是一个简单明了的刺杀案。警察正努力使案情与被告人的说法相契合。被告人和受害者大约都二十多岁，两人一起饮酒后出去散步。虽然身为好友，但正如被告人在接受警方讯问时所透露的那样，他对自己的这位玩伴心藏愤怨：

问：你当时都说了些什么？

答：真的没什么。

问：你当时带凶器了？

答：没有。

问：他呢？

答：是的，他一直随身带刀。

问：之前你们有同时携带刀具的情况吗？

答：是的。但这次我的刀放在家里了。

问：我必须把话讲明白，你现在还处于被怀疑的状态。你知道他是怎么死的吗？

答：我想我知道。

问：请告诉我们。

答：我们到了运河那儿，他说觉得不太舒服。于是我站在那里等他，低头一看，发现鞋带开了，我弯腰重新系好鞋带，这时他对我说，你觉得我和你妹妹出去约会怎么样？

问：玛丽？

答：是的。

问：玛丽多大了？

答：13 岁。

问：你是怎么说的？

答：我说我不太喜欢这个主意，因为她才 13 岁。我抬头看着他，想问他为什么这样问，但已经来不及了，他正在从衣服里往外掏东西。我以为他会打我。所以我惊慌失措，一把将他推开，然后转身逃跑。我转过身来，看见他正向后踉跄。我继续跑。我不知道他受伤了，否则肯定会回去帮他。

在进一步的讯问中，这个年轻人对自己的朋友可能和年仅 13 岁的妹妹玛丽发生性关系而感到非常不安。某次讯问间隙，和事务律师探讨对策之后，被告人表示："如果是那把刀（杀了他），我想我之前在他的公寓里见过，当时它和一堆东西从餐具架上掉了下来，我把它捡起来放在了厨柜上。"

事务律师后来再次要求与自己的当事人单独说几句话，后者再次出现时承认是自己杀了人，但坚称纯属意外："他是我最好的朋友，我无意伤害他，事情就是这样。"

我可以肯定，被告人的说法属于彻头彻尾的谎言。直觉告诉我，一个人不可能将别人拿着的刀反转过来，然后刺穿持刀者自己的胸部，注意，伤口呈现水平直入状态。更不可能像被告人说的那样，在其处于蹲着的较低位置时，刺中处于站立状态的受害者胸部。

然而，考虑到被告人在被证明有罪之前都应被推定无辜，我试图在家里重现犯罪现场。我蹲在地板上假装系鞋带（用右手），抬头，推开行凶者向我逼近的尺子（代表凶器，我用左手拿着），然后插入行凶者（用椅子上摆放的枕头代表）身上，造成一个水平直入的伤口。我刚把尺子插进枕头里，就发现房间里还有人。

我转过身来。克里斯已经进到了书房。两个孩子都被教导过进屋敲门，这样他们就不会无意中发现任何令人不安的东西。我一定是因为全神贯注所以没有听见他进来。现在，他正尴尬地盯着我看。

"有事吗？"我尽量装作一切正常的样子。

他手里抓着课本。

"你在干什么？"他用一种迫切需要解释的声音问道。儿子现在九岁了，性格温顺，为人随和，似乎和那个曾彻夜尖叫、折磨我们的小皇帝毫无关系。

我站起身。这个时候，如实陈述或许才是最佳对策。

"好吧，我想看看有没有人在系鞋带时……就是我，在这里，用右手……如果另一个人拿着刀走近他……也是我，另一个人是我的左手，尺子代表凶器……第一个人能不能在他蹲下的时候，把刀子转过来刺入第二个人身上。"

克里斯开动脑筋琢磨了半天。

"当然呐，"他最终说道，"我认为他可以做到。"

"单纯思考还不够。第一个人很可能会因此被送到监狱里待上很久，因此我必须十分确定。”

“第一个人把第二个人杀死了？”

“嗯……是的。”

“你见过他了？”

“第一个人？没有。”

“第二个人。”

“是的，克里斯，我在停尸间见过他。我检查过他的伤口，知道刀子从某个角度以某种方式刺进了他的身体。因此，我想看看第一个人如果在系鞋带时遭遇袭击，能否做到这一点。”

克里斯点点头。我不确定他是否真的明白我在说什么。他只是接受了自己父亲做了某些奇怪的事情。

“我来给你看我的生物课成绩单，所有人中我得分最高。”

那还有错！儿子来找我一定是有原因的。我只顾着把自己的工作告诉他，甚至都没问原因是什么。我和儿子一起看了他的成绩单，非常自豪地为他拿到的一串 A 而欢呼，最后，克里斯看起来很高兴地离开了，我则继续自己的实验。尽管非常努力，但我实在想不出一种方法，能让一个蹲着的人把袭击者拿着的刀偏转着插入袭击者自己的胸口，如果结果是在如此之高的位置，以如此水平的创口插入枕头——我是说，身体。正如我强烈怀疑的那样，这属于直截了当（无论是本意还是比喻意义上）的站立型刺伤。

这时，有人在轻敲书房的门。

“爸爸，我们都认为是他干的。”安娜冲了进来。

“谁干的？”

“好吧，克里斯是第一个人，假装系鞋带，而我是第二个人，拿着刀，逼近他……”

“你没有拿着真的刀吧，没有吧？”

“当然不是，我拿我的笔。不管怎么样，克里斯能够很容易地把刀翻转过来并刺中我。所以我们认为第一个人就是谋杀犯。”

“好吧，好吧，谢谢你们。”

“我们可以给你展示一下吗？或者如果你乐意，你可以假装第一个人，而我扮演第二个人，我做这个比克里斯要强一些。”

我由衷认为，不应该让当时还只有七岁的安娜，帮我还原凶案的整个过程。她之前看到我拿着刀子，还以为这只是在开玩笑。她当时认为尸体是某种令人讨厌的东西，还无法充分理解死亡的全部意涵，她肯定没有见过尸体，甚至没有看过一张照片。我们不仅教会孩子们进入书房时要先敲门，我还总是小心翼翼地把警方拍摄的犯罪现场照片藏在很高的书架上面。

“看看你和孩子们在玩什么游戏！”珍从客厅赶了过来，脸上乌云密布。

“没有玩游戏啦，克里斯进来，我把正在做的事情告诉他。”

珍翻了翻白眼。

“我都是把自己的工作留在医院的。”她言有所指。

克里斯和安娜最终会弄明白我的工作性质，但当时，他们只是被告知，当别人问起时就说我是医生。他们不经意间发现我其实是一名特殊的医生，会帮助警察，名字还会出现在报纸上，但他们不知道什么是法医病理学家。尽管大约在这个时候，他们开始意识到，我的特长并不是让人们“变得更健康”。在家里，他们的父亲把尺子插进枕头里或者把刀子插进肉里，这是正常的，到目前为止，克里斯和安娜似乎还没有意识到，其他人的父亲可不会这么做。

如果换到今天，运河旁那起刺杀案中的辩护团队，可能会成功地提起所谓因丧失自控能力而犯下非预谋杀人罪的答辩。萨维尔事件[1]曝光之后，英国陪审团可能会认为，一个人发现朋友意图性侵自己年仅13岁的妹妹，势必极度愤怒，这可能成为行凶的导火索。男孩的很多家庭成员陈述做证，他因为妹妹可能遭朋友性侵而感到极端不安和愤怒。

要主张现代意义上的“丧失自控能力”，必须证明与被告人相同年龄、性别且具有合理的容忍度和自制力的普通人，也会以同样方式失控。在我看来，本案中的这个年轻人很有希望能证明这点。但为了让丧失自控能力成立，辩方还必须证明被告人没有预谋。本案被告人面临的困难是，如果他当晚真的把刀带到运河附近，那么杀人就可能是有预谋的。他解释了为什么自己的指纹会留在刀柄上，但他必须说服陪审团相信，在出去散步之前，受害者才是从厨房把刀拿走的人。

---

1 吉米·萨维尔（Jimmy Savile, 1926—2011），英国利兹人，曾是英国广播公司电视音乐节目主持人。2011年吉米·萨维尔性侵未成年人和精神病人的“超级丑闻”爆发。2012年12月，英国警方表示，指控萨维尔性侵犯的受害者已达450人，其中80%当时还是少女或儿童。

但这起杀人案发生在2010年改革之前那个不那么开明的时代。此时，丧失自控能力还没有成为一种答辩理由。对于这位一心想要保护自己妹妹的年轻人来说，当时的处境完全无望。检方以谋杀罪名起诉，他最终被认定有罪，在20世纪80年代，这种案子实属简单明了。

虽说是常见的谋杀，但案件中伤痕的确切角度和轨迹还是提供了重要证据。而且，情况经常如此。不仅是刀的轨迹，一旦刀子插入体内，它在器官间的后续运动有时可以绘出受害者和行凶者的相对运动。随着积攒的案例越来越多，我开始相信刀伤可以说明一切，只要我们能听懂它们在说什么。我希望汇编出有关刀伤的轨迹、角度及刀柄瘀伤方面真正全面的分析……我总是在自家厨房，用一把又一把刀，插进一块又一块肉里。事实上，我买了很多不同形状和不同刀柄的刀具。如果警察习惯于扣留和搜查中产阶级白人的话，我很可能因为经常携带攻击性武器而遭到逮捕。

令家人更感厌恶的是，我现在改用猪肚或牛肾进行刺伤练习。我很难再现那种穿过人体皮肤、肌肉和内脏的感觉——也许是因为超市里的肉基本都不太新鲜。事实上，用刀杀人的人可能经常会惊讶于这样做是多么容易。一旦刀锋刺穿了衣服和皮肤，身体内部组织几乎毫无阻力。只需适度的力量就能穿透心脏或肝脏等主要器官，所以即使是力气很小的行凶者也能用刀杀人。很多凶手会说："我不是故意杀他的！"他们实际上是在说："我没想到我做的事会杀了他。"而当持刀凶手如是说的时候则更可信。刀给了凶手相较于受害者更大的优势，哪怕受害者强壮得多。怪不得女性经常会选择用刀。

在经历所有这些实验之后，我是否如自己所愿，能证明我们可以像读一本书那样通过研究刺伤来理解谋杀的过程呢？嗯，答案是没有。但我确实发现，刀可以告诉你很多有关凶杀的信息。我逐渐具备这种能力：根据凶器在尸体上留下的痕迹，可以相当精确地勾勒出凶器。面对警方提供的一系列可能的凶器，我可以排除其中大部分，只要备选证据中存在正确的凶器，我一般都能把它挑出来。

22

克拉珀姆交会站惨案刚刚过去八个月，一个周日早晨，我接到一个电话，告知我另一场人间惨剧骤然降临。时值 8 月，伊恩还在度假，我是当时负责伦敦和英格兰东南地区的法医病理学家。此时，没有人知道会碰上多少尸体，但有一件事可以肯定：一定会有尸体。

这次大灾难不是发生在铁路，而是发生在泰晤士河。我在出发前焦急地等待更多消息，而此行第一站，便是沃平的警察码头。一艘游船在萨瑟克附近某处水域沉没，遗体是从沉船上找到的。这便是我当时了解的全部情况。

一位老巡佐向我打招呼，令我吃惊的是，他在强掩泪水。

“医生，我当警察快 30 年了。河里面发现了 25 具尸体，还有 24 个人死在了船上，今早，在沃克斯霍尔上游方向大约八座桥的距离，又捞起一具遗体。从没想过我会看到这样的惨剧。他们还是孩子，二十多岁的孩子。”

这么说，沉船一定是那些供人游乐的船只中的一艘，人们租来在泰晤士河上巡游的那种。我曾目睹这些船，也听人提起过很多次。甲板上的年轻人，衣影婆娑，流光溢彩。笑声和音乐，穿过舞池的窗户、晕影、绚色和人影，遥处可闻。

巡佐补充道：“医生，警方的外科医生已经进去了，证实他们都死了。”现在，他真的泣不成声，摇着头走开了。我听到他在开门前擤了擤鼻子，然后回到前台挡开记者。

沃平警察码头是坐落在泰晤士河畔的一座维多利亚时代兴建的警察局。码头后身的一个区域被指定为临时停尸间。这里真的只能算个房间。水泥地面几乎全被裹尸袋覆盖。它们都敞开着，每个里面躺着一具年轻人的尸体。所有死者都穿着为参加聚会特意准备的盛装，其中很多人穿着鲜艳。看着这悲惨的一幕，我突然发现了一些奇怪的事情。死者的衣服颇为凌乱。裙子没穿好，裤子还开着……

我立刻出去找那位巡佐，他面露苦色。

“警方的外科医生解开了所有死者的衣服，我想他是为了检查他们的性别。”

我对此虽然颇为不满，但现在也无能为力。面对整个事件，他们可能感觉手足无措，但又必须要做点什么，任何有用的事情：检查脉搏，倾听心跳。我以前也见过这种反应，即便是训练有素的专业人士，都想“做点什么”，即使他们很清楚正确的做法便是什么也不做。

之后，我前往威斯敏斯特。我知道，死者的遗体不会在警方的临时停尸间停留太久。我想确保威斯敏斯特停尸间为即将送来的大批遗体做好了准备。

哦，不。我突然想起来，威斯敏斯特的经理彼得·贝文正在度假。他的副手临时负责，在我看来，这个家伙从来没有像他的老板那样有条理、有效率。彼得冷静、卓越的组织能力才是处理大规模灾难时所需要的。不过，至少这里的工作人员已经忙着为接收大量遗体做准备，所有的解剖台和必要的设备都已就绪。目睹上述准备工作，我第一次感到一种近乎恶心的恐惧感。这种感觉转瞬即逝，却异常强烈。

我同意第二天在尸体从沃平运过来后，就回到这里开始检查，另一位受我监督的法医病理学家也会协助我。

事实渐渐浮出水面。在那个平静的夏夜，泰晤士河上，一艘巨大的挖泥船在靠近萨瑟克大桥的地方与一艘名为侯爵夫人号的小型游船相撞。

鲍贝尔号挖泥船此前已将船上的碎石货物倾倒在九榆地区，正返回大海进行更多的疏浚工作。侯爵夫人号则被租来庆祝生日，一大群来自各国的年轻人正在船上举行派对。

起初，鲍贝尔号从后面追撞到侯爵夫人号的右舷。这导致游船剧烈晃动并倾覆。一名目击者说，鲍贝尔号随后“压了上去，将侯爵夫人号像玩具船一样推到水下”。事实上，在第二次撞击导致侯爵夫人号的船尾向右舷倾斜并最终倾覆之前，挖泥船的锚正好击穿了游船的上甲板。

以下是一些幸存者的陈述：

我感到一阵颠簸……然后我注意到，船尾朝右舷方向移动……水从敞开的舷窗涌了进来。我感到船要翻了……我记得自己转身朝窗户逃去……当水开始流进来时……我知道，船要沉了。几秒钟之内，灯就灭了。一片漆黑……然后我被一堵水墙推到前面。整艘船立刻灌满了水……当我浮出水面的时候，已经离部分沉没的侯爵夫人号有一段距离……

我……感觉到船的右侧……突然下沉……当船翻过来时，水从右边开着的舷窗涌了进来。所有在舞池里的人都失去了平衡，我们、椅子还有所有可以移动的东西，全部滑到了右边，掉进了水里，水正以惊人的速度填满舞池。我落水了……

突然，船倾斜到一边，卫生间开始进水。我试图推门跑出去。当我设法把门打开时，船已经完全沉没了。

我感觉到船在摇晃，然后它突然开始转向，我失去了平衡。我想我撞在桌子上了……我看到别的船身从这艘船里钻了出来，还带着锚，玻璃都碎了，所有的窗户都碎了，玻璃溅了我们一身，水开始往里灌……

这对船上的年轻人来说是一场可怕的磨难。突然翻船，家具到处散落，四周一片漆黑，河水冰冷浑浊，一些乘客还找不到紧急出口，这一切阻碍了所有乘客的逃生可能。结果，要想逃生就需要极强的身体素质和极好的体力，而这无疑剥夺了很多人的生存希望。

后来，在求生及人体体温方面卓有建树的专家霍华德·奥克利博士，就这场灾难发表了一份迟来的声明："众所周知，船只突然倾覆，是一种令人震惊的经历，每个人的反应不同，有人惊慌失措，有人冷静下来决心逃生并最终逃出生天……面对这种惊吓产生的生理反应，可能缩短了受害者屏气的时间，进而降低了他们成功逃生的可能性。"

在被撞击后不到 30 秒，侯爵夫人号已沉入泰晤士河底部。多达 14 艘船出动营救生还者。寻找死难者遗体至少花了数小时。许多死者可能被困在船上。其他人一定是从船上被抛入水中的。泰晤士河其实颇为险恶，深邃而黑暗，水流异常丰富，间或夹杂潮汐，有时尸体可能会在河里泡上几天甚至几周也不被发现。事实上，五个小时后，搜救人员才在河里发现了第一具侯爵夫人号乘客的遗体。而距离从泰晤士河打捞起最后一具遗体，还有将近两周的时间。

溺水后的遗体，或是以其他方式死亡后浸入水中的尸首，皮肤首先会出现不透明的皱纹。任何曾在浴室里待太久的人，都知道这是什么样子。它通常被称为"洗衣婆的手"：手指、手掌和脚底上厚厚的角质层被浸泡后，会让皮肤看起来非常白，而且起皱，且不论死者的种族为何，都是如此。几天后，如果身体仍泡在水中，浸透的皮肤将逐渐分离，并最终剥落。

我还必须说——因为这与接下来发生的事情有关——尸体浮到水面所需的时间，取决于尸体分解、肿胀过程中产生的体内气体。一般来说，人越胖，浮起来的速度越快。

8 月 20 日，周日凌晨 2 点前不久，侯爵夫人号转瞬间便告沉没。那天结束时，我和盖伊医院的同事一起查看并整理尸体，我们仍然不知道船上有多少人死于非命。很明显，幸存者为数不少，所以我们还抱着希望，可能没有更多的尸体再被运来。

根据法律，由验尸官负责这些尸体的查验，威斯敏斯特停尸间的验尸官保罗·纳普曼从德文郡度假回来与我和高级警官会面，我们就如何处理死者达成一致意见。作为验尸官，他必须弄清楚遗体的确切身份，对于他设想的做法，我们也进行了讨论。

在大规模灾害危机管理中，弄错死者身份是最大的噩梦。对每个人来说，这显然都是可怕的，尤其是当某个家庭后来开始怀疑他们埋葬了错误的遗体。验尸官需要最安全、最准确的鉴定方法，这无疑是正确的。现在，我们可以借助 DNA 检测的方法，然而，尽管我们在酒吧里讨论过很多次，但在当时 DNA 检测还可望而不可即。最安全的两种方法，仍然是指纹识别以及比对牙齿与牙医记录。

当然，牙科记录的问题是，你必须先知道失踪者的名字，然后才能开始寻找他们的牙医，只有知道牙医的名字，你才能要求他们提供相关的记录。此类要求可能需要很长时间才能最终落实。如果必须从其他国家获取记录，情况尤甚。当时，我们已经清楚，在侯爵夫人号上参加聚会的人是从世界各地飞抵这里的。这显然会造成问题和延误。

这一切所导致的结果便是，指纹成了身份识别的首选，当然，如果能辅以牙科记录比对结果，就再理想不过了。追求绝对准确，是一项非常耗时的工作，但验尸官依然认为，准确比速度更重要。这当然是正确的，但我明白，这会让心情焦灼的遗属更加沮丧。

在大规模灾难后，那些努力应对可能因此突然失去至亲的遗属，往往无法理解为什么不直接请他们走进停尸间，跨越生死两隔的红线，直接去认领他们的亲人。许多侯爵夫人号遇难者亲属认为，确认身份肯定很容易，而且他们确实曾建议，如果被允许进入停尸间，他们便可以找到自己的家人。我理解他们的需要和逻辑，但这种认知是错误的。如果允许这样做，将会是一种彻头彻尾的不人道行为。

人们很难相信，在大规模灾难后，靠视觉识别遗体身份往往是不可靠的，特别是如果尸体曾遭受过创伤或曾浸没在水中。即便是没有受伤、并未开始分解的尸体，其生前的熟识者也未必能够将其辨认出来。没有了生命体征、面部表情、活动迹象，我们缺失了最本质的自我，尸体躯壳可能看起来非常不同。就在泰晤士河中泡了数小时甚至数天的尸体而言，情况更是如此。

事实上，亲属，即便是至亲的家人，在面临巨大压力的情况下，非常可能犯错。他们或许会将别人的尸体误认为自己的亲属，也可能面对自己亲属的尸体却浑然不知。这些被称为误认和漏认，而其发生的频率之高，远超你的想象。之后，也许过了很久，已确认身份的亲属可能会担心自己认错了，然后他们改变主意。这可能发生在尸体被埋葬或火葬后相当长的时间里，等到那时，我们已无法重新审查当初的身份认定。增加确认难度的还有巨大的情感创伤，设想一下，你将不得不在停尸间里看很多很多尸体，才能找到你认为可能是你亲人的尸体。以我所积累的有关死亡的全部经验，我知道自己无法在一排排的受害者之间走动，也不能准确地辨认出我的妻子、孩子或父母。

应该说，警方和病理学家确认身份后请遗属来停尸间认领，与遗属被要求去确认尸体身份，在这两种情况下，遗属见到尸体的感受完全不同。我个人认为，每一个希望自行辨认的遗属，都绝对有权利看到他们亲属的遗体。不管出于什么原因，拒绝家人来亲自道别，都是非常残忍的。但现实是，尸体可能满是创伤，腐烂发臭。我们可以完成很多重建还原的工作，但无法创造奇迹。因此，在我们正式进入尸体所在的房间之前，可能要花数小时谈话和讨论，并且观看尸体的照片。在遗属见到尸体前，我们还要花更多时间。这个时候与遗属站在一起，至关重要。同样重要的还有关爱及同情。我们一定不能让他们感到痛上加痛。

与目力识别同样不可靠的，还有使用“移动”或可移动的指示物，如衣服、珠宝或钱包。因为人们会交换珠宝佩饰或临时保管朋友的钱包，这些只能被当作身份识别的线索。如果使用衣服来识别，就需要知道受害者在死亡当晚穿的是什么，这就依赖于其他人的描述，而这些描述基本都不准确，更何况信息本身也很难获取。

尽管如此，验尸官还是倾向于接受目力识别和移动指示物，但前提是这种做法仅针对从侯爵夫人号残骸中找到的尸体，而且尸体没有开始分解。在其他的案件中，验尸官一般会指示说，通过可移动物品进行身份识别并不可靠。

在我们讨论身份识别时，验尸官的结论是每具尸体的指纹都是必不可少的。为编制失踪人员名单，警方被派往各个家庭（除非已经在警方数据库中留有指纹）收集可能找到指纹的个人物品，以便用来与在停尸间采集的指纹进行匹配。

我们所面对的最大问题是，这些溺水者的尸体很可能被水下捕食者噬咬，或与岩石、桥梁、船只等水下障碍物接触时被损伤。此外，溺水者的尸体除了具备正常尸体分解时出现的变色和肿胀之外，还会提早出现皮肤变化。即使在水中仅泡了数小时，尸体必定出现的“洗衣婆的手”也会使指纹识别变得困难，当手上的皮肤完全脱落时——用更为文雅的说法表述就是“撕脱”——从深层皮肤即真皮层提取指纹，就会变得非常困难，或者说几乎不可能。

起初，应对这场灾难似乎比应对克拉珀姆交会站惨案难度低，毕竟尸体没有遭到严重肢解。然而，随着时间的推移，尸体送来时的状况越来越糟，尸体分解成了我们遭遇的劲敌。

所有尸体都将经历一次系统的验尸。首先，我们详细记录衣服、佩饰及体表的整体特征。然后，我将死者的衣服褪掉，进行外检，记下文身、伤疤及其他有助于身份识别的特征。警官负责记录，照相后尸体被再次冷藏。

第二个阶段则是全面验尸，完成后器官会像往常那样被放回尸体体内，我们缝合尸体，整理遗容，以供遗属瞻仰。

最后，针对每一位死者，我都会向验尸官提交单独的验尸报告，死因结论均为：溺毙。如果验尸官对此结果，特别是认定过程感到满意，就会发起死因调查，同时将遗体发还给遗属。

周日早上 7 点不到，泰晤士河上发现首具浮尸。虽然当天再无新的发现，但当天下午，侯爵夫人号被打捞出水，当我赶到沃平警察局时，在船上发现的 24 具尸体已于 8 月的温暖天气里被送至沃平。尸体被运往威斯敏斯特停尸间前，已被贴上了标签。

这个停尸间由威斯敏斯特自治市议会管理。当时，共有 6 个冷柜，可以保存 60 具尸体，另外还为体形超胖人士准备了 6 个冷柜，还拥有可以同时保存 18 具尸体的制冷设施。

无论室外温度如何变化，冷柜中的温度恒定在 4℃。这样可以减缓尸体分解，但无法从根本上阻止。一般情况下，只有在完成全面验尸后，才会冷藏尸体。

在应对灾难的过程中，我们所面对的是一个信息时刻改变的世界，经常需要做出调整，以及再调整。对那些面对侯爵夫人号受害者的工作人员来说，关键问题是没有人知道船上到底有多少人，也不知道他们都是谁。因此，事发后不过数个小时，当救援行动仍在进行，人们在沃克斯霍尔桥附近发现第一具尸体之前，我们已经开设起一个电话呼叫中心，汇总整理亲友提供的可能有助于我们确定受害者身份的信息。当天下午，在威斯敏斯特停尸间做好准备迎接大量尸体时，一些遗属已经携带照片赶往警察局，向警方描述他们至爱亲朋当晚的衣着特征。

事发第一天行将结束之际，警方评估侯爵夫人号上共有 150 人，其中 65 人失踪，包括后来从沉船残骸中寻获的 24 具尸体。

次日，我返回停尸间，投入死者身份认定及验尸的漫长流程。我们得知，已有 87 名幸存者的身份获得确认，我们手上共有 25 具尸体，由此可见，如果警方对船上人数的估计是正确的，那么将有更多尸体送来。

鉴于后面还有很多尸体会被送到这里，在保证准确性的基础上，我们尽可能加快工作速度。那一周极度紧张。在停尸间看到如此多的年轻人，不仅不寻常，而且令人震惊。我意识到，焦急等待消息同时又担心最坏结果的父母们，就好像在我的周围。尸体逐一被摆放在验尸间的六张解剖台上，我们一具接一具地顽强工作。我们觉得自己能为死者家属提供的最大服务，就是尽可能高效地完成我们的工作。

截至当天晚上 8 点，我们已经完成了停尸间里所有 25 名死者的验尸工作，其中 13 人现在已经完全确定了身份。第二天，即 8 月 22 日，周二，我们得知负责统计人员伤亡情况的部门总计接到了 4 725 通来自焦虑的亲属的电话，已经收集整理了两千多份有关据信事发时在船上的人员的文件。在我们等待的过程中，在泰晤士河上下游又发现了几具尸体，警方将侯爵夫人号上的估算人数下调至 136 人。

一天下来，被送到停尸间的尸体已经达到了 30 具，警察认为还有 27 具尸体将被陆续找到。但到了这个时候，长时间浸没在泰晤士河已经对尸体造成损害。尸体手指上浸水的皮肤正在脱落，警官们很难用标准的墨迹法提取指纹。验尸官要求提供牙科记录，以帮助确认其余死者的身份，但这需要时间，而亲属们急于知道消息。因此，指纹采集的尝试仍在继续，但随着时间的推移，传统的指纹采集方法彻底失灵。现在，有必要使用专业技术和更为先进的设备。但是，相关设备在萨瑟克的一个实验室里，而那里没有管理尸体的设施。

从泰晤士河里找到的尸体，因为无法在停尸间采集指纹，按照常规程序，要将手取下，送到位于萨瑟克的实验室提取指纹，然后将手与尸体缝合。此举旨在避免让遗属感到不安，如果处理妥当，他们甚至不太可能发现缝针的痕迹。验尸官批准了这种做法，一切按照程序进行。共截取了 17 双手送交检验。

当天晚上，在威斯敏斯特和伦敦桥之间，发现了更多的尸体，之后又在沃平下游很远的地方发现了另一具尸体。第二天，又发现了八具尸体。其中一具是在泰晤士河南岸伯蒙德赛区樱桃园码头寻获的，身着制服，警方认为这很可能是侯爵夫人号船长斯蒂芬·福尔多。另外一位罹难者在附近被发现，然后在离伦敦桥不远的贝尔法斯特号轻巡洋舰附近又找到了四具尸体。另外两具出现在沉船残骸的另一侧，位于上游威斯敏斯特附近。

合计44具尸体。到目前为止，已经确定了其中24人的身份。当然，有一种假设是，在河里发现的每一具尸体，一定是来自侯爵夫人号，但事实不太可能如此：几乎每周，泰晤士河上都会发生自杀和其他死亡事件，我们必须认识到这一点。

第二天，又送来了48具尸体，虽然我们已经竭尽全力，依然还有6具尸体等待验尸。警方现在认为，侯爵夫人号沉没时船上共有140人，其中84人生还，56人死亡或失踪。对于所有已知身份的遇难者，我们已请求有关部门提交牙科记录，如涉及外国人，则通过相关外交途径解决。周三晚上，伤亡人员统计部门正式关闭，他们对外宣称，已经掌握了关于失踪者所有能掌握的必要信息。

不过，仍有尸体被陆续发现，警方再次修改了预估。他们认为共有83名幸存者，56人死亡或失踪。但现在首次报告了一位在船上经营迪斯科舞厅的54岁女性的死亡消息。随后又有报告称，一位女性在贝尔法斯特号轻巡洋舰附近投河，人们在河岸发现了一个装满砖块的手提包。当我们验尸时，一些警官开始抱怨伤亡人员统计部门草草关闭，毕竟许多调查还没有完成。到了周四晚上，一项新的进展再次提高了警方对船上人数的估计：一群混进聚会的人站出来说，他们在沉船事件中幸免于难，但有一个朋友失踪了。

与此同时，在停尸间，工作人员要求实验室尽快归还送去的 17 双手，这样它们能与主人重新合为一体。同时，又有 8 双手被送往实验室。

我们现在能做的，只有等待。时值 8 月银行假日[1]前的周五。停尸间外的世界，人们正离开烈日炎炎的伦敦，外出欢度周末。我们一直在等待牙科记录、实验室的指纹信息，或者更多的尸体：现在已经找到了 50 具。经历如此忙乱的工作后，停尸间安静得出奇。

漫长的周末期间，停尸间里没有出现新的尸体。周三，警方试图列出失踪者名单。其中一位便是当天举办晚会的主人安东尼奥·瓦康塞洛斯，他当时在庆祝自己的 26 岁生日。另外一名失踪者则是一个法国人。停尸间里还有一具身份不明的尸体，一名二十几岁的男性，他可能和侯爵夫人号无关。或者他可能就是那个混入聚会，但还没被确定身份的年轻人。

到那周周末，停尸间里的 50 具尸体中，有 46 具已经确认身份，其余 4 具的身份尚未完全确认，这意味着我们仍需要更多的信息。除了这位不知名的年轻人之外。他是谁？没人知道。他的体貌特征和这起事件中所有遇难者的描述均不相符。

这个年轻人随身携带了一个独特的钥匙扣，警察将其拍下来，并向媒体公布。所以，我们现在有一个人完全身份不明，还有两个人失踪：那个法国人和安东尼奥·瓦康塞洛斯。我们

1 银行假日（Bank Holiday），英国的公共假日。英国的银行假日始自 1871 年。如今，英格兰、威尔士和苏格兰共有八个永久性银行假日，其中包括圣诞节和耶稣受难节，8 月银行假日，从该月的第一周周一开始。

不必担心那位混入派对的人了，他后来安然无恙地出现了。

周五，神秘男尸的身份认定取得重大进展。这把系着独特钥匙扣的钥匙，打开了那个失踪的法国人的公寓房门。现在，只剩下派对的主人下落不明。当晚，人们发现了一具年轻男子的尸体，位置在沉船的下游，位于伦敦桥和伯蒙德赛之间，即泰晤士河上游的某个地方。我们很有信心，认为这便是安东尼奥·瓦康塞洛斯的尸体，但由于尸体在水中泡了两周，确定他的身份还需要一段时间。我们还确信，停尸间里的其他尸体与侯爵夫人号无关，警察现在也确定不会出现更多的死者。死亡人数被确定为 51 人，船上共有 137 人。

我们工作得非常努力，我个人认为，已经为遇难者和他们的家人尽了最大的力。后来我才明白，当自己一直埋头于停尸间的工作中，停尸间内外出现的状况，比我意识到的要多得多。

面对紧急状态，每个人都全心全意地做出了迅速反应。当时每个人都尽力了。因此，尽管每个人，无论多么出于善意，都应承担责任，但人们在危急情况下面对极端压力而采取了行动，事后却要承受指责，这是难以接受的。前面列举的 20 世纪 80 年代的许多灾难发生之后，英国有关当局的危机处理及后续应对，经常会面对来自各方异常愤怒的批评指责。正是公众的怒火推动了改革。而这一点，在侯爵夫人号沉没事件上体现得最为真实。

我了解到，有一些遗属很早就在停尸间的特别瞻仰室确认了他们遇难的亲属的身份，但还有许多人被告知，由于尸体发现晚，分解程度大，他们不能也不被允许去和自己的亲人见面。生者和死者的悲伤团聚，通常不会出现在停尸间：尸体一般都会被先送到殡仪馆。但殡仪馆方面和警方后来都声称，他们被告知应该坚决劝阻遗属瞻仰遗容，即使存在反对声音，他们依然禁止遗属接触死者。

我不知道这规矩是谁订的，也不知道理由是什么。得知此事时，我认为这是错置的同情心造成的，因为有人会以为，父母看到儿女处于尸体腐烂的状态，势必十分痛苦。然而，他显然不知道，**看不到**自己逝去的挚爱亲人，感觉更糟。

一位父亲后来写道：

> 我们从未被禁止去见（我们的女儿），但在每个阶段，都被劝说不要见……当我去殡仪馆等着见她最后一面时，棺材已经封好了……我没有办法坐在一个安放着自己亲人棺木的房间里，于是走出了殡仪馆。我真的认为，应该给我个机会，让我和她单独在一起。（她母亲）……此前已经看过（我们女儿的）尸体照片，从照片来看，真的想不出有什么理由不让我们见她最后一面。

另一位写道：

> 8 月 25 日，周五，验尸官办公室告诉我，我的儿子基本上已经毫无人形。8 月 31 日，周四，殡仪馆的人给

我打电话说，他们接到了（他的尸体）。我立即到他们那里，要求打开棺材。我想确定我找到了自己的儿子。殡仪馆工作人员告诉我，他接到命令，不能让我看儿子的遗体。这让我非常难过。我再也没有机会见到他，摸摸他，和他道别。殡仪馆工作人员告诉我，他干这行已经 25 年了，以前从来没有人告诉他亲属不能见尸体。他说："有人告诉我棺材是密封的，必须保持密封。"既然是殡仪馆的人把尸体放进棺材里，是他们把棺材关上的，那么这话显然是在骗人。

我一直担心我们埋葬的是不是自己的儿子。我想这种担心的根源，就在于他们不让我看他一眼……还有一个担心是，尸体可能弄混了……（后来）我看了他的尸体照片。远没有我想象的那么可怕……我对整件事情的安排感到不安……我甚至担心他们是否真的把孩子的尸体给了我，我已经请求法庭颁发挖掘令，开棺验尸。

我不知道为什么侯爵夫人号的遇难者亲属被禁止见自己的亲人最后一面，这似乎是一个残忍且不必要的决定。几年之后，我们——遇难者的亲属和曾为此案工作过的人——掌握了更多的信息，才弄清楚不许开棺、不许瞻仰遗容的真正原因。

23

1992年初秋。珍现在成了一名医生。一年前，她从医学院学成毕业。结果公布的那天，我们去了医学院酒吧的迪斯科舞厅庆祝，在那里，我发现自己有些老了。随后，我决定享受跳舞。我为自己的妻子感到无比骄傲，但可能并没有表现出来。或许她也感谢我的支持——照顾孩子，买房子，支付账单，但她也没有表现出来。我们彼此之间的鸿沟似乎极难逾越。忽视这一点却很容易，尤其是，她刚成为一名初级医生，需要整天工作，而我也在盖伊医院忙得不可开交。

终于有一天，我有机会在家工作，实属难得。孩子上学，保姆下班，珍在医院。白天的街道无比静谧，比办公室安静得多。房间里温暖舒适，爱犬在膝下玩耍撒娇。桌子上到处都是凶案照片，我正全神贯注研究这个案子。

在验尸照片和受害者衣服的相册之上，放着犯罪现场的照片，那是令我无法忘怀的7月的某一天，天气阴沉。伦敦南部一个大型公园内的城市绿地，一条小径两旁树荫浓密，垂枝桦树干为其增加了些许亮色。树上缠绕着印有“警戒线，不得入内”字样的胶带。

我在树丛间的草地上看到了某个白色的东西，从远处看，你可能会误以为那是一块被人丢弃的手帕。一位警探与我一同走上前去，白色的物体开始变大，与周围的环境越来越不协调，直至走到旁边，我才发现这片绿意盎然的草地和散发着微光的桦树叶下面的尸体，形成了强烈的对比。一个年轻的女人，肤色惨白，几乎全裸，她蜷缩着，呈防御状，躺在那里。她被捅了很多刀。她下身赤裸，曾遭遇性侵。

等警方摄影师完成拍照工作后，我给受害者量了尸温，并做了几次精液擦拭检查。我摸了摸她的尸体，发现只有下颌出现僵硬。然后，我检查现场，看着地面上被扰动后的痕迹。警探们指出草地上的血迹，注意到代表挣扎迹象的残枝败叶。整个过程足足用了好几个小时。尸体最后被送到停尸间，在同一群面色肃穆的警探旁观下，我在那里完成了验尸。现在，坐在舒适的书房里，我想起了那漫长的夜晚。49 处刺伤，被逐一测量并记录在案，刀刀刺入死者的内脏。

我抬起头。挂钟在安静的房子里滴答作响。我伸手拿起验尸报告，重读了结论部分。受害者并非自然死亡。她死于一把或多把长约 9 厘米、刀柄宽约 1.5 厘米的利刃所造成的多处较深的刀伤。死者挣扎着试图自卫时，左手留下了防卫伤。即便她已经死亡，袭击者也依然不停地捅刺，而在她死后，凶手还对她的尸体实施了性侵。

瑞秋·尼克尔遭遇的残忍谋杀，引发了公众的极大恐慌。受害者是一位美丽的23岁母亲，案发时带着刚学会走路的孩子去温布尔登公地[1]散步。举国震惊，警方压力巨大，他们必须尽快破案。压力之大，以至于伦敦警察厅一反常态，警官甚至还和法医心理学家讨论，为凶手画像。他们也和我探讨了还原犯罪场景的问题。

自从在那起卧室持刀杀人案中第一次认真地还原犯罪场景，却被办案警探拒绝后，我本来已经几乎放弃了在警方调查中起作用的希望。这一次警察来找我，**要求**我还原犯罪场景。具体来说，他们希望我根据现场发现的证据和验尸结果，拼凑出当天可能发生的事件经过。

我最近参加了一次美国同行组织的专业会议，颇受启发。我一度觉得，法医病理学作为一个专业并没有太大的发展：大家都在匆匆忙忙地处理手里的案子，在酒吧里对案情浅谈辄止，但我们自身或我们所从事的职业的发展与此不同。我去美国参加会议，是为了寻求不同的角度，因为最近我发现，美国的法医病理学家如今被鼓励参与案件调查，就像传奇病理学家辛普森那样。

所以，我仔细阅读了自己所写的瑞秋·尼克尔验尸报告。我记录了好几页伤口的详细情况。胸部和背部有三处伤口，分

---

1 温布尔登公地（Wimbledon Common），位于英国伦敦温布尔登的一大片空地，面积460公顷，是伦敦郊区的重要绿地，保有在伦敦极为珍稀的较原始的生态景观，它也是伦敦市民重要的出游地。

别被我标注为第 17 号、第 41 号和第 42 号，这三处伤口与别处不同，它们是身体被反复用力捅刺的受害者身上仅留存的浅表伤口。凶手会是在这里开始下手的吗？

在最终演变为此种杀人案件的行为链条中，存在某个所谓的起始点：凶手要足够靠近受害者，从而可以对其加以控制。我们知道，实施控制是大多数性犯罪杀人案中特别重要的一环。在这种情况下，我们经常会发现创口太浅，不足以造成致命伤害，但足以让受害者服从攻击者要求的伤痕：这些便是所谓"试探伤"。第 17 号、第 41 号和第 42 号伤口属于试探伤吗？其中，只有一处伤口存在于死者的背部，即第 17 号，其他的集中于胸前。我再三观察，想知道受害者是不是最开始被刺中后背，然后才转身面对袭击自己的凶手。

在犯罪现场的照片中，最为明显的血迹非常容易辨认。不是在树下，而是在另外一个地方，那里，夏天的草丛疯长，满是草籽，就像一片绿色的甸子。那里距离尸体位置大约五米。下午晚些时候，一位带着蹒跚学步的孩子、领着一条狗、推着一辆手推车的母亲，惊恐地发现了犯罪现场。

在尸体最终位置的附近，存在第二块面积较小的染血区域，与枝丫下面躺着死者的桦树相邻。当然，尸体下面还有血迹。可以肯定，最初的袭击发生在流血最多的地点，受害者之后被转移到树下，然后被拉了一米左右，就在尸体被发现位置的附近。

看着无数的伤口，我很难判断哪处才是凶手刺下的第一刀，但是导致颈部裂开的伤口肯定很早就出现了，因为这里失血最多。这同样也可以解释为什么受害者似乎没有发出尖叫。她的脖子遭到凶手猛力砍刺，可能会疼得要命。如果这还不能阻止她高声呼救，那么砍刺对她喉部周围肌肉造成的伤害，也会产生类似的效果。

瑞秋·尼克尔衣服的照片告诉我故事的另一部分。果不其然，她的 T 恤衫上沾满了鲜血。但是，死者牛仔裤的膝盖周围及以下部分的前面沾满污泥，后面才溅有血迹。我有绝对把握相信，这只可能是因为凶手最开始弄伤了她的脖子，之后她跪倒在地。

当然，身受如此重伤，她不可能一直跪着，一定会摔倒。她似乎是向前扑倒，而袭击她的人又接着在她的后背刺了 18 刀。

不管她以何种方式摔倒，尤其是如果她向前摔倒，脖子部位涌出的大量鲜血会渗入地面。这就是凶手把她转移到树下第二个染血区域的原因吗？或者他这么做是因为她已经死了？或者是因为他害怕在草地上太容易被人发现？

照片显示，树下鲜血面积较小，但分布较广。这可能说明她当时俯卧在这里。我查了验尸照片。是的，死者背上沾有树叶。这一定是凶手从前面捅刺受害者的地方。就算在被移动的时候还有一口气，那么受害者在这里肯定很快就死了。即便如此，他还在继续捅刺受害者的身体。特别是，他在受害者死后还刺中了她的心脏和肝脏。这些器官虽然被穿透，但没有流血。

接着，我注意到死者臀部也沾有叶子。所以在这里，在树下，他一定是扯下了她的牛仔裤。在此期间或之后，她的身体被拉到最终被报告的位置，凶手实施性侵。

之后，凶手是否继续捅刺？还是立马逃跑了？

“在我看来，造成以上这些伤口，最少需要三分钟。”我在验尸报告里写道。

之所以这么说，是因为，一如既往，我在家里进行了模拟实验。如果谋杀过程只持续了三分钟，凶手肯定满腔怒火，行动迅速。从各方面来看，这都像一场丧心病狂的攻击。甚至连验尸官都这么形容，更别提新闻媒体了。

我花费数小时分析刀伤的痕迹，其中一些伤口反映出刀柄撞击皮肤后留下的瘀伤，这意味着刀子已经完全捅入身体内部。我在自己的职业生涯中首次对死者的伤口情况进行了扫描。磁共振成像显示了刀伤在死者肝脏留下的准确痕迹。所有这一切意味着，尽管警方已经向我提供了许多可能的作案工具，但我每次都可以十分笃定地告诉他们，这些不可能是凶手使用的杀人凶器。

完成对瑞秋·尼克尔——这个因为极度悲惨的遭遇而广为人知的名字——生前最后阶段所经历事件的排序整理，我从里到外感到疲累。整个世界都无比令人厌烦。我看了下时间，该去遛狗、接孩子了。

关上电脑，可以听到机器在使命终结时发出的微弱呻吟。狗狗听到了这个声音，立刻醒来，它们打呵欠，伸懒腰。在它们的注视下，我将放着犯罪现场照片的文件夹锁进文件柜，这样就不会被人，尤其是孩子们偶然撞见。

重建犯罪现场，帮助警方锁定杀害那位年轻女性的真凶，的确让我获得了极大的满足感。我马上就要进入不惑之年，而这样的工作水准，代表着我长期以来一直所坚信的法医病理学家能够为凶案调查做出的贡献。

爱犬们摇头摆尾，等待出门。但我并未抬腿就走。我不想回头再来做这些令人头疼的工作。在遛狗、接孩子前，有些事情必须要做。

略带迟疑，我拿起电话，开始拨打电话黄页上查到的号码。

"你好，请问是殡仪馆吗？"

"是的，先生，有什么可以帮到您？"

我的父亲在德文郡的一家医院里等待死神的降临。他的癌症已是晚期，目前只能接受临终关怀。几天前，我满怀伤悲地和他告别，便赶回伦敦处理公事。我的姐姐海伦和哥哥罗伯特，分别前往医院送他最后一程。之所以现在打这个电话，是因为我知道，父亲大限来临时，我们这几个孩子可能已经没办法打这个电话了。

电话那端的人显然被弄糊涂了。

"不好意思……我一定是听错了。您是说，令尊尚未离世？"

"我担心他很快就会告别这个世界，我想最好现在开始准备。"

"明白了。"对方是在表达震惊，还是不认可？我多少感觉有些尴尬。

"实际上我是一名法医病理学家，因此……我经常和死亡打交道……知道这究竟是怎么一回事。"

“啊。”看来我的“减刑”答辩被接受了。

这样一来，所有手续都安排好了，当接到电话被告知父亲去世时，我就可以从细节琐事中解脱出来，只为他哀悼悲伤。当然，不是哭天抹泪，而是去感受内心善良且爱意深沉的父亲离开这个世界，给子女带来的巨大损失。他在德文郡度过了漫长的退休生活，与乔伊斯尴尬地生活在一起。我的生活没有在任何意义上围绕着他展开，但父亲是一个永恒的存在。我每周日给他打个电话，父亲则每两周给我写封信。他总在那儿。但现在，他却消失不见。某种巨大而不可知的东西似乎一直在觊觎我。我在工作中总能设法摆脱的、无处不在的死亡，现在却将我吞没，让我惊恐不已。

约一天后，我赶往德文郡，从医院方面拿到相关表格，按照指示将其送到出生及死亡登记处。信封上写着：**内容保密，不得打开。**

我很自然地忽略了这一点。我一辈子都在处理有关死者的保密细节，而手里拿着的这些与我父亲密切相关。在登记处等候的时候，我打开信封，毫无不安地研究着里面的内容。

一只冰冷的手猛然从我的手里夺走了信封。

“你以为你在干什么？”

“嗯，我在读……”

“如果你认识字的话，就会发现这些文件内容属于机密。你完全没有权利打开来看。”

被人当头棒喝后，我跟着她走进一个破旧的小房间办手续。

但我已经在文件上看到医生把“前列腺癌”列为死因。只不过在医生潦草的书写中，它看起来像写错了一个字母。

我看着登记员，她仍然板着脸，费力地填写死亡证明。

我说：“对不起……实际上，‘癌症’（carcinoma）一词中是 i 而不是 e……”

她恶狠狠地盯着我。

“我……我是一名法医病理学家，所以才会想看看我父亲的死亡结论……嗯，因为我工作中一直会写‘癌’这个词，所以可以向你保证，它的拼写应该用字母 i。”

那个女士仍怒目而视。

“医生把它拼成了 e。我的工作就是把死因写得和医生所给的一模一样。因此，我要将癌症拼写为 carcenoma，因为医生就是这么写的。”

因此，我父亲的死亡证明给了他一个全新的、完全未知的死亡原因，即 carcenoma。此后我不得不多次寄送这份文件，每次都感觉颇为愤懑。父亲也会和我一样生气吧，尽管他可能很高兴自己在政府统计中享有独特的地位。

我迈入不惑之年的前两天，谢泼德家族成员聚集在德文郡，参加一场更重要的活动，这便是我们父亲的葬礼。尽管彼此天南海北，但我们一直都很亲近。海伦和她住在英格兰北部的家人来了，定居法国的罗伯特和他的妻子也来了。

葬礼的前一天晚上，我们带着所有孩子一起共进家庭晚餐，但是，很抱歉，我们没有请乔伊斯出席。我希望这不代表我们心眼儿不好。事实上，我在她的余生中与其保持联系，并负责确保她得到安置和照顾。但那天晚上，我们不想刻意限制任何在她出现之前有关父亲的故事；我们希望能够畅所欲言，谈那个了不起的人、与他特殊性格有关的趣闻逸事。虽然那些不全是对父亲的赞扬，但肯定都是他会赞同并享受的往事。我们时不时开怀大笑，为父亲在天之灵举杯，对他这一生由衷感念。

能够在死后得到子女的敬重，绝非易事。作为一个大家庭中的长子，父亲没有足够的钱接受良好的教育，也许没有得到足够的关爱，但他为自己和自己的家人创造了这些。

沉浸在失去亲人的悲伤，以及谢泼德一家和谐互助的感情中，我们驱车返回伦敦。孩子们坐在后面，我在开车，珍在副驾驶位置抓住机会补觉，初级医生需要在任何可能的情况下抓紧闭上眼睛，喘息片刻。又一个家庭，又一代人。

事实上，我有些不愿离开德文郡回去工作。盖伊医院是一个忙碌、刺激、友好的地方，我也喜欢自己的工作。但不幸的是，最近我开始遭遇汹涌的暗流。首先，因为配合警方要求重建瑞秋·尼克尔谋杀案的犯罪现场，我受到周围同事的猛烈批判。

“你这样做已经超出了你的专业范围。”他们表示。

我指出，实际上，犯罪过程的还原完全依赖我的专业知识。“这就是法医病理学在美国的发展方向。”我补充道。

他们显然对美国法医病理学的发展不感兴趣，纷纷摇头，说道："一旦逮捕某人，检方就会利用你重建的犯罪现场，而辩方律师则会对坐在证人席上的你痛下狠手。"

迄今为止，作为一名专家证人，我已经经历了足够多的公开羞辱，因此知道他们所言非虚。

我担心的另一件事便是侯爵夫人号沉船事件。

距离那场悲剧已经过去三年，但不知何故，与其相关的某些片段还是会浮出水面。当然，那些在灾难中失去亲人的遗属的悲伤永远不会结束——而当下他们的悲伤正在化为愤怒。

在我们这些专业人士看来，事情已经与己无关：虽然某些救援活动及其后续处理开展得并不顺利，但自从碰撞发生以来，人们的注意力一直集中在事故原因上。当晚，泰晤士河上应该有多重安全系统才对，但事实并非如此，人们普遍认为，灾难的发生是因为两艘船都没有及时看到对方——因为二者都没有保持适当的警戒瞭望。然而，不管是什么原因，船体庞大的鲍贝尔号深深插入了体型较小的侯爵夫人号，鲍贝尔号船长将因此面临刑事指控。

遇难者的亲属非常愤怒，因为在灾难发生前一天下午，鲍贝尔号船长喝了很多酒，他在等待潮汐变化，以便挖泥船可以顺流而下。但专家们（他们不认为英国皇家空军规定饮酒后八小时内不得驾驶飞机的陈规也适用于水上交通）说，这名船长在事发当晚出发前曾小睡了一阵，基本上将此前摄入的酒精消化殆尽。因此，对他提起的指控内容应是未能保持适当观察瞭望。

检方迫使验尸官推迟调查死因，等待相关刑事审判结束，但案件庭审一直未能取得实质性进展。连续两个陪审团都没有对鲍贝尔号船长作出有罪裁断，后来遗属试图对挖泥船所有人提起自诉，但也极不顺利。

针对鲍贝尔号船长的裁断作出（或者说迟迟未能作出裁断）之后，验尸官认为重启调查已不符合公众利益，因为到目前为止，人们已经对碰撞的原因进行了仔细的检查，泰晤士河上的安全状况已经大大改善。但是，验尸官的决定让遗属们更加痛苦：一些人认为他的看法有失偏颇，此前他曾针对某位遗属发表了一些轻率的评论，随后这些评论被媒体曝光。死者的亲属要求的不仅是全面的调查，而且是全面、公开的调查。这两项要求异常坚决，值得肯定的是，他们的决心没有丝毫动摇。他们打算提请上诉法院进行死因调查。

然而，他们的愤怒源自最近的发现——不幸的是，他们中的许多人是通过周日小报得知此事——一些死者的手曾被割下以辨认身份。更让人不安的是，人们现在才知道，虽然这些割下来的手最终被送回了停尸间，但是，不可原谅的是，其中一些并未真正回归原本的尸体。而亲属怀疑，他们在葬礼前被禁止瞻仰遗容的唯一原因，不是因为尸体腐烂得无法辨认，而是因为尸体的手不见了。

现在每个人都把愤怒的矛头指向负责此案的病理学家。那个人，便是我。设身处地，我也会异常愤怒。但是，成为众矢之的让人身心俱疲。向伤心欲绝、痛失亲人的遗属解释，在这种情况下，切掉双手是常规流程，这没有任何意义。同样毫无用处的是，告诉他们，鉴定已分解的溺水者尸体的指纹必须依赖实验室技术，而这在停尸间根本无法进行。在当时看来，将死者手部切掉的做法是常规程序，至于是否真的是可以接受的程序，如今再去追问显然为时已晚。

事实上，无论是决定将某些罹难者的手部切掉，还是实际操刀，抑或是没有将其缝合复位，一切都与我无关。然而，大家都无视了我的否认，我的抗议甚至被用来给我定罪。我的照片（我看起来颇为邋遢憔悴，领带则以某种邪恶的方式飘向身后）不断见诸报端，评论的语气充满指责或嘲讽。我昼夜不停地接到记者的电话，经常被堵在家门口。有一次，办公室里居然像变戏法似的出现了不速之客。我发现他正一脸严肃地坐在我的办公桌旁，打开的笔记本电脑看起来颇为不祥。

至于我的同事，他们抱怨我在瑞秋·尼克尔案中的僭越行为，现在继续抱怨我对侯爵夫人号事件的处理方法。他们质问，难道我不能阻止他们切手吗？而且在大多数情况下，很快可以找到其他确定身份的办法。毕竟，难道警察没有报告说他们接到如雪片般飞来的、来自世界各地的牙科记录吗？所以，我一定是和将手切掉这件蠢事有关。

不过，我的同事们确实认同，他们都没有处置大规模灾难，包括溺水死亡事件的经验。他们也承认，自己基本上是事后诸葛亮，他们当时可能也不会真的干预警方的标准做法，特别是在其获得验尸官授权的情况下。

部门主管伊恩对整个事件保持着斯芬克斯式沉默，这是他因自己缺席重要案件而郁郁寡欢的标准反应。不管对遗属们的愤怒多么感同身受，面对媒体以及侯爵夫人号罹难者遗属们的怒火，我身处绝境，只能独自支撑。

帕姆可能会给我一些支持，但她现在已经不再负责分配组织工作。她在人生暮年爱上了某位鳏夫，成为一名妻子和继母。她从未试图平衡病理学与家政。帕姆认识到，管理一个家庭的需求，使她分身乏术，无暇介入病理学与凶杀之间的复杂关系。我们只能向她悲伤地告别，其他的助理也被重新调整，我们面前出现了一个新来的年轻人，让我们有机会向其介绍伦敦阴暗的谋杀世界。同时，能干的洛兰承担起了行政管理的重任。

对了，新来了一名病理学家。

一天，一位身材高挑、金发长腿的女士走进了办公室。她穿着短裙，面带友好的微笑，颧骨看起来像是用锋利的剪刀从白色硬纸板上剪切下来那般棱角分明。在其他工作人员还没来得及从办公桌前抬起头时，在这间充满男性荷尔蒙的办公室里，伊恩作为这里最强势的负责人，从他的座位上跳了出来，像尼安德特人那样向这位女士致以问候，在过去很长一段时间里，男性的进化程度都十分有限。

韦斯娜·久罗维奇是一位法医病理学家，有一半塞尔维亚血统、一半克罗地亚血统，来自当时的南斯拉夫。在那个年代，她非凡地结合了令人惊叹的个人魅力与高超技艺。韦斯娜之前一直在贝尔格莱德执业，现在来伦敦寻找工作机会。她不仅在盖伊医院找到了一份工作，而且还找到了她可能没想到的——

丈夫。伊恩当时已经结婚了，因此达成所愿的策略相当复杂困难，但是，这对名人夫妇所散发出的光芒即将照亮这片暗黑的凶杀天地，韦斯娜和伊恩很快就做到了。

珍和我永远无法成为一对这样的夫妇。韦斯娜和伊恩结婚后，法医病理学界涉及配偶的社交活动变得越来越多，但珍和我实在太忙，只好与其中大多数活动擦肩而过。珍当时刚结束自己第一年的住院实习。她的轮班时间是36小时，这意味着要在医院里夜以继日地工作。不过，这种工作强度即将缓解，因为她已经开始接受全科医生的培训，同时发现了她的兴趣所在：皮肤病学。

我知道，在职业生涯的这个阶段，她需要很多支持。在我需要支持的时候，她一直陪伴我。现在，我在尽力为她做同样的事情。她三十多岁才开始学习，并最终成为一名医生，这是极大的成就。也许我没有经常表达我对此多么自豪。我希望我曾经表达过，我是说，看在上帝的分上，至少说过一次。

现在我们的生活轨迹很少相交，一旦有交集，往往伴随争吵。似乎没有任何一种机制，可以帮助我们重新回到更安全、更快乐的状态。我知道有些夫妇可以通过充满爱意、友善的方式和好如初，但这种情况从未发生在我的身上——当然，在我父亲和继母的关系中也缺乏此类善意——我不会或者也许无法按章办事。可以想见，我的贤妻，与她始终忙碌、心不在焉的丈夫在一起时会变得多么恼火。

“为什么你不让我去爱你？”珍哭诉，“你为什么总是闷不作声？”

我们去找了婚姻顾问。我同意这么做，但同时感觉好像被珍拽到了顾问面前。

“他母亲在他九岁时去世了。”珍意味深长地说道。

婚姻顾问点了点头，在我看来也很意味深长。这两个女人是老朋友吗？还是所有女性都能达成某种合谋？

“你想让迪克为你做点什么，珍？”顾问说。

“想让他抱着我，告诉我他爱我！这要求不过分吧？”

“你呢，迪克？你想让珍为你做点什么？”

我想了一会儿，但并未沉吟太久。

“给我做晚饭。”我说。

顾问向后靠在椅子上，皱了皱眉。

珍缺乏烹饪技巧，这一直算得上一个笑点。

“给我准备一顿饭。那是一种饱含爱意的行为。但我总是忙着照顾每个人，而珍总是忙着接受专业培训。”

“所以，迪克，你觉得你在照顾每个人吗？”

“我不是在抱怨。我父亲当年也是这么做的，他把我带大。我很高兴能照顾孩子、做饭、陪在他们身边，这感觉很正常。只是……”

父亲在奉献的同时，也会表达他的愤怒。不管周围人可能受到什么样的附带伤害，他偶尔会突然发飙。现在我开始怀疑，这实际上是某种巨大不幸的总爆发。我父亲总是不高兴。也许，我也不开心。我第一次意识到，如果我像他一样，有时失控，任由情感爆发，我的婚姻状况可能会得到改善。但是，就算我有这样的感觉，它们也会被牢牢地埋在一个难以接近的地方。如果我连哭都哭不出来，那我怎么可能情感爆发呢？

“只是什么？”顾问说。我忘了自己坐在位于克拉珀姆的这个房间里，外面响起救护车的警报声，我的妻子和一名婚姻顾问正等着我说下去。

她提示说：“你做饭，照顾孩子，但这只是……什么？”

“我想让珍有时也做这些事，来向我表明她爱我。”

婚姻咨询并未持续多久。不知怎么的，这件事无果而终。或许我们都太忙了。孩子还在上小学，他们快乐健康，我们努力创造一个充满爱的家庭环境。屋子里经常闹哄哄，有时是音乐，有时是笑声。珍和我都全身心投入各自热爱的工作中。我们过着舒适的生活。我参加了孩子学校的家长合唱团，现在，我成了一名可以厚着脸皮大声高歌，同时还可能严重跑调的歌手。珍、克里斯、安娜和我，在高速公路上边开车边唱歌，前往随处可见沙子、潮池、山脉和荒野的马恩岛度假，在那里我们将受到慷慨且充满爱意的款待。

我们的生活已经够好了。

24

我的 40 岁生日，恰逢父亲去世，我不可避免地开始考虑自己也终有一死的问题。我不害怕死亡，但不太喜欢它的前身：衰老，事先注定的不断衰老。目前为止，我已经见过太多的尸体，非常熟悉衰老的过程，并且很清楚自己的某些重要器官现在应该是什么样子。

我知道，人过四十，肺部光滑的表面上，细小的黑点已经连成线条，形成树状结构。仅就其形状而言，这种结构可能相当漂亮，但又十分肮脏：伦敦的空气污染，仅此一项就可以确保我已经患有某种程度的肺气肿——即使不考虑我每天会抽 20 支以上的香烟。当然，我并不是唯一的烟民。同事们抽烟，我们永远在一片蓝色烟雾中工作。在家，珍抽烟。在马恩岛，她的父母抽烟。无论何时何地，我们的朋友都在抽烟。1992 年的时候，所有人似乎都吸烟，我们在酒吧和餐馆吸烟，在火车上、办公桌旁和公共汽车上吸烟。我们知道这对身体有害，我们清楚香烟含有四千多种化学成分，其中许多有毒，从氰化氢到镉再到苯并芘，但我们忍受这一切，只为了摄取一种成分：尼古丁。到目前为止，我们还足够年轻，还认为自己不可战胜。而现在，我知道自己必须戒烟，我可能会因此多活十年，虽说我的肺部结构肯定已经受到无法修复的损伤，而且随着时间的推移，这种损伤会不可避免地变本加厉。

把血泵入受损的肺，对心脏来说是一项艰巨的工作，我希望自己的右侧心室不会因为应付这种额外的负担而变得肥大。至于心脏的左侧，我知道，如果无法学会控制对压力的反应，血压就会升高，左心室为了应对就会变厚。心脏是一个可以单手托住的器官。如此之小，却非常稳健，就像一个小小的拳头，每分钟 70 次的握紧和松开，日日夜夜，年复一年，一辈子 300 亿次。在最终停止运动之前，它都是人类忠实的朋友。这就需要我通过控制饮食、适当运动、禁止吸烟和管理压力水平，来回报它的忠诚。正如我所知，如果我想让肝脏进行神奇的自主修复，就应该让它适当休息，并适当禁酒。

我曾痛下决心戒烟戒酒。但所有的决心很快就被抛在脑后。偶尔喝一杯威士忌苏打似乎是一种很好的放松方式，点上一支烟，要比浪费时间思考我有多想抽一支烟却又不能抽要容易得多。两种方式都能缓解压力。回顾过去，我发现那一年及随后的日子自己未能戒烟戒酒实属必然，毕竟，1993 年预示着一系列非常重大的案件。

4 月，我对一名来自伦敦南部的黑人青年进行例行验尸，他是被人用刀捅死的。当时类似的持刀伤人事件时有发生，而此案看起来和其他类似案件似乎没有两样。事实证明，这经常与帮派争斗或毒品交易有关。当时，种族攻击并没有立即成为怀疑的对象。我得到的唯一消息是，这名年轻人参与了斗殴。在病理学家看来，没有任何迹象表明本案非比寻常；没有任何迹象表明，死者的名字日后将尽人皆知；也没有任何迹象表明，我日后将不得不多次为他的死因出庭做证。

斯蒂芬·劳伦斯是一个聪明开朗、雄心勃勃的 18 岁少年，在 1993 年，这完全不符合公众对黑人青年的普遍看法。不管是对是错，作为一名学有专攻的勤奋学生，他所获得的认可，对于改变态度或打破偏见至关重要。斯蒂芬在和一个朋友等公共汽车的时候，被一群白人青年刺了两刀，后来我们得知，这群白人还同时激烈地发表了一番种族主义言论。死者的下颌上留有一个浅浅的切口，有一刀深深刺透了他的肺部，另一刀深深刺入肩膀。死者当时流了很多血，不知怎么，他和朋友一起跑了一百多米才最终倒下。

在随后的几个月里，警方总共向我出示了 16 把刀，其中 7 把可能是凶器。7 把刀中有一把看起来特别有可能。7 月，我被要求做出进一步的说明，在我看来，斯蒂芬的右侧锁骨被刺伤时，一直保持站立状态，但在第二次被刺伤左肩时，他可能已经快倒下了。尽管经过了仔细思考，但我还是不能完全确定袭击者是右撇子还是左撇子。选择其中一个可能会让我看起来很聪明，但证据实在太过薄弱，我不敢冒险判断，放走可能的行凶者。

这便是我当时参与警方调查斯蒂芬死亡案件的程度。对于阻碍调查的冷漠和种族主义，我当时一无所知。然而，劳伦斯一家显然认识到了这一点。他们知道有证人、证据，甚至有嫌疑人。但警方却并未提出指控。

四个月后，我应警方要求去伦敦北部观摩验尸。具体检查实际上由另一位病理学家执刀：我的工作是观察、采集任何相关样本，如果获得邀请，我当然也可以参与，但在另外一位病理学家的坚持下，我只是观察。我很清楚，正在被检查的那位女性死于窒息对大脑造成的不良影响，但应邀就某些器官，特别是心脏和大脑进行检查的专家认为，可能还存在其他死因。

死者生前经历了一场激烈的搏斗，然后被人用腰绳捆住了手——就是那种旁边系着手铐的束腰带。她身上满是创口和瘀伤，大多集中于大腿、脚踝和腰部。她的头部会不会也存在损伤？脑部病理学家将会为我解答。

本案也成为一个重大案件。牙买加人乔伊·加德纳 40 岁，和她 5 岁的儿子住在一起。乔伊的签证已经过期，她非法滞留在英国，这一点没有任何争议。乔伊的母亲和许多亲戚都生活在这里，在她学习期间为她提供支持，而她并不想返回牙买加。

一天清晨，移民局官员在没有任何事先警告的情况下，来到她家，试图将她驱逐出境。也许是因为预料到她会抵抗，他们还得到了警方的支持。乔伊·加德纳确实极力反抗。她一定认为自己是在为争取活路而战。乔伊也许没想到，她其实是在为自己的生命而战。

未经良好训练、缺乏必要技能但同时坚决履行使命的警察当着年幼孩子的面，努力给她戴上束缚戒具，而乔伊拼命反抗并咬了他们。为了防止她再咬人，执法人员在她的嘴和脸上缠上了将近四米长、一英寸宽的弹性绷带。他们错误地认为，让她鼻子透气，就可以维持呼吸。这种认识显然存在错误。捂嘴能致死。这不仅仅是能否呼吸的问题，还是能否充分呼吸的问题，特别是在搏斗造成压力和劳累，并大量增加身体对氧气的需求的关键时刻。在这种情况下，一个人根本无法靠鼻子吸入所需的氧气——这可能是正常呼吸的许多倍。

塞住口部会引起呕吐，但在嘴被堵住的情况下，呕吐物显然无法排出，反而被吸入呼吸道。塞住口部还会挤压舌头，把舌头推到口腔后部，堵住鼻子后面。分泌物也会积聚在口腔和喉咙中，这进一步抑制了使空气进入肺部的能力。堵住一个痛苦挣扎数分钟的女性的嘴，是导致心脏停搏的全部原因。

乔伊·加德纳没有被勒死，没有头部外伤，没有吸入自己的呕吐物。她是因为被捂嘴而窒息身亡。然而，救护人员设法使她苏醒过来。也就是说，他们想办法让她的心脏重新跳动，然后将其送往医院，在那里，医护人员使用了生命支持设备。可悲的是，乔伊的大脑由于长时间缺氧而严重受损，四天后宣告不治。

本案涉及的人员范围很广，包括医院、警察、家庭，因此她的尸体经过了多次验尸和组织分析，以至于有关乔伊·加德纳死因的会议，有时让人感觉像是病理学学术会议。其中最重要的是脑部专家，因为第一位病理学家（我曾观摩她的验尸工作）声称乔伊死于头部受伤。最后，总的来说，大家普遍认为乔伊是死于塞住口部而引起的窒息。

我撰写了一份详细的报告，研究了所有可能的死因，和往常一样，我写了几份草稿，做了几次修改。与此同时，人权组织和其他方面的呼声越来越高。在许多人，特别是非裔社区的居民看来，那些警察认为驱逐出境是一项要不计代价完成的工作，他们对乔伊·加德纳轻率实施的约束行为要了她的命。

读者可能还记得，我第一次遇到羁押期间因被采取强制措施而一命呜呼的死亡案例时，对验尸官的裁断多少感到不安。那个病人既患有肺炎，又携带镰状细胞性状，因此被认定是自然死亡，死于缺乏照料而导致病情加重。从那天起，我就开始关注执法者间或使用的强制措施：很明显，他们中有些人根本不知道如何安全地限制他人的行动。

而强制措施，确切来说，是强制措施导致的死亡事件，确实在逐年增加。乔伊·加德纳被采取强制措施，以便被驱逐出境。当警方试图逮捕嫌疑人，特别是那些携带镰状细胞性状的嫌疑人，也造成了其他死亡事件。但我们现在看到的大多数由强制措施造成的死亡是由于另一个因素：某种毒品使用的螺旋式上升。这种毒品便是可卡因。

可卡因会阻碍大脑对神经递质的吸收，而这种阻碍会给大脑带来持续愉悦的刺激，让人感觉自信、快乐且富有活力。可卡因吸食者可以连续不停说上好几个小时，对身体刺激的反应增强，性生活的快感增加，而且几乎不需要饮食。然而，这种毒品会极大地刺激心率，导致吸食者情绪激动，精神失常。所以，如果需要对可卡因吸食者采取强制措施，通常是因为其表现出无法控制的精神失常。

我第一次接触吸食可卡因致死的案例，也是在这个时候，这段时期可被视为英国可卡因使用量上升的早期标志。一个身材魁梧、肌肉发达的毒贩（他本人也是瘾君子）刚买到大量可卡因就被警方拘捕，他立即开始殴打试图拘留自己的两名警察。一名警察用胳膊环住他的脖子，那不过是一场几乎称得上搏斗中的一招。这场搏斗以毒贩之死宣告结束。但他到底是怎么死的？

一位备受尊敬的神经学家证实，毒贩在搏斗中头部并未受伤，因此这不是死亡原因。他可能是因为手臂勒住脖子而窒息死亡，但尸体只表现出三个典型的窒息迹象之一，因此窒息不是死因。死者吸食了大量可卡因，但血液样本显示还不足以达到致死剂量，所以他可能并非死于吸毒过量。

最后，我给出了一个综合性的死因：他和警察打斗，造成心脏负担加重，加上吸食可卡因所造成的心脏压力负担。他虽然是个年轻人，但患有心肌炎。现在，可卡因使用者们已经认识到了这一点，有时这也被称为“可卡因心肌炎”。

对于两名警官的指控随后被撤销了。这是另一个让我产生无法忽视的不适感的案例。警察对嫌疑人采取强制措施时导致的死亡人数实在太多。他们肯定觉得自己只是在履职尽责，肯定无意杀害任何人。但的确有人因此丧生。我必须做些什么，但还不清楚我到底能做什么。

当我们等着看是否有人会因为乔伊·加德纳的死而被捕时，英国各地报纸头条纷纷宣布，瑞秋·尼克尔谋杀案的嫌疑人被捕。我并不意外。我知道警方一直怀疑一个叫科林·斯塔格的人。我知道，在缺乏法医证据的情况下，警方在心理侧写专家的建议下设置了一个侦察陷阱。他们记录了斯塔格和一名便衣女警之间的私密对话，希望斯塔格能透露自己便是杀害尼克尔的凶手。虽然他没有亲口承认，但皇家检控署认为，根据嫌疑人所说的内容，足以提起控告。我回答了科林·斯塔格小组提出的一些关于谋杀案的问题，而我针对温布尔登公地杀人案件的还原重建，也被检方用作起诉的证据。我预计将在第二年出庭做证。

英国史上最臭名昭著的谋杀犯正在押并等待受审，我吃惊地发现，同年秋天，自己再次应警方要求为另外一具年轻的女性尸体验尸。而她则是另一起恶劣程度远超瑞秋·尼克尔的谋杀案的犯罪受害者。

曾在1888年的伦敦东区杀死至少五名女性的“开膛手杰克”，至今依然是大银幕上的话题人物，也是萦绕在白教堂地区的都市传说，吸引无数游人纷至沓来。在我看来，人们之所以对这一令人发指的罪行如此痴迷，大体上还是因为案发时代过于久远。萨曼莎·比塞特这个名字以及残害她的凶手的名字，之所以不为人知，我想是因为她是真正骇人的开膛手杰克式谋杀案的受害者，媒体不太愿意将未经历史透镜过滤的残忍现实直接展现给读者。我也存在类似的担心，因此不会在本书中涉及本案细节。

不仅是萨曼莎受到性侵并惨遭杀害，丧生的还包括她四岁的女儿。后者的尸体和她的玩具一起藏在床上，率先抵达现场的警官一度希望，母亲遭遇毒手的时候，孩子还在床上安睡，但他们的希望破灭了。

因为我对于刀伤的研究兴趣广为人知，我因此接到验尸官指派，对母女的尸体进行二次验尸。

二次验尸并不是辩方要求的，因为此时并未有人被指控实施了这起谋杀，而是为了让验尸官能将遗体交还给死者家属。

一位同事前往凶案现场，即萨曼莎·比塞特所住公寓。因此，我只能透过摄影师的镜头检视现场。不难想象现场那恐怖的静寂，在面对杀人案时，我们通过同事情谊、插科打诨、家长里短等，提醒自己生活仍然正常，对于那些在残忍犯罪发生现场进行实地调查的警官，要做到这一点是何等不易。

在验尸时，我意识到，本案的凶手和开膛手杰克类似，也属于那种集邮型杀人恶魔。

我对在场的警官说："如果我不知道你们已经抓到了科林·斯塔格，我真的会认为这是同一个家伙干的，就像谋杀尼克尔一样。"

资深警官耸了耸肩。

“不可能，我们已经抓到了斯塔格，他也承认了。”

“两个案子没那么像，”他的同事指出，“没有人肢解瑞秋·尼克尔。”

“如果有时间的话，也许他会这样做。也许他想享受杀死被害人的乐趣，但当时是在公共场所，如果这样做，他很可能会被抓。在受害者家里慢慢杀死这个女人，可能是他的下一步。”

警官则表示：“是的，但他已经被抓进去了，他会在牢里待上一辈子。”不久后，杀害萨曼莎·比塞特的凶手也是这个下场。28 岁的仓库保管员罗伯特·纳珀有暴力和精神疾病史。他经常引起警方的注意，但不知何故，也许是由于在计算机广泛使用之前的那些日子里犯罪记录保存不善，他每次都能成功脱身。现在，留在萨曼莎·比塞特公寓的指纹把他和这起犯罪联系起来了。

纳珀被捕后，警方确信他们已经把两个残忍的杀人犯——斯塔格和纳珀——绳之以法。1994 年 9 月，科林·斯塔格被宣判无罪，一时举国震惊。

审理本案的一名法官表示，警察的行动不过是设置圈套诱捕，而斯塔格是在被诱骗的情况下与便衣女警交谈，所以他所说的任何话都无法作为证据使用。我和其他人一样对此惊讶万分：警察与许多专业人员一起侦破本案，我从未想过质疑科林·斯塔格杀了瑞秋·尼克尔这一绝对确定的结论。

科林·斯塔格虽然获释，却步入了另一个“牢笼”。他只要走出家门，就会遭遇前所未有的暴力。警察、媒体，最重要的是公众，仍然相信斯塔格谋杀了瑞秋·尼克尔，他只不过钻了法律技术上的漏洞而已。这种信念根深蒂固，连我都没有再次留意，凶手杀害尼克尔的手法与杀害比塞特的手法颇为相似。我充分认识到，专家意见在这个系统中已经被边缘化了，尽管曾短暂地涉足犯罪现场重建，但现在我只能坚定地回归本职工作了。

25

这些年来，侯爵夫人号的遇难者亲属一直顽强地追查他们的案子。现在，他们取得了胜利。因为无法说服验尸官重新调查死因，他们求助于上诉法院，后者同意，验尸官拒绝遗属调查申请的决定“确实有可能”表现出尽管是无意识但不公平的偏见。结果，另一名验尸官开启了死因调查。灾难发生六年后，1995 年，死因调查陪审团以 9∶1 的投票结果认定遇难者遭到了“不法杀害”。

现在没有人提起公诉，此前对鲍贝尔号船主的两次检控均告未果，但陪审团的裁断让遗属们信心倍增，他们认为应该进行公开调查。有一个行动小组持续推进此事。他们的努力遭到当局的阻挠。由于这起事故，与内河运输有关的安全规定得以彻底完善，有人认为，现在进行公开调查终将一无所获。行动小组不这样看。尽管继续抗争对遗属个人造成了极大损失，但他们坚持认为，英国社会可以从他们遭受的痛苦中学到更多，公开调查才是最好的讨论机制。

大家都没忘记遇难者不知所踪的双手，我仍然要对此负责。所以，虽然我认同遗属要求调查的理由，却对此感到畏惧。毕竟，整个话题，包括那些断手，将会再次浮出水面。

在这一时期的其他重要案件中，民众给顽固当局施加的压力逐渐显明。两年过去了，针对乔伊·加德纳和斯蒂芬·劳伦斯死亡事件的调查，似乎眼看着走向失败。但有很多人不会任由这种结果发生。先是死者的亲属，然后是整个社区，他们动员公众舆论，指控伦敦警察厅在斯蒂芬·劳伦斯案中存在的种族歧视阻碍了调查进展。而在乔伊·加德纳的案件中，他们必须证明法庭以外的某些人做出了免除涉案警官责任的决定。

一开始，劳伦斯案的调查并未因此发生什么变化。然而，让伦敦警察厅始料不及的是，他们坚称自己的警员只是在执行公务，但检方现在指控这三名警官非预谋杀害了乔伊·加德纳。

在那次审理过程中，皇家检控署的王室法律顾问对我进行了一次交叉询问，令人永生难忘。有人泄露了我关于这个案子的报告初稿，王室法律顾问指出在我的定稿中存在七十多处改动。他一个接一个地纠缠盘诘，迫使我解释每一处用词修改、删除逗号或增加分号的理由。我觉得自己进行的微小修改（例如，将“盖然”修改为“可能”，或将“迅捷”更改为“快速”）对整个案件不会产生什么影响，但我声称在每份草稿中都会进行完善与澄清，显然于事无补。检方明确暗示，我与警方密切合作，并为他们提供帮助，使其看起来无须为加德纳的死亡承担主要责任。

我们双方的交锋大体如下（完全根据本人的回忆写成，因为没有留下任何当时的庭审记录）：

王室法律顾问：让我们来看一下第36页……请问，为什么将“严重”一词修改为“适度”，谢泼德医生？这肯定属于明显改动了吧。

我：对我来说，这样的表述更加准确。

王室法律顾问：为什么这样更准确？

我：是这样，在仔细全面考虑所有事实后，我修改了自己的意见。

王室法律顾问：能否确定上述修改不是在进一步了解信息的基础下做出的？

我：全部建立在本人对于案情的分析基础上。

王室法律顾问：但是，如果没有得到新的线索，为什么会做出如此大的改动呢？

我：我认为这样更加准确。

王室法律顾问：也就是说……你的意思是你……**改变了主意**？

我：事实上，的确如此。

王室法律顾问：你就这样轻易地改变了主意！**灵光一闪**就改变了？

我明白他为什么怀疑。当然，我经常和警察打交道，我试图取悦警察似乎是一个合理的假设。事实上，没有人需要依靠我。我也不想取悦谁。是的，如果我的工作帮助认定伦敦警察厅三名警官有罪，那么此后与伦敦警察厅合作时可能会感到尴尬，而我一直清楚，这是一个法医病理学家偶尔必须面对的困境。我曾希望自己能勇敢地应对压力，把真理当作我最大的盟友。

三名警官最终都被无罪释放，在许多人看来实属丑闻。

就我个人而言，虽然不能宽恕他们的行为，但我清楚地认识到，这些警官在某种程度上也是受害者：一个存在根本缺陷的制度的受害者。他们没有受过训练，没有被告知如何安全地采取强制措施，也没有人警告过他们其行为可能产生的危险后果。他们不知道将乔伊·加德纳驱逐出境是对是错。执行代表英国人民做出决定的官僚们所下达的命令，是他们的职责所在。他们认为，对乔伊·加德纳采取强制措施，只是做了不太令人愉快的分内工作而已。我觉得，执法现状如此糟糕的事实，反映出官僚们的不当做法。

乔伊·加德纳的不幸去世，成了变革的催化剂。对我来说这是最后一根稻草。我现在知道自己应该做什么了。我积极热情地参与某些组织的活动，有时甚至成为其发起人。这些组织的成立不仅是为了审查强制措施程序的适当性，还为了给那些需要承担强制措施工作的群体——主要是警察、狱警和移民官员——提供恰当的培训。

很难弄清楚一个人以后的生活将具有什么意义，如果存在什么意义的话，我想对我来说，意义就在于自己对上述变化的贡献。这件事在很大程度上是我自找的麻烦，开设培训课程，组织会议，写报告，参加委员会会议——但最重要的，便是进行教育。

诋毁警察的人可能会感到惊讶，大多数警察其实非常渴望学习如何正确且人道地实施强制措施，他们比任何人都清楚自己在执法实践中存在的不足。他们比任何人都清楚，受苦的不仅仅是遇难者的家人朋友，几分钟内发生的事也可能彻底改变一名警官的生活与职业生涯。然而，从边境管理局[1]到青年司法委员会[2]，每一个能合法采取强制措施的组织，最终都认可了一套安全执行强制措施的基本原则，而许多年前，我们在乔伊·加德纳案后，已经成功地将这套原则引入了伦敦警察厅的培训课程当中。

我成为羁押期间死亡问题部长级委员会独立咨询小组的成员。该小组由英国卫生部、司法部以及内政部联合发起。听起来好像陷入了官僚主义的困境？此言差矣。必须借助外力，才能确保我所撰写的一整套指导方针得到批准并获得遵守。

这套指导方针承认，强制措施对所有相关人员，包括目击

---

1 英国边境管理局（UK Border Agency, UKBA），一个已废除的英国政府边境管制机构，曾隶属于内政部。2008 年 4 月 1 日成立，由边境和移民管理局及税务海关总署合并而成，2013 年 3 月 26 日，该机构被废除，其工作交由内政部直接负责。

2 青年司法委员会（Youth Justice Board），1998 年成立的独立公务机关，主要负责监督青少年司法系统的日常工作及运转。

者，都会产生重大的心理影响。指导方针认为，只有在必要、合理与和所察觉的威胁相适应的情况下，才应采取强制措施。同时指导方针承认，不适当的强制措施，可能导致死亡。因此，只有经过培训、获得认可的人员，才能使用经批准的强制措施。

一旦发生事故，危机管控至关重要。我在这里提出的指导方针或许受到了自己飞行经验的影响。如果一架飞机上有两名飞行员，只有一名享有完全控制权，当控制权从一名飞行员转移到另一名飞行员时，两名飞行员必须口头确认。

飞行员甲：我来控制。

飞行员乙：你来控制。

这种做法可以在危急情况下明晰责任。于是，我就产生了把航空实践转化到危机管控中去的想法。在危急情况下，负责控制被拘留者头部、颈部和呼吸的人，属于控制者。即便由最低级别的警官实施也不要紧，但此人必须通过表述“我现在控制了情况”来主导局面。其他人必须对此表示确认：“你现在控制了情况。”关键的问题是，控制权赋予相关方命令其他人立即放手的权力，而其他人必须服从命令。

当然还存在更多的细节，包括医疗监控、拍摄、记录和汇报。但总的目标是把采取强制措施时的橄榄球争球模式，转变成只在必要时才会使用的有限强力手段，并以管控良好的安全方式加以适用。我认为，其结果是因有关当局采取强制措施而死亡的人数出现大幅下降。事实上，现在普通市民、商店或夜总会的保安人员如采取强制措施，反倒危险得多。

在乔伊·加德纳案涉案警官被无罪释放后，有人呼吁进行公开调查，但遭遇极大阻力。至于斯蒂芬·劳伦斯案，负责调查的警察显然掌握了一些线索，并确定了犯罪嫌疑人。然而，后续没有人起诉，于是斯蒂芬的父母和朋友开始了一场勇敢且有尊严的正义斗争。他们对五名被认为是凶手者中的三人提起自诉。

我在这次审判中被传唤为证人。王室法律顾问迈克尔·曼斯菲尔德则异乎寻常地代表受害者遗属作为自诉代理人。但这一切都无济于事。所有人眼睁睁地看着，由于缺乏法官认为可以接受的证据，诉讼程序几乎在开始前就行将崩溃。更糟糕的是，双重追诉原则[1]意味着这三名受过审判的被告人，不能因为同一罪行再次受审。劳伦斯一家似乎失去了所有伸张正义的可能。

但是，他们并不接受现实。他们现在要求进行调查。舆论似乎完全站在他们一边。许多人震惊于乔伊·加德纳案的涉案警官被无罪释放。现在人们开始相信，种族主义阻碍了对斯蒂芬案的调查，同样也导致了他的死亡，甚至公开调查看起来也越来越具备实质可能性——只有政府部长才能要求公开调查，这种公开调查的规模要大得多，法律效力也比验尸官的死因调查更高。

---

1 双重追诉原则（Double Jeopardy Law），又被译为“禁止双重危险”或“一事不再理”等，其基本含义是一个人不能因同一行为或同一罪名受到两次或多次审判或处罚。

劳伦斯一家的耐心和坚持最终促成了调查。五名嫌疑人被命令出庭。他们虽然这样做了，但拒绝回答任何问题，这是他们在审讯中的合法权利。验尸官依法不得说出凶手的真实姓名，面对他们近乎野蛮的沉默，显得非常无助。然而，陪审团找到了解决办法，并在1997年2月巧妙地得出结论，斯蒂芬·劳伦斯“在五名白人青年完全无端的种族主义攻击中被非法杀害”。他们就差说：“……就是坐在那里的五个白人青年干的。”而《每日邮报》或多或少就这样做了，这家报纸刊登了这五名白人青年的照片，列出了他们的名字，并宣告说如果他们认为报道有误，欢迎起诉。

未能逮捕袭击斯蒂芬的凶手使公众的批判达到了前所未有的程度，让人感觉好像真的要开始对伦敦警察厅的侦察失策进行公开调查。我个人对这一深刻变革感到由衷高兴，它迫使人们重新反思英国的政府与警察文化。我注意到，在自己经手处理的在押死亡或受到强制措施而死亡的案件中，死者多是非裔，简单地说，仅仅用镰状细胞性状可能增加身体脆弱性来解释这种差异，是不够的。改变势在必行，我却无从想象改变会如何发生。在检查斯蒂芬·劳伦斯的尸体时，我并未想到，在接下来的20年里，这些刀伤恰恰是导致这一变化的诱因。

26

在盖伊医院待了八年后，我想换个环境了。伊恩·韦斯特的掌控已经变得令人窒息，而非让人感到安心，尽管我们交情不错，他还多次许诺提拔我，但显然，他并没有说到做到。我背着他直接向医学院院长申请高级讲师职位，便立即得到提升。但伊恩好像真的不希望我或者其他任何人成为他的副手。至于他可能提前退休，完全接受乡绅的生活方式——打猎、射击和钓鱼，好吧，他明确表示，完全都是没影的事儿。

我在默默寻找其他空缺的同时，继续自己的工作。此时已接近20世纪90年代中期，他们孩子都上了中学，我不时能从他们年轻的脸庞上看出，他们即将长大成人，再也不是曾经的孩子了。查验与我孩子同龄的未成年人的尸体，一直都让我觉得艰难：在对这些小小的身体下刀时，我偶尔会手抖。现在孩子们长大了，而涉及未成年人的案件似乎越来越多。这是因为此前我一直在回避？或者，此类案件的数量真的在上升？

有一天，我被叫去检查一个仅出生10个月便死在自己母亲怀里的婴儿。死婴营养充分，发育很好。显然有人曾试图进行心肺复苏，除此之外尸体上没有其他痕迹，当然也没有暴力或创伤的迹象。内检同样没有发现，没有任何异常迹象。

我等待着毒理学、病毒和细菌检测结果，如果结果都无异常，我就不得不将婴儿猝死综合征作为死因。警察对我给出的这一死因不太满意，并迅速递给我一大堆案件背景说明。天呀！现在这个案子有了前因后果，我读到的东西似乎改变了一切。

警察接到 999 报警电话，赶到了这位母亲的公寓。她时年 22 岁，在收到孩子生父的死亡威胁后独自生活。这些威胁，加上这位母亲的饮酒习惯，无疑已经将这 10 个月大的婴儿列入了风险登记册。为了保护母子两人免受孩子父亲的伤害，家里还安装了一个袭击警报器。

晚上 9 点左右，当这位母亲给急救人员打电话时，听起来醉醺醺的，说是“家里有人死了”。袭击警报器也被触发，警察当时已经在赶往公寓的路上。

警察之所以担心，是因为就在一个月前，这位年轻的母亲刚刚因酒后照看孩子而被定罪。犯此类罪行将被处以罚金，很少获判监禁：其主要目的似乎是令母亲受到羞辱，使其保持清醒，或是提醒社会服务部门留心疏于照顾或虐待儿童的可能性。

警方在死者母亲打来电话七分钟后便抵达现场，按响了门铃。没有人来开门。他们透过信箱向内窥视，看到母亲抱着孩子在走廊上踱来踱去。

她看起来并未惊慌失措，屋内也没有明显的威胁，所以警方没有直接闯入。他们彬彬有礼地说服这位母亲开门，但因为她已经喝醉，所以沟通很困难。等警察最终进入房间时，发现她一直抱着的婴儿已经死亡。

警方为了实施心肺复苏，尝试了一切可能的手段。母亲显得很生气，颇具攻击性，当然，也很沮丧。几个小时后，警方终于采集了她的一份血样，由此可以推断出在婴儿死亡时，即她拨打报警电话时的血液酒精含量，达到了 255 mg/100 ml。在英格兰和威尔士，酒驾的血测标准为每 100 毫升血液酒精含量 80 毫克（现在苏格兰设定的指标为每 100 毫升血液酒精含量 50 毫克），而对于不那么顽固的酗酒者来说，每 100 毫升血液酒精含量 255 毫克足以致命。所以可以得出这样的结论，虽然这位母亲习惯酗酒，但当时她确实已经喝醉了。

检测样本没有显示任何吸毒迹象。然而，她太醉了，无法解释孩子是死在她怀里，还是死在摇篮里，抑或是死在沙发上或床上。她也说不清当时自己人在哪里。

读到这里，也许你对丧子母亲的同情现在已经变得十分勉强。我也如此。我对婴儿的血液进行了酒精和毒品检测。当时我们已经认识到，有些酗酒或吸毒的父母，为了让他们的孩子在自己喝酒或吸毒时安静下来，会给自己的孩子使用让自己迷醉的同类物质，有时甚至剂量大到足以致命。然而，毒理学报告显示这不是婴儿死亡的原因。

与大多数事物一样，疾病的暴发也存在流行的趋势。其流行程度或增或减，取决于人类的认知水平。婴儿猝死综合征，指一个看起来十分健康的婴儿突然无预警、无原因死亡，这一现象在20世纪七八十年代逐渐进入公众视野，到了90年代初，它变得具有统计显著性，达到了千分之二的高点。

婴儿猝死综合征的诊断颇受病理学家的欢迎。这似乎说明了无法解释的原因，也消除了家长或护理人员的任何责任。婴儿猝死综合征意味着婴儿并非死于非自然原因，因此，只能假设婴儿自然死亡。但婴儿猝死综合征理论并未得到普遍接受，有些警察乃至医疗体系之外的验尸官，均对此表示怀疑。

在本案中，警方怀疑醉酒母亲的抱姿与婴儿的死亡有关。在某些情况下，这种判断是合理的，问题是现在根本没有证据支持这个论点。因此，在排除了所有其他可能的死因之后，我的选择只剩下了婴儿猝死综合征。之后，我的生活旋即发生了诸多变化。一年后，当我再次回顾自己在本案中给出的死因时，不免有些惊讶。

事实上，这是我在盖伊医院的最后一次验尸。我听说鲁弗斯·克朗普顿医生即将从我的母校，位于图厅的圣乔治医院荣休。他曾是我的授课老师，也是我的研究导师，现在他负责领导那里的相关部门，目前那里只有他一名员工。能够有幸接替恩师着实令人兴奋。圣乔治医学院有意扩建法医病理学部，如果能够得到这份工作，我就能按照自己此前一直向伊恩苦苦建议但遭到他完全忽视的管理方针，使这个专业更好地发展。

某天，我问洛兰伊恩是否有空，然后颇为紧张地走进他的办公室。房间很大，里面乱七八糟。桌子上、架子上、地板上乃至房间中央用来开会的大桌子上，堆满了档案和其他文件。需要安排会议时，洛兰会把桌子上的故纸堆全部搬走，塞到地板的某个角落，然后把快溢出来的烟灰缸和空烟盒拿走。会议结束后，一切便恢复原状。从桌子表面的杂乱情况来看，我估计上次会议至少已经过去一周了。

伊恩坐在办公桌前，在我进来的时候，他没有马上把自己的大下巴转向我。这也许不是找他的最佳时机，因为我知道他累得要命。昨天他就一直在嚷嚷，这意味着，不管他看起来是在针对谁，他其实是生自己的闷气，一般来说可能是因为他没有做成某事。他当然会责怪洛兰没有提醒他按时提交报告。他一口咬定，这份报告一定和地板上的其他文件混在一起了。但法庭并不同情他，命令他最迟在今天上午之前提交报告。为此，他昨晚一直和洛兰泡在办公室里，直到深夜；他口授，后者则放下手中的速记本，直接将内容输入电脑。

现在，他坐在那里，手指间夹着一支薄荷醇香烟。还有一支被遗忘的香烟在显微镜前的烟灰缸里闷燃。第三支香烟在房间另外一头的某个地方，烟雾盘旋直上，旁边是他巨大的台式电脑，屏幕闪烁。

我说："伊恩，你大概已经听说鲁弗斯·克朗普顿快退休了……"

他皱了皱眉头。鲁弗斯、我和伊恩早有默契，总有一天我可能会回到圣乔治医院。

“我正计划申请这个职位。”我说。

他用手里的烟屁股点燃了另一支烟，开始四处寻找烟灰缸，或者是一个还没有装满的烟灰缸，因为未能如愿，最后干脆将烟头按灭在烟盒上。

“我想你现在唯一需要的是一位推荐人。”他说。

他比平时抽得更凶，但没有以其他任何方式流露感情。他很诚恳，并祝我好运，我们一致认为，如果我们两人都成为部门管理者，我们不会成为竞争对手，而是会精诚合作。不过，我不确定我们俩对此是否真诚。我和伊恩早已成为对手，如果分处于不同医院的平级职位，竞争更是不可避免。

离开繁忙的盖伊医院，特别是那位著名的部门领导以及大量匪夷所思的疑难案件，一步踏入未知，显得有些可怕。那年夏天，当我搬到圣乔治医院时，我暂时放下验尸工作稍事休息，同时开始组建新部门。警方认可并召集我们去验尸，乃是成败关键，所以，我必须建立一个健全的管理和财务架构，虽然这项工作十分乏味。

才过去了几个月，我惊讶地发现，自己就开始怀念起停尸间来，在那里我可以运用多年来磨炼的技能。当英国南部海岸的某位病理学家朋友外出度假时，我同意替他完成例行的验尸工作。正值学校暑假。安娜和克里斯现在已经是十几岁的半大孩子了。安娜还在上学，克里斯刚考完中等教育普通证书（GCSEs），在家休息，所以我提出带他一起去。他等待我为验尸官完成几次快速的例行验尸，这里没有凶杀案，只有突发且需要解释的自然死亡。然后，我们父子俩可以沿着悬崖边散散步。克里斯是个随遇而安的男孩，怎么都可以，当我进停尸间工作时，他兴致勃勃地坐在车里看书。

我穿上自己的工作服。停尸间的工作人员已经把尸体安放在解剖台上并做好了准备：在那些日子里，做好准备意味着尸体腹部已经被剖开，肋骨被取出，头骨也被打开。

间或我会和验尸官闲聊几句，碰巧提到儿子还在车里边看书边等我。

验尸官显然认为这样做疏于招待。

"我会把他带到办公室，在那里会更舒服，"他提议道，"他可以喝杯茶。"

我正忙着弯腰检查一具被剖开的尸体，手里还拿着 PM40 手术刀，这时我用余光看到了克里斯。他和验尸官一起穿过验尸房。而且看起来似乎很平静。然而，我却非常不安，甚至想大喊"把他弄出去"！

但我知道这会让这个毫无准备的青少年对停尸间更加震惊，所以，我尽了最大的努力，从口罩后面向他眨了眨眼，愉快地挥舞着我的 PM40 手术刀。说实话，我觉得自己被打回了原形。这些年来，我一直在想尽办法，让我的孩子远离我的现实工作，同时尽量不对他们撒谎或有所误导，而现在，这一切却意外地暴露在克里斯面前。

后来，在海边悬崖散步时，我们父子俩有场含糊不清的对话。

"嗯……在停尸间看到了这些，你没事吧？"

“真的没什么，”儿子说道，“但那个验尸官是个白痴。”

不管他们后来讨论的是什么话题（我想是足球），对克里斯来说，这都比一个正在运转的验尸房的景象和声音更难忘。在我工作的时候，他和安娜有时真的会和我一起到停尸间，所以他们熟悉这里的气味、叮当声和整体氛围。如果遗属休息室空着，他们会趴在鱼缸下面的椅子上做作业，笑容满面的工作人员则给他们端上茶和饼干。他们从来没有问过我在他们看不见的地方做些什么。

我没有说出口，但真心希望克里斯回家后对他在验尸房里探险的故事守口如瓶。而他当然告诉了安娜。

“我能去看验尸吗？”女儿要求，“如果克里斯去过，而我没有，那是不公平的。”

“我不会把这称为验尸……”我说。

这时珍无意中听到了我们的对话。

“你看到**什么**了？”她问克里斯，同时责备地瞪了我一眼。

克里斯则勇敢地回答：“如果我以后想当兽医的话，我就得习惯这种事。我得一直把坏死的东西切掉。”

“好吧，我也要当兽医，”安娜说，“或者医生。”

我们算得上一个医学家庭，经常会讨论病例，而且往往非常坦率，尽管我还是会把案件照片藏起来。如果被问到父母是做什么的，孩子们仍然回答说，他们是医生。如果被追问，他们会说“爸爸会切开尸体”——别人通常不会再问下去了。但是，总体而言，解释他们的母亲是一个专门研究皮肤病的全科医生，比解释他们的父亲是一名法医病理学家要容易得多。

再过几年，克里斯和安娜就都要上大学了。很难想象他们将会变成独立的个体，过上独立的生活。很难想象他们不再需要我。我下定决心，虽然新的工作肯定会极具挑战，但在孩子单飞之前，我应该尽量多陪伴他们。

27

新的部门刚刚组建，我就回到了停尸间，这成就了一段忙碌但富有成效的经历。其他工作人员纷纷到位。此前和我一同供职于盖伊医院的朋友，同样技艺精湛的病理学家罗布·查普曼前来加盟，另外还有两位秘书，里安农·莱恩和凯西·佩勒。两位临床法医，黛比·罗杰斯和玛格丽特·斯塔克，需要对幸存的犯罪受害者进行检查，还需要照顾被逮捕和拘留在看守所的嫌疑人的医疗需要。这是英国第一个学术型临床法医职位，对我们这个正处于萌芽状态的部门来说，堪称一笔巨大的财富。另外，部门里还有一位实习病理医生。很快，我们就获得了英国乃至其他国家的认可，这意味着我们几乎一下子就忙得不可开交。

在某种程度上，成为部门负责人给了我选择案子的机会。其中非常困难、我想推给同事的苦差事，就是我在盖伊医院的最后一案所涉及的领域：死婴。但我知道这并不公平。因为如今在儿童死亡的病理学领域中，一切都在变化，这反映了社会对儿童态度的变化。我意识到，对那个醉酒母亲的孩子，我现在可能会给出另一个死因。

从20世纪90年代初开始，婴儿猝死综合征的死亡人数——或者说被诊断为罹患婴儿猝死综合征的死亡人数——出现了显著下降，而且这种下降趋势还在继续（最近的统计数字告诉我们，婴儿猝死综合征的发病率现在仅为千分之零点二七）。

这种改善主要归功于世界范围内开展的一项运动（在英国被称为“躺着睡眠”），它劝说父母不要再将婴儿脸朝下放在床上，这是诱发婴儿猝死综合征的主要风险因素。我们知道的其他因素包括：成年人在家吸烟，成年人在沙发上或床上抱着婴儿睡觉（这可能导致孩子被“压覆”或压到），父母酗酒或滥用药物，床上用品太多或室温太高。在此认知的基础上，再加上针对家长的教育计划，婴儿猝死综合征的发病率得以下降。

发病率下降还因为，人们对婴儿猝死综合征的认识发生了变化，确诊的基本原则也进行了调整。它现在有时被称为“诊断垃圾箱”，病理学家确诊时所依赖的指导方针也在收紧。现在的做法是，在给出婴儿猝死综合征的诊断之前，我们首先应该非常仔细地检查历史记录——包括孩子的过往病史和照顾者的经历——然后调查事发现场，最后才是死亡儿童的病理学检验。婴儿猝死综合征并不会真正出现病理学意义上的阳性反应，这是一个确定没有其他可能死因的问题。

那么，为什么指导方针真的变得越来越严格，人们却认为婴儿猝死综合征是“诊断垃圾箱”？原因非常简单，因为许多病理学家没有遵循适用标准，把任何无法解释的死亡都归为婴儿猝死综合征，而警察和病理学家往往没有好好调查这些死亡事件。婴儿猝死综合征已经成为一个垃圾箱，令人产生不安的怀疑。有些所谓的婴儿猝死综合征案例是否可能是成年人的不当行为所致，而不是上帝的意思使然？

这些令人不安的怀疑源于戴维·索撒尔教授及其同事开创性的儿童保护工作。根据他提供的证据，人们必须直面现实。他所参与的研究，不仅印证代理型孟乔森综合征[1]患者为了得到关注和支持而故意让他们的孩子生病，还通过隐蔽视频监控提供了无可辩驳的证据，一些父母基于不明原因，确实试图伤害甚至杀害他们的孩子。

在他所进行的最为著名的调查中，39名通常在医院外、有时在医院病房内反复经历明显危及生命的事件的儿童，被转入一个专门病房，并在那里接受秘密拍摄。事实证明，在其中33起案例中，这些“事件”是由父母造成的。这些秘密录像不仅包含精神虐待，还揭示了中毒、勒颈以及使人窒息的行为。事实上，就在这一小群样本中，出现了不下30次试图使孩子窒息的尝试。

多亏设有监控，专业的干预保护了孩子们的安全。但这些孩子的41名兄弟姐妹中，有12人突然意外死亡。行径遭到曝光后，有4名父母承认杀害了其中8名儿童。回顾这些兄弟姐

---

1 孟乔森综合征，一种通过描述、幻想疾病症状，假装有病乃至主动伤残自己或他人，以取得同情的心理疾病。代理型孟乔森综合征的具体表现为，照顾者故意夸大或捏造受照顾者的生理、心理、行为或精神问题，甚或促成该问题。

妹的死亡病例时，人们愕然发现，病理学家经过验尸认为12个病例中有11个是死于婴儿猝死综合征。在第12个病例中，病理学家给出的死因是胃肠炎，但现在进一步的调查显示，孩子当时已经中毒。在上面提到的这些兄弟姐妹中，又有15人后来被发现遭受虐待。

自然，人们对这些发现普遍感到震惊，甚至感觉难以置信。我觉得，由于戴维·索撒尔的工作，人们开始走出纯真时代。然而，很多人更喜欢停留在纯真时代。人们很难接受，有些儿童恰恰遭受了那些本应该保护他们的成年人的伤害。

对婴儿不明原因死亡的怀疑，逐渐成为一种几乎司空见惯的反应，无辜者肯定也感到非常不公平。同样不公平的是，戴维·索撒尔要面对尖刻且直言不讳的反对。他暗中监视父母行为的做法倍受指摘。我担心，如果没有这些录像，人们永远不会相信他，在那个时代，他的调查结果显得不可思议。

父母（以及许多警官，乃至社会工作者）曾经把家庭以外对儿童福利的任何关注视为侵犯隐私，但现在他们被迫改变立场。曾经受到家长各种虐待的受害者在成年后开始公开谈论自己的童年，宛如照亮家庭内部黑暗秘密的一道光，在隐私为王的时代，这几乎是不可能的。这道光就掌握在从事儿童工作的专业人士（卫生巡访员、医生、托儿所工作人员）手中，他们现在被鼓励举报任何疑似虐待。

随着儿童保护成为全英辩论的主题，关于婴儿不明原因死亡的讨论完全抛开了理论，而集中在某个案例的细枝末节上。我所说的正是对萨莉·克拉克的审判。

曾经，所有社会阶层都面临婴儿猝死综合征的残酷后果，但随着中产阶级了解到相关风险因素并将其最小化，到1996年为止，婴儿猝死综合征开始看起来只会影响穷人。1996年，萨莉·克拉克，警察之女、一名收入颇丰的中产阶级事务律师、一位背景和举止受人尊敬的职业女性，因婴儿猝死综合征失去了自己的第一个孩子，然后在1997年，又出于同样的原因失去了第二个孩子。

第一个孩子是个男孩，亡故时仅有11周大。萨莉·克拉克的丈夫斯蒂芬也是一名律师，当妻子发现孩子不省人事时，他正在参加办公室聚会。她叫了一辆救护车，但出于某种原因，医护人员到达后她却没有开门。医护人员发现，这名婴儿没有脉搏，嘴唇和手指都是青紫色的。一小时后，所有心肺复苏尝试无果，孩子被正式宣布死亡。

随后进行验尸的病理学家担心的是婴儿身上的特殊损伤：在尸体嘴巴上方、嘴唇内部存在裂痕和瘀伤，除此之外，没有任何明显的死因。他要求对这些伤痕进行拍照，很不幸的是，摄影师的相机出了问题，拍出来的照片质量很差，在随后轰动一时的审判中，这些照片毫无用处。这名病理学家的运气真的坏极了。我在整个职业生涯中，只遇到过一次如此关键的相机故障。

当这名病理学家与警方和验尸官讨论自己的担忧时，他不得不同意，婴儿嘴唇的裂口，也可能是心肺复苏造成的。从尸体存在的具体伤害情况来看，口腔部分的损伤可能表明存在虐待，但这种死因实属罕见，这些裂口很有可能发生在心肺复苏阶段的忙乱时刻。

警察和验尸官认为造成伤害的原因是心肺复苏无果，没有进一步展开调查。他们面对的是一个富裕、由专业人士组成的家庭，不是他们通常遇到的那种罪犯或虐待儿童的家伙。

死婴接受了 X 光检查，没有发现骨折的迹象。病理学家采集了组织学样本，所有检测结果都很正常。除了某种很小的可能性——当然达不到概率的程度——肺部样本中的炎症细胞数稍有上升。

病理学家很可能通过婴儿猝死综合征来免除父母的责任。或者，考虑到婴儿的伤势，他可能会给出“无法确定”来表示非自然死亡的可能性。时代瞬息万变，但事实是，在 1996 年，他可能在一位保守的甚至可以说是卢德主义者[1]的验尸官手下工作：在那些日子里，任何有几年工作经验的律师或医生都可能成为验尸官。我不认识本案的验尸官，但熟悉他们中的许多人，特别是那些没有医疗资质的验尸官，他们仍然为婴儿猝死综合

1 卢德主义者（Luddite），19 世纪英国民间对抗工业革命、反对纺织工业化的社会运动者。在卢德运动中，常常发生毁坏纺织机的事件。这是因为工业革命用机器大量取代人力劳作，使许多手工工人失业。后世也将反对任何新科技的人称作卢德主义者。1779 年英国莱斯特一带一名叫内德·卢德的织布工曾怒砸两台织布机，后人讹传为所谓卢德将军或卢德王领导反抗工业化的运动，遂得此名。

征的概念而纠结，因为这是一个没有确定证据支持的死亡原因。有些验尸官也不喜欢“无法确定”这个词，尤其是在死婴身上。他们想对悲痛欲绝的父母说些亲切、安慰的话，而不是“我们不知道你的孩子为什么死了”，类似的限制可能会让病理学家束手无策。

不管是什么原因，病理学家从肺部样本的切片上发现了炎症迹象，并断定婴儿是自然死亡：事实上，是下呼吸道感染。孩子的死因被确定为并无异常。

但是第二年，克拉克家的第二个孩子也死了。虽然早产了几周，但他现在已经康复，并且两个月大了。萨莉·克拉克主要用母乳喂养，同时用瓶装奶作为补充。一天晚上，孩子的父亲在厨房准备用来作为夜食的瓶装奶，孩子母亲则在看电视，婴儿被放在一张弹力椅上。发现儿子奄奄一息后，这位母亲叫来了丈夫，并且还呼叫了救护车。急救人员赶到后，发现孩子已经死亡。

之前的那位病理学家再次参与本案，这次，他判断这名婴儿可能受到了晃动伤，而且很可能是几天内多次造成的。他认为自己发现了婴儿眼睛和脊髓大量出血，肋骨存在异常，这表明之前有断裂或创伤。

萨莉·克拉克和她的丈夫因涉嫌谋杀他们的第二个孩子而被捕，当他们就孩子的死亡接受警方讯问时，这名病理学家非常正确地回顾了自己关于第一个孩子的死因报告。在这一点上，他遵守了内政部的准则，该准则规定，“如果以前得出的结论无法再得到证实，那么任何意见的改变都必须迅速而明确地加以表述，无须考虑由此可能导致的任何难堪”。

这位病理学家确实改变了他的看法，并即将为此长期遭受极大的难堪。

这位病理学家再次检查显微镜切片，发现它可能证明第一个孩子存在肺部炎症，但这种可能性不大，所以他认为此前给出的死因是完全错误的。他断定没有炎症。他在婴儿的肺泡里发现了血迹，但他之前一次都没有提及。这位病理学家后来表示，自己之前认为这种迹象属于死后的变化。但他后来发现，这一发现的性质可能不同寻常，而且与窒息的特征相符。

在这一点上，正如许多专家随后指出的那样，他本来可以通过将“下呼吸道感染”的死亡原因修改为“无法确定”来保持问题的开放性。

一名专家证人在后来的庭审过程中解释说，如果换成自己为什么会这样做：

> 无法确定……意味着孩子的死亡可能是自然的，但无法解释——也许就是陪审团所知的婴儿猝死。孩子或者也可能是非自然死亡，但我找不到原因，或者孩子死于自然疾病，我不够聪明，无法诊断和识别……

但是，这位病理学家没有选择“无法确定”。他提交了一份进一步的声明，称他不再相信第一个孩子是自然死亡。他提出了与之前截然相反的结论："有证据表明他死于遭人堵塞呼吸等窒息机制。"

在因谋杀第二个儿子被捕六周后，萨莉·克拉克被捕的理由又增加了一项，即谋杀第一个儿子。在她的审判中，陪审团听取了著名的儿科医生罗伊·梅多爵士的证言，他即便没有创造，也的确让一条格言变得家喻户晓，那就是"在一个家庭中，如果一个婴儿猝死是悲剧，两个婴儿猝死则可疑，三个婴儿猝死，除非另有证明，否则就是谋杀"。

不幸的是，在萨莉·克拉克的审判中，还出现了令人印象深刻的统计数据，这些数据也将永远与梅多教授联系在一起："在这种情况下，两个孩子均属自然死亡的可能性，确实非常非常低。只有七千三百万分之一……"

七千三百万分之一,一下子就成为头条新闻的关注重点，并有可能已经决定了被告人的命运。他接着说："……这种概率接近在全国障碍赛马中支持那些赔率很高的、毫无希望获胜的选手……假设赔率是 80，你去年压对了，然后第二年有另一匹马的赔率也是 80，你再次下注并最终压对了……你知道，要找到这个七千三百万分之一，你必须连续 4 年压中赔率是 80 的劣马。"

萨莉·克拉克被陪审团以 10∶2 的多数裁定有罪，并被判处终身监禁。

我没有直接参与这个案子。但它影响了我们所有人。她的定罪和戴维·索撒尔的工作表明，谋杀婴儿比我们想象的要普遍得多，而杀害孩子的父母比我们想象的要常见得多。即使是“亲切”的中产阶级专业人士，也会如此。我们这些病理学家被要求在当前社会思潮的背景下提供医学和科学分析，很抱歉地告诉各位，科学真理的纯洁性很少能刺破当今的社会主流态度。

我永远也忘不了在一个又一个晚上，抱着没完没了哭哭啼啼的乳糖不耐受婴儿在家里走来走去，想着——在刺耳尖叫声中居然还可以思考——如果能够让自己稍微睡一会儿，我几乎什么都愿意去做。我知道，即使没有贫穷和孤独的压力，中产阶级的父母一样容易陷入极度绝望的境地。

萨莉·克拉克的审判结束后不久，我经手的一个案件反映了现在围绕儿童保护所出现的巨大争议。在停尸间看到这个六个月大的婴儿尸体时，我觉得死婴看起来很健康，也受到了很好的照顾，但我很快就意识到了三个明显的症状。他存在硬脑膜下血肿，也就是说，脑表面出血；大脑本身肿胀；死婴的视网膜出血。这三种症状，特别是没有外部损伤的情况下，现在被视作所谓摇晃婴儿综合征（Shaken Baby Syndrome）的三大典型症状。

在20世纪40年代，放射科医生约翰·卡菲发现，不同年龄的儿童身上存在多处骨折，最初他认为这是一种新型疾病，但后来的研究表明，骨折是由于反复的创伤所致，在20世纪60年代，人们首次使用“受虐婴儿综合征”（Battered Baby Syndrome）一词。然后，在20世纪70年代，神经外科医生诺曼·古特克尔奇发现了一种神经病学上的变体，即“摇晃婴儿综合征”。所有这些现象以及它们的根本原因是他人故意造成创伤，这已成为医学界的共识。然而，真正引发公众关注的著名案例发生在 1997 年，美国马萨诸塞州一对医生夫妇把他们的孩子交给一个时年 19 岁的英国互惠生[1]照顾。

当婴儿突然生病并被紧急送往医院时，他显现出了三大典型症状，本案庭审被电视媒体广泛报道，引发全美关注，庭审最后，年轻的路易丝·伍德沃德被判犯有谋杀罪。一名法官后来因为觉得没有足够的证据可以排除合理怀疑、证明谋杀罪成立，而将本案改判为非预谋杀人罪，许多美国人对此异常愤怒。而这恰恰因为医学专家对摇晃婴儿综合征的看法分歧很大。

这并不是故事的结尾，因为到目前为止，摇晃婴儿综合征本身已经成为故事的一部分。在路易丝·伍德沃德受审之前，大多数人对此闻所未闻，但突然间，它成为头条新闻。现在，每一位病理学家都对著名的三大症状保持高度警惕。

事实上，作为一种死因，它在当时和现在都有很大的争议，并且是许多科学或医学争论的主题。摇晃婴儿综合征现在也被称为虐待性头部损伤或非意外头部损伤，这种病症制造了大量愤怒的抗议者和否认者团体。目前，人们依然苦苦寻觅能用来解释这一现象的自然原因。

---

1 互惠生（au pair），在国外学习语言或体验文化的青年，他们寄宿在当地人家中，以照顾孩子或做家务换取食宿和小额报酬。

2009年，萨莉·克拉克入狱多年后，皇家病理学家学院试图汇聚争议的各个面向，这个稍显异类的组织针对其所谓“创伤性头部损伤”（这只是针对同一事物的另一个名称）发表了一份声明，提醒病理学家，即使三大特征的要素悉数存在，其中每一种都有可能由其他非创伤性原因所致。该声明明确表示，单凭三大特征，还不足以“排除合理怀疑”，确认父母伤害了婴儿，这需要更多证据。在婴儿未满三个月之前，解释这些损伤时应特别注意，因为损伤很可能是在出生时造成的。

它看起来像是一个共识。如果还有什么值得一提的话，那就是争论变得更加激烈了。在此种特殊类型的头部损伤得到医学描述40年后，2012年，诺曼·古特克尔奇对其历史进行了回顾并表达了忧虑：

> 社会因儿童这一最脆弱的群体受到攻击而感到震惊并要求予以刑罚报应，虽然这是正确的，但似乎已经出现了这样的情况，即医学和法律在推定所谓的暴力行为存在并判处刑罚方面，走得太远了，往往唯一的证据便是典型的三大特征，甚至只存在其中的一到两个要素而已。

20世纪90年代末，摇晃婴儿综合征已经进入病理学家的视野，而我眼前这个六个月大的婴儿似乎也显示出所有相关的症状。据他母亲说，孩子是自己从汽车座椅上跳下来的，当时她将汽车座椅放在厨房的料理台上，事先没有任何迹象显示孩子有能力做这种事情。结果，他从离地约一米的座位上摔了下来，跌到了厨房的一层硬地板上。即便是几年前，我也不太愿意相信她的此番说辞。在伍德沃德案之后，我确实变得对此更加关注。

婴儿的母亲来自一个贫穷且饱受战争蹂躏的国家，被丈夫带到伦敦与他的母亲和其他家庭成员一起生活。她不会说英语，住处拥挤不堪。虽然仍与丈夫保持婚姻关系，但由于公寓的空间太小，她最近开始单独居住在市政府提供的住房中。这位母亲的公寓干净通风，但除了床和电视，没有任何家具，她显然只能坐在地板上。

她似乎一整天都是自己待在那儿。除了很少见面的丈夫一家之外，这位母亲在伦敦只认识一个人，那个朋友住在很远的地方。我想起多年前面对哭哭啼啼的婴儿克里斯时自己所感受到的绝望，我同情这个女人，因为她和这个小婴儿生活在一个完全与世隔绝、远离家乡的地方。

当然，她没有车，但她把丈夫的汽车座椅放在自己的公寓里，并让儿子坐在里面。当她做饭时，就将儿子带到厨房，把他的座椅放在料理台上。他并没有被绑在座椅上。一天晚上，她正忙着准备食物，听到一声巨响（“让人揪心的砰的一声”，这是法庭上经常出现的字眼），转过身来，发现孩子脸朝下趴在地板上。婴儿立即哭了起来，眼睛马上瞪大，呼吸变得异常急促，很明显出了什么大事。

她试图拨打 999 电话，但她说的话无法让人理解。她试图给会说英语的丈夫打电话，但急救人员回拨的电话让她的电话一直占线。于是，她跑到街上叫别人打电话报警，此时警察已经对她那令人苦恼但又无法理解的电话做出了反应。

他们发现这个婴儿的鼻子和嘴巴在流血，他慢慢地颤抖，失去知觉。警方不让母亲坐上救护车，婴儿被送往医院，情况明显恶化。CT 扫描显示婴儿有严重的内伤，但他最初看起来很可能活下来。然而，孩子的心血管系统后来变得不稳定，尽管医院方面试图做心肺复苏，但在这位母亲给急救中心打电话的 12 小时后，她的孩子不治身亡。

在我们看来，摇晃婴儿综合征的三种单独症状，其背后存在自然原因（如凝血困难）是非常罕见的。虽然人们应该时刻警惕这些罕见的自然原因，但我觉得出血、脑肿胀和视网膜出血，都表明婴儿受到了严重创伤。有时候，创伤可能由意外原因导致，比如车祸。有时，特别是如果没有外部损伤的迹象，则往往不是意外。

在这种情况下，我更加确信，婴儿受到了摇晃震动，因为尽管有内出血，但他的头骨没有骨折，头部没有瘀伤，也没有任何体表创伤表明他是从料理台坠落到坚硬的地板上。死婴呈现出三大症状，尽管颈部脊髓没有损伤（这是另一个相关症状）。

这位母亲因非预谋杀人罪而受审。辩方聘请的病理学家认为，婴儿受到了加减速型创伤（摇晃）或头部撞击。他确实同意，对于一个六个月大的婴儿来说，摇晃是造成这种内伤最常见的原因，但他补充说，有时不清楚摇晃或撞击哪个才是更重要的因素，因为被摇晃的婴儿有时会用力向下倒。然而，他的总体观点是，脑部肿胀本身是导致这名婴儿死亡的原因，这些损伤证实了母亲的说法。

代表检方出庭做证时，我向出庭律师简要介绍了这一点，并指出，对于据称的摔倒，根本没有瘀伤或外部痕迹能证明。当这种观点被提交给辩方病理学家时，后者引用了一个著名的案例，一个两岁的孩子在麦当劳从半米高的凳子上摔下来，在没有明显的外部损伤的情况下，因为大脑血肿而死。

陪审团裁定本案中的母亲并不构成非预谋杀人罪。她得以重获自由。

一年后，她又生下一子。当地有关部门虽然知道她被无罪释放，但依然相信他们掌握了足够的证据，能证明下一个孩子在她手中可能并不安全。他们启动了抚养程序，希望获得照顾新生儿的权利。

在皇室法院[1]，被指控犯有非预谋杀人罪的母亲，只有在**排除合理怀疑**的情况下，才会被定罪。地方主管部门要求将第二个孩子从这位母亲身边带走，家事法院受理了此项请求，必须重新考虑她所涉及的案件，但适用不同等级的证明标准。家事法院采用较低的证明标准——**盖然性权衡**——来作出判决。这

1 皇室法院（Crown Court），最初根据《1971 年法院法令》设立，在英格兰及威尔士地区与高等法院和上诉法院合称英格兰及威尔士上级法院。这类法院专审刑事案件，在架构上从属于高等法院及其分庭。目前英格兰及威尔士地区共设有约 92 个皇室法院。

一标准可以被定义为超过 50.1% 的有罪概率，相较于排除合理怀疑，属于“更低”层级的证明标准。因此，不同的法院可以根据不同的证明标准，得出不同的结论，而且经常出现的情况是，在涉及儿童死亡的案件中，皇室法院缺乏足够的证据来认定犯罪成立，但是家事法院认为有足够的证据剥夺嫌疑人对死者活着的兄弟姐妹的监护权。所以，曾经被我认为是颠扑不破的真相，现在成了一种并不关乎事实而只关乎如何界定的技术性问题。

任何仅仅满足盖然性权衡的被告人，都不能被刑事定罪。即使家事法院使用这种有罪定义，认定父母“很可能”杀害了自己的孩子，这些父母依然是自由的。而且，由于这些法院对新闻界和公众完全封闭，没有人会获知具体案情。尽管他们可能知道法院已经下令带走任何幸存或未来出生的儿童，或者已经为这些孩子选择了其他保护措施。家事法院的唯一目的，不是为了监禁父母，而是为了保护孩子，而这恰恰符合声称自己的孩子从汽车座椅上摔下来的这名女性的情况。

对于病理学家来说，两个法庭以及两种证明标准之间的鸿沟，将是一场噩梦。根据我们针对第一个孩子的死亡提供的证据，无辜的丧子父母可能永远无法将今后产下的孩子留在身边；或者，我们可能会把第二个孩子交给身为杀人犯的父母。

人们普遍倾向于对涉案母亲宽大处理，包括职业生涯早期的我在内，这是因为深切同情处于压力之下的父母而表现出来的一种内疚感。我现在只要想起小克里斯，就可以感受到类似的同理心。如果我一贫如洗，债台高筑，房子里的每一个空气分子都弥漫着混乱，我还能控制住自己内心的愤怒吗？如果没有任何安静的地方可供逃避，我是否能够不让疲惫和紧张发展为愤怒？

我们当然可以同情，但是，在虐待儿童的案件中，我们必须将自身的同情扩展到那些可能还没有出生的孩子身上。当社会、病理学家最终意识到谋杀、虐待儿童的普遍性时，每一个婴儿的死亡都具有双重重要性。为死者伸张正义，是的。但家庭中其他孩子的安全更为重要。我们宽大处理的倾向不再有一席之地。

有时，在婴儿被埋葬一年多之后，涉案人又生了孩子，因为存在保护新生儿的问题，不得不旧案重提。此时，更完整的婴儿生死图景可能已清晰可见。父母的虐待、忽视或漠不关心可能已暴露或曾经的历史被揭露。整个案子的风向为之一变。于是，我们重新详查案卷。在所有重新查阅的卷宗中，我阅读并重新审查最多的就是死婴案件，这是道德和情感交织的煎熬区域。当我入职圣乔治医院的时候，本想简单地一避了之，但是，随着 20 世纪 90 年代到来，婴儿和他们为什么死亡的问题已经成为法医病理学的核心问题，包括我在内的所有人必须着手解决。

28

法医病理学家的职业还出现了其他变化，当我来到圣乔治医院时，这种变化似乎正在以惊人的速度不断升级，这便是出庭带来的压力。

过去的法医病理学家可谓家喻户晓，两次世界大战之间的每一位报纸读者都知道伯纳德·斯皮尔斯伯里爵士[1]是谁：一个福尔摩斯式的人物，他对任何案件的精辟分析足以确保如果他出庭替检方做证，被告人就将被处以绞刑。在这位偶像去世很久后，他经手过的案子被翻出来重新检查，人们发现，爵士的破案逻辑有时不那么福尔摩斯。但在当时，质疑他是不可想象之事。

他的继任者正是我心目中的英雄基思·辛普森教授。在辛普森教授的职业生涯行将结束、我的职业生涯即将开始之际，

---

1 伯纳德·斯皮尔斯伯里爵士（Sir Bernard Spilsbury），英国病理学家，被认为是英国的第一位司法科学家，一生中经手过许多著名案件，是当时司法科学界的权威。

我曾屏住呼吸观察他验尸，他是一个比斯皮尔斯伯里更具人文情怀和幽默感的人。但他也主要活跃在专家证人出庭做证很少受到质疑的时代。

在我刚开始执业时，出庭本身并不是很糟糕。在最初的几个月里，我尽量避免有争议的案件，尽管事先很难知道什么案件的庭审最终会沦为一场闹剧。总体来说，出庭律师还只是想从病理学家那里得到事实：那时，即使不是萧规曹随般遵循旧制，至少残存有尊重的影子。

然而，当我到圣乔治医院工作时，出庭律师们已经开始把验尸报告视为对方盔甲上一个可能的缺口，越来越多的律师认为，专家证人的证词能让自己狠狠捅上对手一刀。一些病理学家热衷于此。对任何一个自诩为男子汉的人来说，法庭上的起哄声不亚于周六晚上的一场酒吧斗殴，有很多人卷起袖子跃跃欲试。他们在法庭上的表现让我大开眼界，甚至匪夷所思。

王室法律顾问：你的意思是，你绝对确定，刀伤是在死者生前处于平躺位置时施加的？

匿名病理学家：我肯定。

王室法律顾问：你确定？

匿名病理学家：我确定。

王室法律顾问：但你是否意识到，我们已经听到两位证人的证言，说看到死者临去世前还在老肯特路上走？

匿名病理学家：我了解所有证人的证言。

王室法律顾问：那么，你是否考虑过死者可能……？

匿名病理学家：我不这么认为。

王室法律顾问：你甚至认为连一点可能性都没有……？

匿名病理学家：很抱歉，我不得不提醒你，我今天已经宣誓。发誓要说出全部真相，除了真相什么都不说。因此，你可以提供一个证人，说死者正在踢英超，或者他在老肯特路上走，或者其他任何事，但我仍然有责任遵守誓言，完成一名专家证人的角色：说出真相，我看到的唯一真相。（铿锵有力地）因此，我告诉你，这人被刺伤时处于仰卧状态。

我发自内心羡慕这位同事，同时知道自己永远不会像他那样。在这种情况下，我可能不得不承认，尽管可能性很小，但我的意见也可能是错的，存在其他解释、其他版本的真相。同时，我的工作要求我坚持自己得出了正确的结论。

我最喜欢的法庭，至少在理论上如此，是非对抗性质的非正式法庭：验尸法庭。在这里，验尸官主导真相的调查。死者的妻子坐在咫尺之遥的地方，哭红眼睛，渴望真相，又害怕知道真相，即使丈夫已经去世数月，也仍然会对死因震惊不已。死者的孩子也坐在这里，泪流满面，愤怒地告诉验尸官，他们不认为这是一场意外，他们很清楚是谁干了这事。死者的朋友也在这里，稍显拘谨地表达自己的支持，同时因法庭的场景而震惊。

我面向遗属，尽可能简单、友好、清楚地解释死者的生命是如何结束的，尽可能少给他们造成痛苦。我会回答他们的问题，同时满心同情地点头致意。他们常常反复询问同样的问题，好像不管他们听得多努力，根本听不到答案一般。验尸官会对我表示感谢，我则坐回原位。

当我离开时，一些遗属会拉住我问同样的问题。我再一次告诉他们，死者走的时候真的没有受苦，结局来得很快，他可能没有时间去理解发生了什么，他本来身体很好，没有癌症的证据，他以前抱怨的胸痛不是心脏病引起的。

通常，验尸官会作出裁断。意外死亡、自杀身亡、自然死亡、意外事件、非法杀人……死者的遗属离开时身心疲惫，但他们会感觉到，与死亡有关的手续现在全部履行完毕。他们已经听到了我们的判断，而且，希望他们的心声也已传达。死者的案件得到了全面公开审查，死者去世的原因和事实已由官方进行说明。

但愿刑事法院也能展现出类似的人文关怀。面对人身攻击时，在公众场合站出来捍卫自己专业意见，成了例行公事，很少有工作是这样的。当然，也有专家证人恶名在外，会因为受雇而信口开河。我与他们并非同道，也不喜欢被事务律师那样对待，他们会问我，是否可以稍微改变我的观点或删除我报告中碍事的段落。选择这份职业的时候，我想自己会把与死者有关的真相告诉还活着的人——他们听到时会心怀感激。但是，在迈向新世纪的当下，我开始感觉自己像是一条忠犬，骄傲地把一根棍子放在主人的脚边，却因此被主人狠狠打了一顿。

尽管如此，我在出庭做证时依旧相当自信。我知道自己需要调查的主题，我清楚自己的发现，我坚持自己的结论。但是，在证人席上宣誓完毕后，事情就不再由我控制。出庭律师们掌控了局面，当他们说我必须留下来回答问题时，如果法官没有干预，我就必须照做。

到圣乔治医院工作后不久，在证人席上不甚愉快的一段经历曾让我好几晚辗转反侧，似乎预示着即将到来的不幸事件。当我对一个“出租男孩”，即只有十几岁的男妓进行验尸时，还没有意识到，案情不会如此简单。死者前一天晚上被人发现，之后在医院里溘然离世。尸体看起来非同寻常，满是青紫色的瘀伤，我是说，全身都是。事实上，他的体表状况非常符合我所生活的那个时代经常挂在嘴边的老话，当时大人经常会对淘气的孩子大喊：“我要把你打得体无完肤！”

我在死者身上总共找到 105 处瘀伤和很多擦伤。凶手使用的武器是杠铃去掉两端重物后的圆柱形金属棒。金属棒两端留有交叉形痕迹，而这在一些伤口上得到了重现。还有一些擦伤，在我看来，这是因为金属棒的圆形端部曾被用来捅刺受害者。

死于瘀伤是很不寻常的，这名 19 岁的受害者显然遭受过相当多次击打。我把死因认定为多处钝器伤。事实上，病人被送入急诊室后，就患上了一种名为弥漫性血管内凝血的并发症，这种疾病是由于机体的防御系统对创伤过度活跃而引起的，最终导致凝血机制被压制，从而引发身体各个部位持续出血，其中还包括某些重要器官。休克接踵而至，在大多数情况下，最后的结局都是死亡。

我去过案发的公寓区。年轻人最终是在三楼被发现，但他是在九楼遭到殴打，所以，他摇摇晃晃地走下 74 级楼梯才倒地。我量了量台阶和立板，心里十分清楚，他的伤势除了一两处可能是在楼梯上跌倒时所致，基本上都是由于遭遇铁棍的打击，而不是因为从楼上摔下来的缘故。

被告人也是一名男妓，同样大约 19 岁，他实际上是死者最好的朋友，由共同的“叔叔”负责拉皮条或提供资助，抑或两者兼而有之。多年来，发现男性（女性则不明显）如此频繁地杀害自己最好的朋友，这让我颇感惊讶。兄弟之间的自相残杀更加频繁。在本案中，死者去了被告人的公寓。他们整个下午和晚上都在喝酒，死者的血液酒精含量大约是酒驾水平的两倍。就在午夜前，三楼的一位居民打电话叫了救护车：她发现受害者浑身是伤，躺在她的公寓外。被送到医院不到 12 小时，这位伤者便宣告不治。

发生了什么事?

在我看来，那位朋友殴打死者，根本无法停手。最终，死者从公寓逃了出来，走下楼梯。如果袭击者还有理性可言，那么他可能推断没有人会死于棍子的重击和碰撞——而这显然是谬论。

我收到通知，检方传我作为专家证人。这对我来说司空见惯，感觉像是例行公事。我确实认识辩方律师，一只特别固执的“老虎”。虽然上了年纪，但依旧毒辣老道。他以纠缠专家证人而闻名，我对此倒不太担心。这个案子很简单，我很可能在几个小时内完成做证。

在与检方共同出席的预审会议上，检方出庭律师曾警告我，他会就105处伤逐一向我求证。我希望在这场马拉松般的庭审诘问之后，陪审团能清楚地知道这个年轻人为什么死了，这样辩方就不会再有问题，我就可以走了。

我出庭并完成了做证宣誓。法庭收到了一些验尸照片的复印件：虽然没有像我们今天使用的图像那样做模糊化处理，但也没有什么太可怕的，每个瘀伤区域都有记录和编号。我早就准备好了这些照片，并提前交给了皇家检控署，但和往常一样，凡是涉及照片，都会引发很多人的胡思乱想。警官们误用照片而导致自己处处碰壁，法官和陪审团发现自己手里的照片和警方的完全对不上号，人们传看照片，组织之混乱，让我几乎抓狂，哭笑不得。

如我们之前详细讨论过的那样，检方律师开始和我讨论105处伤痕的细节问题时，弄得大家都昏昏欲睡。在这个过程中，我犯了两个小错误，都是检方律师善意发现的。第一次是背部右侧第11号伤痕。

我：……再次指出，伤害是由棍状钝器所致，与造成死者左侧胸部伤害的痕迹相吻合。

王室法律顾问：当你说胸部的时候，难道是在指后背？

我：哦，抱歉，是的，我是这个意思。我刚才所讲的伤害，是死者背部标注出的伤口。

而类似的愚蠢错误，我后面又犯了一次：

我：……如你所见，第 71 号伤口是一处长度约为 10 厘米、深度约为 3 厘米的瘀伤。

王室法律顾问：你是否在自己提交的验尸报告中，除了以上这些标记号码的伤痕，还发现了一些其他的体表特征？

我：实际上，与胸部的情况类似，我在死者大腿部位发现了一些平行分布的瘀痕。

王室法律顾问：和死者背部的情况类似？

我：和背部的情况类似，抱歉。你说得很对，我搞混了胸部和背部的情况。在背部，至少，存在三处平行的瘀伤……

考虑到我们现在讨论的案情复杂，这些失误似乎微不足道。我本来想说的是背部，结果说成了胸部，但得到了及时纠正。我不认为法官、陪审团、检方或被告人受到了误导。然而，辩方律师早已对此失误摩拳擦掌，准备下手了。

法官询问辩方律师大概需要多长时间来进行交叉询问，以便决定何时让陪审团休息一下，“老虎”意味深长地建议，既然刚刚出现了新的情况，那么最好现在就开始休息。

中场休息 20 分钟，这在象棋选手看来，显然是一种策略。休息期间，我在思索辩方律师所指的新情况到底是什么，是我刚才所说的话？我不禁想起辩方律师的声名，果然不出所料，在大家重返法庭后不久……

辩方王室法律顾问：我认为，你曾经两次在本来想说后背的时候说了前胸？

天呀。如果辩方律师抓住我所犯的微不足道的失误，试图向陪审团证明我的能力不足，那么现在，我知道，真正的麻烦来了。

我：的确如此，是的。

辩方王室法律顾问：这种错误很容易犯，是不是？

我：嗯，是的，很容易把问题搞混，我脑子里想的是胸部后面和胸部前面。

辩方王室法律顾问：但是，谢泼德医生，你此前所说的可不是这样。

我：不。在我本来想说后背时，我误称为前胸。

辩方王室法律顾问：错得很离谱，不是吗？

我：好吧，我承认存在错误。但我不确定这算不算得上“离谱”的错误。

辩方王室法律顾问：很好，在你更精确的时候，或许你能达到更高的精准度。例如，金属棒的重量（即本案的凶器）——450 克，是否正确？

我：我的验尸笔记上是这么写的。

辩方王室法律顾问：然而，我们将看到这件证据的准确重量为 421 克。虽然从重量角度来说差不了多少，但如果从你说的精准程度来说，就差得很多了。

闻听此言，我觉得自己脸上有些发烧。混淆胸部和背部的错误并不严重，但被指控弄错了凶器的重量，这在陪审团看来可能会显得我粗心大意。但现在没时间去细想此事，辩方律师毫无预兆地转移了话题。

辩方王室法律顾问：如果一个人喝了酒，虽然取决于他喝了多少，以及是否经常喝酒，是否会影响此人的步态稳定性？

我：可能。

辩方王室法律顾问：那么，如果此人还遭受生理创伤，比如遭人打击，事态肯定不会向好的方向发展，是吧？

我：我认为这取决于打击的力度。

辩方王室法律顾问：谢泼德医生，你认为死者曾经被人打了一百多下，对吗？

我（现在变得异常谨慎）：这属于大致估计。

辩方王室法律顾问：现在请你把这个逻辑贯穿始终。你是个医生，被叫去位于九楼的一间公寓。有人告诉你，而且你也看到一个男人曾经……让我们完全采纳你的证据……被人打了105下。他说："我想走到三楼。我知道我喝了一杯。"总共需要走过74级台阶和八个半楼梯平台。你会不会说："好吧，老弟，走吧。我在底下等你？"

如果我没有宣誓做证，我可能会哑然失笑。如果辩方律师发现自己在某幢公寓楼的九楼和一个喝醉的年轻男妓共处一室时，真的会管他叫"老弟"吗？但我真正关心的是：他问这些到底想要干吗？

在一系列关于我是否、如何以及为什么在半夜帮助一个喝醉的男妓下楼的问题之后，辩方律师终于以一种奇怪的方式爆发，让我不禁想起了自己已过世的父亲。

辩方王室法律顾问：能否让我直接切入主题，不再一问一答兜圈子了，好吗？你希望能够确保他没从74级台阶上摔倒对吗？

我：是的，这是我所顾虑的问题之一。

辩方王室法律顾问：是的，因为如果一个人遭受到你所说的那么多次打击，就可能会摔倒吧？

我：很明显，任何人面临这种状况，都可能会摔倒。

辩方王室法律顾问：如果他摔倒的地方没有铺地毯，他可能会受伤？

我：当然，如果摔在下面的楼梯井处，就会受伤。

辩方王室法律顾问：很好！

天哪。辩方难道想辩称，105处伤痕实际上都是受害者从楼上摔下来造成的？难不成他想试图说服陪审团，这不是一起用金属棒实施的谋杀，只是一系列摔倒造成的不幸？这个想法荒谬至极。

辩方让我详细描述楼梯井，尽管事实上陪审团已经看过它的照片了。我记不清他重复了多少次那里有多少级楼梯。我想法庭上的每个人那天晚上都梦到了数字74。他坚持认为，从这74级水泥楼梯上摔下来的后果可能非常严重。对此我无法反驳。但我不相信死者的伤痕，或者至少是致命的伤势，是从楼上摔下来造成的。

然后，他又回到了受伤的问题。一处一处，总共105处。他一个接一个地让我证明这些伤痕不是所谓的摔倒造成的，然后再逐一质疑我给出的每个答案。

这次交叉询问让我吃惊。死者生前无家可归，童年大部分时间处于断断续续有人照料的状态，之后还曾一度露宿街头，最近才刚刚获释出狱。被告人的背景与他非常相似。如果这两个人之前能获得些许社会援助与照护，如果公众之前能把对这场审判的关注分给他们一点，那么也许就不会发生谋杀了。

辩方律师如此努力地为一个明显处于社会边缘的当事人辩护，善莫大焉。如果学识渊博的律师曾经从这个蜷缩在门口的小伙子身边经过，我不认为他会看一眼，更别说在对方的杯子里施舍一枚硬币了。现在这个年轻人因谋杀罪而受审，这位律师为此使出了浑身解数。我希望他能在不损害我作为专家证人的声誉的情况下完成自己的工作。但我知道，在另一个案件中，面对另一群陪审团，我们可能会并肩战斗，他会称赞我的经验和技能，而不是倍加苛责。

交叉询问持续了一天，并一直持续到第二天上午，然后又拖到第二天下午，接着是第三天上午。现在，辩方律师不仅辩称死者的伤痕是从楼上摔下来造成的，他还主张，受害者皮肤上呈现出的铁棒表面的交叉阴影，实际上只是由其身着的棉制T恤的纤维经纬造成的。

后来，许多轮茶歇过后，当我回到证人席，准备绝地反击再战几个回合时，我看到辩方律师健步跃了上来，仿佛脚下安了弹簧一般，他的眼睛在假发下面闪烁着危险的光芒。我知道这只“老虎”正准备猛扑过来。

辩方王室法律顾问：我认为，在酒精的作用下，人一般会更容易流血，是这样吧？

我：长期酗酒且有肝部损伤的人，可能会出现血液凝块问题。但本案并不涉及此种情况。我认为饮酒的作用相当有限。

辩方王室法律顾问：对于这个问题你是否有临床经验？

我：不，没有。

辩方王室法律顾问：不清楚这点？

我：不是特别清楚。

辩方王室法律顾问：不是特别清楚，是指什么？你清楚这一点吗？

我：根据我的经验，我不清楚被酒精影响的人是不是比正常人更容易出现瘀伤。

辩方律师显然不想听到这个答案。他再三争辩说，酒精会使皮肤表面的毛细血管扩张——我同意这一点——因此饮酒者更容易出现瘀伤，对此我并不认同。我记不清他多少次试图一步一步引导我认同他错误的逻辑推断，即受害者只是因为喝酒而出现了浑身瘀伤。我真的开始怀疑是谁被铁棍打了，是受害者还是我？但我坚定地坚持科学事实。最后，辩方律师被惹毛了。

辩方王室法律顾问：你到底是从哪里得出这些结论的？是一夜之间做完研究的吗？

我：可以通过参考临床医学教科书，了解皮肤创伤所导致的各种后果。

辩方王室法律顾问：有没有推荐书目，让我今晚参考一下？

我：任何一本分子生物学的教材都可以。我没办法给你提供具体书名。

辩方王室法律顾问：没有你熟悉的书吗？

我：或许盖顿编著的教材可供参考。我没办法告诉你现在使用的是第几版，但应该是第三版或第四版。任何其他血液学的教材也包含这些内容。

辩方王室法律顾问：能否给出任何此类教材的编著者姓名？

我：没办法给出具体的作者。

法官：谢泼德医生，辩方律师大概需要阅读多少页？

我：恐怕我无法提供答案。

辩方王室法律顾问：这超出了我的能力范围，但我还是会找本书来读读。

法官：好，请庭后将该书提交给我，律师。

辩方王室法律顾问：我会的，法官大人。

到此为止，我对辩方律师及法官心生嫌怨，开始怀疑他们曾待过同一间办公室，或者至少是同一个伦敦俱乐部的成员。有一次，当法官对辩方表示不耐烦时，辩方律师要求在陪审团不在场的情况下与他谈话。陪审团、新闻媒体、公众和我都尽职尽责地离开了法庭。当律师和法官以这种方式谈话时，通常意味着他们正在辩论一个法律问题，而我们回来时会发现法庭上气氛明显冷淡，一方的律师面带喜色，另一方的闷闷不乐。但是，当我们回来的时候，辩方律师和这位法官都笑得很开心，就像在炉边闲坐的朋友一样。

辩方试图说服陪审团相信，死者从楼梯上摔了下来（我有没有提到有 74 级楼梯？），所以浑身遭受严重击打，而在这一过程中，他因为喝过几杯酒，所以身体的瘀伤极为可怕。我整个晚上都在狂热地给朋友们打电话，讨论瘀伤的问题，并在医院图书馆寻找那本教科书。

第二天，我们再一次纠缠这个问题。我能做的只是克制自己想杀人的心情。

辩方王室法律顾问：你向我及法庭提过一本教科书，盖顿编著的教科书。

我：没错。

辩方王室法律顾问：现在你手边是否有这本书？

我：我现在手边有一本。

辩方王室法律顾问：有没有可以为你的观点提供支持的内容段落？

我：我已经在涉及血管受伤后体表特征的部分做了标记。

辩方王室法律顾问：你找到了？

我：是的，在这一版的第 36 章。

辩方王室法律顾问：哪一版？

我：我认为应该是第八版。

辩方王室法律顾问：嗯？可是你之前和我们提到说应该是第三版或第四版。

我：我想我说的是，我不知道现在使用的是第几版。

辩方王室法律顾问：能否让我看一下？

但我认为，他自己肯定早就看过了。他没完没了地追问我有关血小板或凝血的问题，试图证明自己的观点，直到陪审团开始犯困，就连法官都打断他了。

法官：请原谅，但我希望询问谢泼德医生的问题是：你所指出的那一章中有没有内容显示酒精会增加瘀伤？

我：法官大人，该书对此并未提及。其他我参考的教材中也都不存在类似的表述。我并没有找到这类事实。

法官：如果观点成立，那么你认为它将出现在那本书的那一章，对吗？

我：是的，法官大人。

但这并没有真正阻止辩方的努力。辩方律师以各种方式提出自己的错误观点，一而再，再而三：饮酒会增加毛细血管的血流量，因此瘀伤产生的可能性肯定更大。

出庭做证整整一周后，我终于获准离席。真是让人长舒一口气。

这个案例说明，人们可以从事实中得出不同的结论。在法庭对抗的熔炉中，真相变成了一个个微妙的、可变的商品，这就是为什么作为一名专家证人，我被迫以各种让自己觉得不舒服的方式解释事实。辩护——律师提出理由说服别人的艺术——不用顾忌良心。任何一所法学院都会同意，一些容易的案子会因辩护不力而败诉，而一些困难的案子会因辩护得力而胜诉。总的来说，正义的衡平取决于一个为英国社会服务了数世纪的观念：随机选取的 12 个人，没有受过特殊训练，根据他们听到的所有证据就能形成判断。

在上面提到的这个案件中，陪审团裁断被告人犯有谋杀罪，并判决其入狱服刑。我想知道被告人是否和我一样经历了那么多不眠之夜。至少，一切似乎都结束了。

但事实并非如此。本案被告人在监狱里待了几年后，这位律师试图争取对既定判决的上诉许可，因为他手里掌握了新的证据。新的证据是，我没有在法庭上出示任何教科书，能反驳辩方律师所提的理论，即死者摔下楼梯后产生的瘀伤是由饮酒引起的。他还列举了若干关于我不称职的问题。

现在我真的怀疑究竟是谁在受审，是我还是那个被定罪的凶手？但我确实有时间争取支持。一位非常资深的血液学家读了庭审记录后撰写了一份报告，报告的结论是："酒精导致皮肤毛细血管内血液流动，这在皮肤出血（瘀伤）中最多只能起到微不足道的作用。辩方以常识的名义强行转移焦点，而这种想象出来的血管充血的画面是具有误导性的。"

在案件最终获得上诉法院审理之前，我们等待了相当长的时间，结果案子一下子就结束了。这些虚假的“新证据”被上诉法院的法官们一眼识破，他们最终驳回了上诉请求。

我很佩服这位辩护律师坚持为自己的客户，一个处境非常不利的年轻人持续奋战。如果我被指控谋杀，我也希望他为我辩护。然而，作为面对他的枪林弹雨的专家证人，我认为他尤其擅长粗暴无视那些不利于他的辩护的医学事实。

从那时起，如果我出庭做证时遭遇艰困状况，我的应对机制就是亚历山大·蒲柏。多年前我父亲在那本字典里为我苦心写下几句话，告诫我，即使确信自己是对的，也要谦虚发言，要欣然承认自己有可能是错的，要审视、承认自己的错误，在教导或纠正别人的错误时应十分尊重他们的情感，永远不要出于礼貌而勉强接受明知道错误的概念，永远不要接受对方不恰当的纠正。尽管英国的对抗式庭审模式形成了咄咄逼人且坚定的辩护风格，律师们经常无视事实，但我还是会努力坚持蒲柏教导的原则。

29

一想到曼彻斯特的海德小镇，我的内心就会生出温暖的感觉。我的母亲在这里长大成人，她的家人和朋友也都生活在这里。小的时候，这里是一个快乐的旅游目的地，也是我一生的朝圣之所，因为我的母亲就被埋葬在这里。

想到海德的那些老太太们——我的外祖母和姨妈——我就很高兴，她们和我有时看到的那些孤僻、营养不良的老人们很不一样。她们总是展开双臂热情地欢迎我，把我拉进她们忙碌的生活和光洁如新的家。同时，她们显然也是这个范围更广的社区的固有组成部分。

1998 年，我接到一位辩方律师的电话，请我对一位来自海德的女士进行第二次验尸。凯瑟琳·格伦迪太太是我母亲一家的朋友，也是我姨妈的同学。她于 6 月 24 日去世，并在 7 月 1 日下葬于我母亲所在的墓地。

然而，她的尸体在 8 月被挖掘出来，现在我正站在泰姆赛德综合医院的停尸间里察看她的尸体。

格伦迪太太享年 81 岁，但似乎身体非常好。没有生前搏斗的迹象。而且，对于她这个年龄的人甚至比她年轻的一代人来说，非同寻常的是，她的动脉只显示出轻微的粥样硬化。

毒理学检测告诉了我们另外一个故事。虽然我在她身上找不到注射点，但在她死亡前的几个小时里，她显然曾被注入大量吗啡或二乙酰吗啡。所以我给出的死因是：过量使用吗啡。

事实上，格伦迪太太死在了自己信任的家庭医生手中，正是因为她的暴毙，人们才最终发现哈罗德·希普曼[1]的连环杀手身份。此人得到病人的高度评价，在那个社区里倍受推崇。我对他受喜爱的程度记忆犹新。许多人都说，他是这个地区最好的医生。希普曼特别受老年人的喜爱，因为他乐于上门随访，而且在海德工作过一段时间。1992 年，他创建了自己的诊所，口口相传的推荐让他深受患者欢迎。

凯瑟琳·格伦迪太太的突然去世引起了人们对他的怀疑，因为就在几天前，格伦迪太太的遗嘱突然被修改，她的这位家庭医生能从中受益。而希普曼给出她的死因是“年老体衰”。

然后是更多的案件调查，更多的开棺验尸。我参加了其中的五次验尸。我看到的第二具尸体是一位 73 岁的老人，她患有非常轻微的冠心病和肺气肿。希普曼在其死亡证明上声称她得了肺炎。但她不可能得肺炎，却存在吗啡中毒的迹象。下一具

1 哈罗德·希普曼（Harold Shipman），英国家庭医生、连环杀手，据估计他的受害者有两百多人。2000 年 1 月 31 日，希普曼被判处终身监禁。2004 年 1 月 13 日，他在狱中自杀身亡。

尸体的情况如出一辙。所有死者的死因都一样。

一个家庭医生竟然杀死了自己的六名病人，真是令人难以置信。在事后撰写的一封信中，我表示：

> 很明显，吗啡的来源必须得到确认，而且还必须考虑污染的可能性……鉴于死亡日期和验尸日期之间的间隔，以及围绕这些尸体的众多事件和行动，必须绝对地排除污染的可能性……我建议征求某位化学家的意见，看看在生产防腐液、制造棺材板材或棺材时使用的化学品，是否可能在掩埋时被含有吗啡的物质污染……最后，还应研究尸体之间存在其他联系的可能性（防腐人员、殡仪业者、工作人员）。

当然，我认为所有其他的可能性都应该被调查，不仅因为我是希普曼辩护团队聘请的病理学家（是的，连环杀手也有权得到辩护），还因为我，或者说我们，都不愿相信医生会有计划地杀害病人。几年后，当希普曼因谋杀不少于 15 名病人而入狱时，人们很难接受珍妮特·史密斯女爵士的公开调查结论：20 多年来，他无疑杀害了 215 人，还有数百起案件在现阶段已经不可能查明事实。

希普曼的杀人理由还不清楚。一般来说，受害者都是独居者。一般来说，受害者是老年女性，但并非总是如此。人们希望希普曼最终能说出自己为什么那么做——也许能确认他的病人中发生的494起死亡，其中有多少人因他而死。几年后，2004年，当希普曼被发现在牢房里上吊自杀时，人们的希望破灭了。

在掘坟验尸后，海德在我心中的印象改变了。我无法再把这里与母亲温暖的家庭和充满活力的老太太们联系在一起，相反，这里成了老年女性死于连环杀手手中的地方，她们曾如此信任这个照护自己的人。

从挖掘现场返回伦敦时，我对希普曼被指控犯下的一小部分罪行仍半信半疑。不愉快的经历接踵而至：我要与伊恩·韦斯特正面交锋。令我惊讶的是，他已经从盖伊医院退休。多年来他发誓永不退休，而他现在却那么做了。坊间传闻，伊恩身体有恙，但当然，他不可能从伦敦的谋杀现场消失，专心照料自己在苏塞克斯的花园。他经常在停尸间和法庭露面，当我从曼彻斯特回来，琢磨关于希普曼的真相时，我发现他将在一起持刀杀人案中成为我的对手。

我们存在根本上的分歧：不是通过面对面的会面，而是通过撰写措辞强硬、相互对立的报告。他的反驳一如既往非常有力，尽管我当时就发现，而不仅仅是回头来看，他的文风没有以前那么粗犷了。

本案的核心在于行凶者对刀如何进入受害者心脏的叙述。这样的叙述往往充满想象力，到现在为止，我已经听过关于刀锋刺入他人身体的每一种借口。最常见的说法是“他撞到了刀口上”。这并不总是容易证明或反驳，我需要尽可能多的证人证词，以帮助重建袭击的过程。但在本案中，一个证人也没有。一位妻子和丈夫吵了起来，结果是男的死了，我们现在只剩下这名女性的证词。事实上，在讯问她之前，资深调查官打电话给我征求意见，这种情况非常罕见，但他知道整个案件确实取决于涉案女性对所发生事情的准确描述。

我说："别给我泛泛而谈，把她咬得死死的。别让她告诉你：'他就冲我过来了！'那没有任何意义，让她重新演一遍、描述一遍，说清楚谁在哪里，她是如何拿着刀的，她用哪只手拿着刀，他们两人朝哪个方向移动。然后，我也许能证明或反驳她的说法。"

他完全按照我的要求做了。然而，这起案件仍然迷雾重重。

案发前，这对夫妇正在协商离婚，为两个小儿子应该和谁一起生活爆发了激烈争执。两人生活富裕，房子很大，管理完善。父亲急切地想要这两个孩子，家事法院即将开庭。他们仍然住在一个屋檐下，但母亲已经为自己和孩子们租了一处房产，不久就要从家里搬出。

去世的那天，父亲请假和孩子们出去玩。母亲向他们挥手道别时，他突然把车停在车道上，走进屋里，示意母亲跟着他。她以为他忘了什么，便跟着他进屋。父亲关上他们身后的门，宣布要孩子们和他一起住。

根据妻子的陈述，接下来的争论是：

我说："但是，你要去上班，你打算怎么做？"

他说："我要辞职了。我要照顾我的孩子。"

我说："哦，不，你做不到。"

妻子接着描述了她丈夫的愤怒。他下颌扭曲的样子就是一个明显的征兆：她记得上次自己遭到他的殴打前就是这样。但是，正如她所说的那样，尽管她享受着中产阶级的生活方式，但她是来自艰苦地区的坚强的人，在孩提时代，她便清楚，畏缩退让只会让别人欺负自己。于是，在此前的冲突中，她奋起还击，现在她也准备这么做。

她无法解释两个人是如何从走廊来到厨房的。

但接下来发生的事情，便是我站在厨房后面，他殴打我的腹部。他开始猛击我的肚子，我以为他在打我，但当我向下看时，发现一根绿色的手柄，他不是打我，而是在捅我。

我说："你在干什么，你要杀了我！"然后，他从我肚子里拔出刀，开始把它划向我的脖子。他想割断我的喉咙。他想割我喉咙里的动脉让我死……

我对他说："看在上帝的分上，你想杀我，想想儿子……别，别杀我，想想儿子……你可以把孩子们带走……把孩子们带走，请不要杀我。"

我没想到他会再拿一把刀什么的，但后来他开始踢我。他把我的头撞到地板上。我这里有瘀伤，他打断了我的一颗牙。他反复撞击我，还抓起厨房里的一把椅子，他用椅子撞我，我当时想，天哪，在我被打死之前，他都不会停下来。我已经奄奄一息了，身上都是伤。我浑身是血。我觉得我，我，好像在洗澡一样，浑身是血。

他什么也没说，只是把刀架到我脖子上，我不得不把刀从他手上夺下来……他把我勒在那里，把刀割进我的脖子里，我用右手抓住了把手或刀刃，或是别的什么东西，我就紧紧抓住了它……到处都是血，墙上地上都是。

我已经，已经，把刀夺下来了，用我的右手，所以我用手乱挥。我要么向前捅，要么向左右挥动……我一定是滑倒了，不然就是趴在地上，拿着刀在发抖……

讯问者此时打断了她的叙述，让她再次模拟当时的场景。讯问者能够确定她坐在地上时曾挥舞过刀，但她无法描述受害者与刀之间是如何接触的。事实上，她没有理由认为自己杀死了丈夫，因为他跑出了房间。她冲到车库，锁上门报警。在整个过程中，这两个小男孩被束缚在停在家门口的汽车座椅上。

她说的是实话吗？或者，她杀了他然后又伤了自己来证明是他袭击了她？

现场照片证实了她的说法，厨房墙壁上有血迹，地板上的血迹很厚。椅子坏了。看起来这里确实发生了一场争斗。

丈夫身上的伤情如下：

左胸上方存在表皮割伤。

左小腿存在深度约为3厘米的刺伤。

右手手掌存在两处具有一定深度的小创口。

一处刺伤穿过右心室前壁，在心尖留下一个小创口。

他被紧急送往医院，医生尝试了大面积心脏手术，所以存在多处缝合。手术最终没有成功，当然，正是这个心脏的伤口被证明是致命的。

不过，从表面上看，他的伤势并没有他妻子的那么严重，我没有见到她，也没有亲自检查她的伤势，而是看了很多她伤口的照片。我在寻找自残的伤痕，这是一个谋杀犯打算以自卫作为答辩理由的标志。

病理学家经常不得不分辨凶杀与自杀、意外伤害与故意伤害。刀伤是作假者可以驾驭的领域：它们看起来如此可怕，缺乏经验的人乍一看就立即相信，没有人会这样对自己。然而，这些年来我认识到，为了避免受到谋杀罪指控，人们几乎无所不用其极。自伤通常是可以识别的，人们旨在利用最小的力产生最大的效果，自伤明显总是出现在身体的某些部位，这些部位很容易被自己的手接触到。无法自己造成的伤害也是可辨认的，因此，我有时很乐意帮助无辜者免受攻击指控。

本案中的妻子的伤口有：

左上臂、左肩、左颈、右髋、左髋、右大腿以及右手部位的瘀伤。

颈部左前方有一个裂开的切口，但不是很深。

同一区域的表皮划痕。

颈部的刺伤。

锁骨上的切口

左肘后部的切口。

右侧乳房下方的水平切口。

腹部两侧的较短刺伤。

右大腿上的刺伤。

右手上的一个裂开的切口。

右手拇指的短而浅的伤口。

左手上的刀子擦伤。

一颗坏牙。

皇家检控署就此案举行了多次会议。当已故丈夫的家人发现妻子可能不被起诉时，他们愤怒地讨论是否提起自诉。他们聘请伊恩撰写了一份报告，把死者妻子对警察描述的打斗过程与她实际的伤口做了比较。

当我从曼彻斯特回来的时候，他的报告已放在我桌上。报告的措辞堪称雷霆万钧。

手臂的钝器损伤可能是由手臂遭到的一系列打击所造成。其样态似乎不是典型的抓握……

虽然一个人有可能利用物体打击自己或通过掐捏等方

式在自己身上留下瘀伤，但在这种情况下，手臂上的损伤可能是丈夫的攻击造成的。

然而，她受伤的总体模式完全不符合意图捅伤对方的死者发起猛烈攻击所能造成的那种伤口。虽然皮肤是身体中最强韧的组织之一，但一旦刀尖刺穿皮肤，即使仅存在适度的推力，也无法阻止刀具深入身体，在许多情况下刀刃甚至会贯穿全身。这位女士身上所有的伤口看起来都很浅，似乎没有任何实质性的穿透。

颈部自残引起的割伤并不少见。没有证据表明刀子是以刺伤的方式刺入颈部的。鉴于这些伤口据称是在她的腹部刺入的，我坚决认为，它们不符合蓄意的强力刀刺，而是符合在相当大的控制下造成的自伤或刺伤。

这位女士可能曾经是他人殴打的受害者，包括拳打脚踢，甚至是用椅子砸，尽管我几乎看不到任何证据来支持对大腿的重击或头部被强行冲撞在地板上的指控。伤口的总体情况与自伤相符。

我同意妻子受到钝器伤的袭击，但不同意刀伤是自己造成的。我给出了几个理由。

首先，当她腹部被刺伤时，她把这描述为感觉像是被打了一拳，根本不像被割或刺伤。对于被刺伤的人来说，这是一种非常常见的误解。我一次又一次地听到受害者说，他们只感到被打了一拳，而不是刀子本身的穿透力。这是事实，但这不是妻子本就有可能知道的那种事实。

第二，虽然她有可能可以自行在脖子和腹部留下伤口，但如果有人伤到一只手手肘的背部和另一只手的背部，那样做将是非常困难和不寻常的。

第三，最重要的是丈夫的伤势，在他身上的四处刺伤或割伤中，有三处出现在身体的非致命部位。腿上不寻常的刺伤确实表明，刺伤形成时他的妻子当时在地板上，或无论如何她身处低处。心脏的致命伤可能是故意造成的，但在为控制刀子而斗争的背景下，我觉得不可能**排除合理怀疑**，即伤口有可能是意外造成的。从妻子的钝器伤来看，肯定发生过非常严重的搏斗。

因此，尽管本案充满了疑问和矛盾，但作为一名专家证人，我不能排除合理怀疑，确认对丈夫致命的刺伤是故意的，或者妻子的伤势是自己造成的。即使是从罪责较轻的角度综合各种可能性，我也觉得是丈夫而不是妻子，造成了后者身上的创伤。

皇家检控署决定，追查此案不符合公众利益，确切说不符合财政利益。验尸官意识到法庭上坐着一众非常愤怒的受害者家人，要求警察在场的情况下再进行死因调查。伊恩没有当场发表声明，不过，当然也有人提到了他的报告。我的做证不时被愤怒的哭声和嘲笑打断。验尸官不止一次呼吁大家肃静。

当验尸官作出正当杀人的裁断时，我的意见得到了证实。宣判后，人们沉默了好一会儿，随后法庭陷入骚动。

呼喊声越来越大，我赶紧逃走。据我所知，受害者家属威胁对妻子提起的自诉并没有落实。我到家时，克里斯出去了，安娜正聚精会神地读她的物理书。

她让我想起了珍。我手里还拿着持刀杀人案厚厚的文件，我在想，自己是否曾经如此专注地钻研过我的课本，或者，像克里斯一样，我曾经更不稳定？

“你今天做了什么？”她问道。

我向她讲述了验尸法庭和愤怒的亲属。这是她第一次直接询问我的工作。

令我惊讶的是，她问：“我能看看照片吗？”

关于我的工作，她知道那些照片属于禁忌。

“谁的照片？”

“丈夫的尸体。”

她当时15岁，正在攻读中等教育普通证书。我摇摇头。“你还太小了不该看停尸间的照片。”

“不，真的，我想看看。我在生物学书上见过很多图示。”

“但是，你的生物书图示里没有刀伤。”

“我真的认为我可以接受，爸爸。”

也许，她是对的。也许，是时候停止让孩子们远离我非同寻常的工作了。我书房里所有通常用于上课和出庭做证的固定标本（几乎不可能把它们都藏起来）、吃饭时关于医学的谈话，也许这一切都意味着死亡，死亡对她来说比我想象的更为常见。

我说：“我会给你看案中妻子身上的伤痕，看看你会不会不适应。因为她还活着。如果你认为她是为了让自己看起来像遭到丈夫的袭击而刺伤自己的话，你可以告诉我。”

安娜的眼睛一亮。

“我认为她不是，验尸官也认为她不是，但伊恩·韦斯特写了一份措辞严厉的报告，说她是这样。”

安娜热切地点点头。

“我再说一遍，不要和家里人以外的任何人讨论此事。”我严肃地补充道。

她畏缩地看了我一眼。“行。这些我都知道。”

我们度过了气氛怪异但彼此感觉十分亲密的半个小时，讨论了妻子的伤口。吓人的照片似乎一点也没有让安娜感到困扰。最后，在她的恳求下，我给她看了丈夫的照片，是他心脏致命伤的照片。伤口在停尸间被清理过，看起来并不起眼。

“他就像个睡着的人，”安娜说，“尸体其实并不可怕。”

“一点也不可怕，不过，我不会给你看他体内器官的照片。”

她耸耸肩。

“好吧，”她说，“但这不会让我感到困扰。”

我第一次想到，安娜可能逐渐意识到，她希望当一名病理学家。

“我以为你和克里斯都想当兽医。”我说。

“他是想。我也愿意。但我可能想成为一名医生。”

“好吧，我可不希望你成为一名病理医生，更不希望你成为一名法医病理学家。”

她惊讶地对我眨了眨眼，就连我自己都很惊讶我会这么说。

“但妈妈说你爱你的工作！”她抗议道。

“是的。但是……”但是什么？突然间，法庭上的羞辱，愤怒的遗属，一张张悲伤的面孔，死因毫不惹人怀疑却在死后被打扰清净的健康老妪：这一切似乎都是我希望女儿避免的。

“爸爸？”她听起来很警惕，“怎么了？”

我说：“安娜，我刚刚意识到一些事情。是时候重新开始飞行了。”

30

1999年末，斯蒂芬·劳伦斯一家努力争取的调查终于接近尾声。1999年初，威廉·麦克弗森爵士在他的最终调查报告中表示："我们相信调查将即刻产生直接影响……将劳伦斯夫妇的正当起诉，迄今为止当地和全国少数族裔社区对这起案件以及其他案件的不满和不快，以及警察对他们的所作所为，强行带到公众面前。"

警方对斯蒂芬·劳伦斯之死的调查被形容为"明显有缺陷"，我相信正是此案让公众首次知道"制度性种族主义"的说法。这次调查及后续结果的披露，标志着公众对警方态度的重大转变：他们不再必然是无辜者值得信赖的朋友。而且，调查或许也让伦敦警察厅内部对少数族裔群体的态度开始发生改变。

对劳伦斯一家来说，一切还没有结束。剩下的故事众所周知，此案的影响在接下来的13年间陆续显现，也许未来还会继续显现。至少在某种程度上，由于这一案件，2005年英国修订了《双重追诉法》，修法的结果是，现在如果发现了有关被告人的新证据，法院有时可对其以同一罪名再次审判。2011 年，科学的进步让警方在嫌疑人的衣服上发现了斯蒂芬的 DNA，这份新证据足以让嫌疑人再次受审。这是我最近一次为本案出庭，虽然可能不是最后一次。2012 年 1 月，加里 · 多布森和戴维 · 诺里斯被判谋杀罪名成立，两人均被判约 14 年徒刑。斯蒂芬案中的另外三名凶手仍然逍遥法外，但本案的主要嫌疑人已多次被公开点名。

回到 20 世纪 90 年代末，在圣乔治医院的生活让人虚幻地认为一切依然安稳，总的来说，我的生活品质因飞行得到了提升。因为，我现在可以一个人飞行了。是的，1 月寒冷晴朗的一天，我去了机场，冲向天空，独自一人。

在我的下面、上面，在我的四面八方，除了空气什么都没有，不知为何，此时我得以从工作的严酷现实中释放。我不知道为什么当身处无垠天空又有办法在其中穿行时，我会有一种能掌控自己命运的幻觉，而任何固定在地上的事物都无法产生这种感觉。我不知道为什么坐在一架小型飞机的操纵杆前，可以将脑中一直挥之不去的难题彻底清除干净。我只知道我喜欢飞行，在所有的飞行时间里，我只想着当下，只想着开飞机，别无他求。

我开始期待飞行时间不再局限于每周五下午与伦敦警察厅飞行俱乐部一起的日子。今年，安娜将参加中等教育普通证书考试，而克里斯将参加普通教育高级程度证书（A-levels）考试。我们的家庭生活，甚至在某种程度上我们的工作，总是围绕着孩子展开。他们现在已经不再需要全天候陪伴，尽管仍然需要我们给予不同形式的支持。再过几年，一双儿女都会从我们的身边离开。这是肯定的，也是可怕的事。我们必须重新思考我们的世界，并承认有一天我们的使命终会完成。

所以，我们在马恩岛买了一间小屋。某次度假，我们对它一见倾心。房子离奥斯汀和玛吉的家不远，但需要进行大量的修缮工作，我和珍一致认为，最终我们愿意一直住在那里。尽管这看起来仍然十分遥远。

1999 年，我终于戒烟成功。我真的想在弥漫缭绕的烟雾中迎接新千年、新世纪吗？不，我不想。我真的想通过每天消耗大量昂贵的致癌物质来限制自己在 21 世纪多活几年的概率吗？不，我不想。尽管此前曾多次放弃，但 2000 年即将到来，这一次我成功了。熬过四五个月的暴躁期、尼古丁口香糖和像仓鼠一样咀嚼的下颌，我终于撑到了最佳状态。我突然意识到，自己可以不再依靠抽烟而活，进入新世纪，我将不再抽烟。我没有复吸。

我们在马恩岛度过了新年。

“我真的想住在这里，”珍说，“这是我下个世纪真正想要的。”

“我想我很快就能拿到飞行员执照了。我们可以住在这里，随时飞到我们需要去的任何地方。”我说。乘飞机去的地方总是更好。但我并不着急。我还不到 50 岁，马恩岛是一个适合退休养老的地方。不是吗？

克里斯计划在接下来的一两年里开始兽医的训练。安娜正在攻读 A-levels，还在为将来成为一名兽医还是一名医生而苦恼。

一天，她说："爸爸，我觉得去参观验尸这个主意非常好。"

条件反射般的答复：不行。

安娜还太年轻，完全没有经验，有着光滑的脸颊和明亮的眼睛，她不应该在停尸间里面对生活中的丑陋现实，答案显而易见。

"克里斯去了！他那时还不到 16 岁！"

"克里斯只是被一个白痴验尸官带进了验尸房。他对此其实不太高兴。"

"我和他不一样。因为我会做好准备的。你会告诉我怎么做，对吗？"

不行。

"当我申请医学院的时候，想想我的个人陈述会是什么样子。我敢打赌没有其他申请者看过验尸。"

不行。

某一天，她还是和我一起去了停尸间。她没有看到自杀或凶杀的受害者，只有突然发生的自然死亡事件。当我们俯身检查尸体时，我瞥了安娜一眼，她的眉头聚精会神地皱着，我指了指脑出血、完全阻塞的冠状动脉，还有看起来像杂色鲭鱼的硬化的肝脏。

"如果你去学医，也不一定要成为病理学家，"我在回家的路上提醒她，"跟你妈妈聊聊皮肤病学。"

她说："我聊过了。我只是想知道，我是不是更适合成为一名病理学家，真的。”

想到谢泼德家的下一代成员正在长大成人并即将外出就业，真是让人感觉奇怪。因为那意味着上一代人一定是老了。

2001 年夏，我在参加伊恩·韦斯特的葬礼时，才真正意识到了这点。他死于肺癌，年仅 57 岁，我毫不怀疑地断定，是吸烟造成了癌症，当然，我之前也有同样的习惯，直到最近。

几个月前，我们便知道他将不久于人世，但当我听到这个噩耗时，依然不敢相信。不久前，我还在威斯敏斯特验尸法庭见过他。他是来做证的，没有什么能阻挡这位老兵的最后出征。也许他知道，这将是自己最后一次作为证人宣誓，最后一次让法庭上的所有人着迷。在楼下的办公室里，当我看到他时，发现他看上去老了不少，人也十分憔悴。他慢慢爬上楼梯，来到铺设橡木镶板的法庭，但没有人敢上前提供帮助。然而，当他站起来做证并宣誓时，一瞬间好像变了个人。老伊恩·韦斯特还在那里，仍在挥斥方遒，雄风不减当年。

现在他走了，我深深地感到，伊恩不仅是我的导师和老师，我的对手和敌人，也是我的挚友。在他的办公室和酒吧里举行的那些长会，突如其来的亲切友善，多年来作为密切合作的同事之间心照不宣的亲密——这仍然是一段以办公室为基础的友谊。现在，我的这位朋友已经不在人世，我没有经常去看望，没有在他最后病重时和被迫半隐退期间前往陪伴。

似乎这还不够让人悲伤。祸不单行，在同一天，珍的父亲，可敬的奥斯汀，在马恩岛辞世，留下心碎不已的一家人。

不是一个而是两个警告：勿忘你终有一死。你可能会想，因为经常直面死亡，病理学家不需要被别人提醒自己终有一死。我们需要。身边人的死亡促使我们继续做生活中我们想做的事情。对珍和我来说，住在可爱的马恩岛就是其中之一。现在我们思考，是不是应该赶早不赶晚。我们还认为珍的母亲，失去了丈夫的玛吉，可能需要我们的照顾。是时候严肃思考在岛上定居的想法，这件事不能一拖再拖。

同年，也就是 2001 年，关于侯爵夫人号船难的最终报告公布。最高法院法官克拉克对这场灾难进行了正式调查，并对如何安置侯爵夫人号的死者及其亲属进行了非法定调查（这种调查更为灵活，调查方法通常不“僵化”）。在正式调查之后，针对泰晤士河安全和救生系统，人们提出了更多改进建议。而且，在非法定调查中，克拉克法官确认，侯爵夫人号死难者的遗属是制度与人为操作的受害者。他在报告中承认，危机管理和身份鉴定程序存在混乱，他注意到了多重混乱：当时外出度假的关键部门负责人和其副手之间；不同级别的警察之间；警察、验尸官和负责指纹鉴定的官员之间；验尸官、停尸间工作人员以及殡仪馆从业者之间。

对我来说，调查结束了我生命中的一个篇章。作为病理学家，我终于获得了清白。灾难发生 11 年后，我终于彻底摆脱了围绕身份认定，特别是丢失的手所引发的愤怒情绪。长期以来，在我的生活中周期性存在的愤怒电话和媒体鄙视，一夜之间突然消失了。

非法定调查报告更广泛的关切在于，它提出了关于在灾难中如何安置遗属以及如何确认受害者身份的许多建议。碰巧这几年来，我一直在思考同样的问题。20 世纪 90 年代，我一直在问自己，我们——法医病理学家和危机处理团队——在伦敦应对大规模灾难的能力如何？因为灾难形式一直在改变。

截至 2001 年，英国的交通系统和城市环境相较过去安全得多。现在最大的威胁源自恐怖主义。20 世纪七八十年代到 90 年代频发的爱尔兰共和军爆炸袭击，仍然停留在人们的记忆当中。其他城市也遭受了灾难。1993 年，一枚炸弹在纽约世贸中心爆炸，造成 6 人死亡，100 多人受伤。1995 年，邪教分子用沙林毒气袭击了东京地铁。

负责伦敦西区的验尸官艾莉森·汤普森和我一样，对自然灾害和非自然灾害的应对计划，或者说缺乏计划感到担忧。她的管辖范围包括富勒姆停尸间（圣乔治医院的病理学家在那里工作），但更重要的是，还包括希思罗机场。如果伦敦发生大规模灾难，目前的共识是，尸体将被带到该机场内一个特别机库。我们决定去看个究竟。那里更像是一个大车库。里面堆放的全是跑道扫雪机和辅助设备。

很难找到比这里更不合适的地点了。除了肮脏、油腻以及到处都是沉重设备外，这里通行困难，而且只有一个小洗手盆。我们向警方、其他应急服务机构、地方当局和支持性慈善机构建议，我们都应该评估伦敦的大规模紧急情况计划。事实证明，我们并不是担心首都如何应对此类事件的唯一群体，每个人都渴望参与其中。

我们知道如何定义紧急情况。伦敦北区的退休验尸官戴维·保罗博士曾经简明扼要地说过："我对紧急情况的定义是，尸体至少比我的停尸间能够处理的数量多出一具。"

我们这群人在希思罗警察局定期见面，我们首先需要弄清楚可能会发生什么类型的紧急情况。大家经常围坐在桌子旁边喝咖啡，边讨论如何应对流感大流行，或发生在城市里的一次大飞机失事，或恐怖袭击。但我们知道，无论我们的想法多么离奇和骇人，现实总是不同的，我们需要从具体到一般地思考和谋划。

事实证明，我们是对的。克里斯此时正要离家上学。行李都收拾好了，他打电话给我时，马上就要去赶火车，到英国北部研习兽医专业。"安娜和我在电视上看……"

"看什么？"

"爸爸，你是不是随时待命应对国际紧急情况？"

那天是 2001 年 9 月 11 日。

我打开电视，盯着美国航空公司 11 号航班撞上世贸中心北塔的镜头。这一开始看起来像是我们小组讨论过的那种可怕的事故。但不久后，当美国联合航空公司 175 号航班撞上世贸中心南塔时，我意识到，尽管讨论过恐怖主义和城市空难，但我们从未想到这两类事件会以如此致命的方式结合在一起。

然后，令人难以置信的是，不可能的事情发生了，在全世界的注视下，世贸双塔轰然倒地。首先是南塔，然后是北塔。

现在，在我看来，这些恐怖分子把灾难推到了一个我们做梦都想不到的惨烈程度。

和世界上其他人一样，我震惊于这场令人瞠目结舌的偷袭，但又十分迷惑。我没有想到自己会参与其中。我以为美国的同行们会承担起拯救伤员、寻找和辨认死者的重任，英国人能做出什么贡献呢？但艾莉森·汤普森很快就打来了电话。

作为伦敦西区的验尸官，埃莉森将在希思罗机场接收所有被送返的英国籍遇难者的遗体，她的工作是确定他们的死因。任何在国外死亡的英国公民，都有权依法在英国接受死因调查：这一做法自 1982 年起实行，当时一名年轻的英国护士在沙特阿拉伯的恶劣环境中死亡，她的父亲拒绝接受沙特官方提供的死因，该事件导致英国修改法律，影响至今。

艾莉森也清楚地意识到，十多年前，一架民用飞机在苏格兰洛克比上空被恐怖分子的炸弹击落时，我们在管理尤其是辨认尸体方面犯过一些错误。但是，在这种危急的情况下，“一些”错误会造成大量家庭的不稳定和痛苦感。

艾莉森对英国死亡事件管理的担忧，促使苏格兰场迅速组建了一个小组，成员不仅包括我们现有的大规模灾难委员会中的警察和紧急服务人员，还包括许多高阶官员。

我们提出的问题是：我们能为纽约提供什么支持？如何运回英国籍遇难者的遗体？是否应该在英国籍遇难者回到英国后对他们进行验尸？遇难者家属会接受他们所深爱的亲人的遗体再次被人打扰吗？或者，我们应该把所有的验尸和身份识别工作交给纽约市首席法医办公室（OCME）？如果我们将遗体运回英国，是否需要将其分送全英各地，由当地验尸官负责，在这种情况下，每一位当地验尸官是否应该进行死因调查并作出自己的裁断？可以想象，死因调查会持续数月以至数年，很可能出现许多不同甚至相互矛盾的死因裁断，从意外死亡、杀人到非法杀害。

我们同意应首先评估一下纽约市首席法医办公室在做什么。然后，我们再确定英国方面的正式回应，并提供适当的帮助。

我们在内阁办公室中央紧急情况协调小组（COBRA）直接向时任英国首相托尼·布莱尔汇报。协调小组认为，我们需要一些第一手的意见，最终决定让我于9月20日——也是我49岁生日当天——飞往纽约，看看首席法医办公室的美国人如何处理此事。我给首席法医办公室的同行伊冯娜·米莱夫斯基打了电话，并约好到达纽约后与她见面。她听起来十分疲惫，情绪也很低落，但还是对我表示了欢迎。

尽管我抵达时是夜半时分，纽约还是安静得让人惊讶。这座城市仍因恐怖而寂静无声。双子塔倒塌九天后，事件的尘埃和气味仍然悬浮在空中。尽管道路被封锁，隧道也被关闭，但当交通陷入停顿时，没有一个人摁喇叭。我告诉出租车司机自己要住的地方，他说纽约至少有四家同名的酒店。于是，我们驱车穿过安静的街道，逐一寻找。最终，我们找对了地方，因为大厅里挤满了英国警察，我认出了其中一些人。他们热情地对我表示欢迎，并问我是否想喝一杯，但我不得不拒绝。我安排好在首席法医办公室停尸间见伊冯娜，随即乘坐出租车直奔那里。

我在凌晨两点半左右到达时，看到了一幅令人难忘的场景。这座建筑本身是一座60年代浇筑的、丑陋的混凝土方块，但这并不是人们关注的焦点。周围的街道和停车场已被隔离，戒备森严，因为这里24小时接收遇难者。通过安检后，我进入一个临时的、用泛光灯照明的休息广场，到处都是帐篷咖啡馆，工作人员就着咖啡和甜甜圈在休息。远处是巨大的冷藏拖车，至少有30辆，整齐地排列在相邻的帐篷停车场，门口放着鲜花，美国国旗悲伤地充当着哨兵。

我闻了闻。一股特别的味道。显然，拖车里全是人体残肢。

即使是在凌晨的这个时候，偶尔也会有一辆灵车倒入停靠站，车上载着一个裹尸袋。世贸中心事故现场的搜救人员昼夜不停地工作，病理学家们也在连轴转：伊冯娜主动值夜班。然后，接着上白班。她抓住一切机会，能睡就睡。

人需要巨大的韧性，才能应对这种奇怪且令人不安的环境。很多人发现，他们其实不具备那种韧性，救援人员和停尸间工作人员遭受的精神创伤是巨大的。有人应付得了。有些人被送回家，看起来像得了弹震症。

这种轮班模式意味着，正式调查和鉴定程序一旦开始，便不得有片刻拖延。一些裹尸袋中安放着在这场大屠杀中冒着生命危险，并最终献出自己生命的警察或消防队员的遗体。这些在纪律部队供职的牺牲者被运到首席法医办公室时，会有护旗队向他们的英勇献身正式表达敬意。

许多裹尸袋里装着完整的或几近完整的尸体。较小的身体部位有时装在较小的盒子里被送到这儿。所有灾难处置站点的基本规则是，如果救援人员发现了，比方说一根手指，即使看起来很清楚该手指属于哪一具尸体，也必须将其单独分类并给出唯一的编号。这场灾难的性质，以及因撞击和倒塌产生的巨大力量，决定了尸体经常呈现极端碎片化的状态，因此，无法根据人们的位置或衣服，通过肉眼将他们组合在一起。很明显，在早期，很多或者大部分的鉴定都必须依赖 DNA。之后，有时是很久以后，基于这一惊人的技术，四肢、躯块、碎片和组织差不多可以重新组合成遗体。和所有的大规模灾难一样，遇难者的身份鉴定是一项庞大的行政和科学工作。只是在这场灾难中，这项任务比人们以往经历过的都要更浩大、更糟糕、更艰难。

送达这里后，尸体被运到进行初步检查的初级接收室，然后被直接运到某间进行检查的套间。每个套间内有一个由警察、病理学家、摄影师、放射科医生和助手组成的完整团队。验尸以通常的方式，针对全身或部分尸体进行。人们记录下大量细节，这些发现将与衣服碎片、人工制品（珠宝、信用卡等）以及关于尸体在哪里被发现的任何其他特征和细节关联起来。然后，仔细编号，尸体或身体部位被带到唯一编号的拖车内、唯一编号的货架上的唯一位置。

尸体得到了极大的尊重，拖车内整洁有序，星条旗提醒着国家的存在，而花盆则显示着人民的存在。拖车解决了此类灾难面临的关键问题：相比处理尸体，在能够确认身份前，保存尸体更为重要。之后，尸体就可以发还给家人。我清楚地看到，美国人在有条不紊、心存敬畏地处理问题方面，做得非常出色。

我尽量保持低调，因为现场的每个人都在努力工作。第二天，我回到这里拜见首席法医查尔斯·赫希时，发现他也是如此。他身材矮小，体形偏瘦，疲惫不堪，当时他 65 岁左右，正在负责这项浩大工程。他头上缝了针，肋骨也骨折了。在第一座塔楼倒塌之前，他是最早到达世贸中心的救援人员之一。站在他旁边的同事们被瓦砾砸倒，此刻正在重症监护室，真不知道他是如何以相对较轻的伤势逃过一劫的。

拖车很快就装满了。最终共找到 2 753 名受害者遗体，总共发现约 7 万块尸块或尸体碎片。许多尸体化为齑粉，或者因为最初的爆炸，或者由于建筑物倒塌。把所有尸体都安葬在一个集体坟墓里会容易得多，但是，死者家属当然无法忍受他们的亲人可能与劫机者合葬的想法。

不久，世贸中心的所有瓦砾被转移到哈德逊湾河口的斯塔滕岛上的一个旧垃圾填埋场，吊诡的是，这里一直被称为弗莱希凯尔斯[1]。一支由警察和联邦调查局领导的技术团队（其中包括人类学家和医生）对所有瓦砾进行了筛选，不是一次而是两次。然后，鉴定近 3 000 人的 DNA 的长途跋涉才正式开始。每件人体组织的微小碎片，每件个人物品，都必须被鉴定出来。

---

1 原文为 Fresh Kills，中文直译为“新近杀戮”。

这个项目实际上持续了多年，2013 年，鉴定仍在进行中。最后，在 2015 年，总共确认了 1 637 名受害者的身份，仅占据信死亡人数的 60%，其他人已化为尘土，所有尸体必将如此。现在人们计划把弗莱希凯尔斯变为世界上最大的城市公园之一。

一位人类学家朋友参与了碎片筛选工作，和其他许多参与灾难处理的人一样，她因此受到了精神创伤。做了数月筛选人体组织和骨骼碎片的工作后，她对飞行产生了恐惧。就在返回英国，准备登机前，她把自己的名字写在身体的各个部位，包括四肢上，以防飞机坠毁，自己变成碎块，无从辨认。事实上，过了很多年，她才再次开始工作。

短暂的旅途即将结束前，我被送往曼哈顿一座不起眼的建筑，那是英国驻纽约领事馆的某间办公室。英国外交部的一个小组在等我。当时，我们知道有很多英国人遇难，但不知道确切人数。

“那么，”其中一位官员问道，“我们怎样将英国人的遗体运送回家呢？”

我想知道他们对将遗体运回国的想法。然后，其中一位政客谈到，拉着一排棺材的车队从机场缓缓开到伦敦，每一具棺材都覆盖英国国旗。

我摇了摇头。我已经快两天没合眼了，既震惊又疲惫。冠冕堂皇下面，这列覆盖国旗的灵车车队，听起来更像是出于政治动机的噱头，目的是最大限度地为政府提供戏剧效果和拍照机会。我感到有危险的东西在我体内升腾，一种非常可怕的东西，如果我任由其爆发，就可能会变成狂怒。但我从不生气，更不用说愤怒了。现在，却有什么被释放了出来。

“棺材？你说棺材？大多数人都粉身碎骨了，你不明白吗？非但不能用棺材，你可能需要用火柴盒送他们回家！”

官员们瞪着我。接下来几乎没有其他对话了。我收获了感谢，然后被解除了职务。

我在报告中赞扬了美国人对这场灾难的处理方式，表示我们可以沿用美方的方案，不用另立他法。因此，尽管最终英国的死亡人数是 67 人，但英国只动用了一个验尸法庭，由一位经验丰富、富有同情心的验尸官负责处理所有遇难者的死因。只有一名美国警官飞到英国做证。验尸官只作出了一个裁断，认定全部遇难者死于非法杀害。

4 年后，伦敦也遭到伊斯兰极端势力的袭击。2005 年 7 月 7 日，4 枚恐袭炸弹爆炸，造成 52 人死亡，700 人受伤，其中 3 枚炸弹被安放在伦敦地铁，1 枚出现在公共汽车上。事实上，就在几天前，在许多机构的共同参与下，验尸官艾莉森·汤普森和我早在 20 世纪 90 年代就开始思考的大规模灾难应对计划获得签署，成为法律。

恐袭发生时，我并不在伦敦，但当求助电话铃声响起时，我径直飞了回来。在伦敦荣誉炮兵连的操场上，人们用了不到 48 小时便建成了一个极好的临时停尸间，我在这里开始工作。所有的尸体都被送到这里，事实证明，这个设施以及我们的整个计划完全可行。我怀着极大的悲痛开展工作。也许，在内心深处，在某个不理性的地方，我可能希望，只要制订这个计划，我们就不必实施它。真是痴人说梦。

负责这场危机的验尸官可能留下一个遗憾。侯爵夫人号遇难者的遗属曾强烈批评进行全面验尸的必要性，认为在这样一场灾难过后，死亡原因毋庸置疑。因此，在2005年爆炸事件之后，我们被告知不要进行全面验尸，我们的全部工作只是鉴定身份。如果需要切开尸体，也只是纯粹为了寻找胆囊和阑尾，因为如果这些器官曾被切除，可能有助于身份鉴别。

随后，人们特别批评救护车在救助伤员方面速度太慢。救护人员不会前往自己可能受到伤害的地方，因为恐怖分子有可能埋设了更多炸弹，他们被告知，在进入爆炸地点之前要等待通知。人们指控称，这一延误实际上造成了一些伤者死亡。有人建议，这些受害者家属的律师应向急救部门寻求赔偿。由于没有进行全面验尸，我们这些病理学家很难回答家属和验尸官为解决索赔争议而提出的问题。

我从中吸取了很多教训。几年后，当出租车司机德里克·伯德在坎布里亚疯狂杀人时，我是负责此案的病理学家。这不禁让人想起20多年前迈克尔·瑞安在亨格福德实施的大屠杀。有人施压，阻止我进行全面验尸，理由是死因显而易见。想到伦敦七七爆炸案的经验，我没有屈服于他们的恳求。每名伤者首先进行磁共振扫描，以找出每颗子弹的位置，然后我对每具尸体进行全面验尸。没有人对急救部门的反应提出任何异议。

31

我第二次接触涉及本·拉登的案子，是在“9·11”事件爆发后一年的巴厘岛。与本·拉登有关的伊斯兰极端分子，在这座著名的印尼岛屿上人潮汹涌的旅游区内，接连引爆两枚炸弹，造成两百多人丧生，死者基本都是来此度假的西方游客，大多未及而立之年。

接到通知后数小时内，我再次登机启程。坐在我身边的尽是些大块头。想必他们来自特种部队。事实上，虽然大家可能基于相同理由一路向东，但整个过程中谁都没有吱声。我觉得他们只是把我当成游客或记者。然而，这些人注意到没有人在巴厘岛登巴萨机场接我，于是在行李传送带旁开口说了第一句话。

“想要搭车吗，医生？”

“你怎么知道我是医生？”

“我们一眼就看出你是病理学家了。”

“啥？”

“好吧，你在飞机上看电影的时候就没露出过笑容。”

这便是你们眼中的病理学家。一群痴迷死亡、面色阴沉的可怕屠夫。但我着实感激他们让我搭车。抵达酒店后，我首先看到了验尸官艾莉森·汤普森，她碰巧一直待在香港，闻讯后直接飞到这里。同时，我再次获知，罹难英国人的遗体运回希思罗机场后将交由她负责。我们彼此热情地打了招呼，然后决定即刻动身去存放尸体的医院，尽管此时的巴厘岛还是清晨。

在离开伦敦之前，我被告知，只需要从英国方面的角度察看这次行动。但当我走进停尸间时，此前曾共同参加过国际研讨会的其他病理学家（主要是澳大利亚人，也有荷兰人和德国人）认出了我，立即递给我一件手术服、一条围裙、几双橡胶手套和一把手术刀，然后说道："一起干吧，迪克。"

英国大使馆的工作人员在寻找英籍受害者遗体方面开展了令人惊讶的卓越工作。不仅如此，他们还找到了燃料以保证发电机正常运转，为这个地区（要不就是整个国家）为数不多的具备冷藏功能的集装箱提供能源。事实上，和所有的灾难一样，我们这些病理学家只是在验尸流水线上工作，无论下一具尸体的身份与国籍究竟为何。

问题是，当地环境酷热，缺乏保存遗体的设施。我永远不会忘记放在阴凉处、被从超市里弄来的几袋冰块所覆盖的尸体以及尸体散发出来的气味。我多么渴望找到一辆装满冰块的卡车，然后底朝天倾倒在残骸上面。尸体的状态变化很快，而且是朝更坏的方向发展。许多人的身体已经支离破碎，身份鉴定就像拼图挑战，未经训练的搜救团队让工作变得更加复杂，他们把在一个区域内找到的所有东西都扔进一个袋子里。一只手上戴着一枚婚戒，上面刻着婚戒持有者的名字，这让我松了一口气。这个悲伤的小物件给我们提供了一块小小的悲剧拼图。

大多数被吸引到这座享乐岛屿上的受害者都非常年轻漂亮。正当他们在酒吧或夜总会里享受人生时，两枚炸弹相继爆炸。炸弹据信是由基地组织资助的极端组织安放的。

最终查明，共有28名英国人罹难，事件共造成200多人受伤，202人死亡。那是一段艰难、疲惫和痛苦的岁月。我后来参观过伦敦和西澳大利亚珀斯关于这起暴行的纪念馆，但就算没有纪念馆，我也能回想起那些腐烂的尸体、冰块、气味，以及停尸间里唯一滴水的龙头（那是我们的供水系统），还有恐怖主义留给人们的刻骨铭心的无力感。我不确定这种感觉是否真的远离我了。

回到家，我自己的工作也面临挑战。法医学的世界正在发生重大变化，受到了全新的不确定性的威胁，伟大的辛普森医生从未被迫面对过这些。此前，各大学医学院一直花钱聘请我们为他们讲授法医学，但现在几乎所有的学校陆续决定不再继续资助或教授法医病理学。他们给出的主要原因是我们缺乏法医学方面的科学研究，也很少在知名学术期刊上发表论文。然而，我们大多疲于奔命，忙于应对验尸、验尸官和法庭，根本来不及满足一流大学设定的这些新标准。通过研究性活动进行智识评价的时代已经到来。我们法医病理学家被认为在此方面较为欠缺。

渐渐地，许多具有悠久法医病理学传统的医学院关闭了相关科室，伊恩·韦斯特去世后不久，他在盖伊医院曾统治的那个王国便消失得无影无踪。圣乔治医院判了缓刑，但针对我所负责的这个新部门的处决令业已签署。

我们这个部门基本上被私营化了。从现在起，我们不再免费提供法医服务，我们的薪水也不再由执教的大学支付，我们直接向警方、验尸官或辩方律师收费。

我知道，没有薪水，就很难继续从事一些必要但没有报酬的工作。我说的是公共服务，比如，我教授有关当局如何采取安全的强制措施，以及我所参与的灾难应对规划工作。那个小组里的其他工作人员都能从警察部门或其他组织那里领取工资，在我背后不再有大学这个靠山了。

除了伦敦以外的几个专业中心，我们不仅没有了正常收入，也没有了学生，无法再授课。我此前授课的地点都是挤满了人的礼堂，我深知在医科生眼中，法医工作是多么有趣。我也觉得，法医学的基础知识至少应该成为他们专业训练中的重要部分。每一个医生，不管他们的专业是什么，都应该能够识别出可疑情况的迹象，这样他们就知道什么时候该请专家或报警。但是，有太多“真正的”医学门类，授课的时间太少了，法医病理学现在只能成为少数大学的专业研究生课程。

我创立了一个名为“法医病理学服务”的组织，后来被广泛简称为 FPS，通过这个组织，伦敦和英国东南部的病理学家能在我们私营化的美丽新世界中执业。当埋头于该机构的规划和组织工作中时，我突然意识到，自己可能并不想成为其中一员。

那年秋天，我怀着沉重的心情把安娜送到了大学，她终于决定学医了。所以我们的两个孩子现在都去了英格兰北部求学。当然，他们仍然需要我们，但不是以从前的方式。我们的房子看起来又大又空又安静。这就是我们在马恩岛上待得越来越久的原因吗？毕竟，和伦敦老宅相比，这处房子离孩子们更近。是不是因为，当我在圣乔治医院的教职接近尾声，这里就没什么可以留恋的了？是不是因为，我们喜爱自己在岛上的小屋，想照顾珍现在已寡居的母亲——寡居并没有妨碍玛吉的社交生活——而事实上，我们现在正成为她的社交生活的一部分？

抑或……伦敦的工作开始让我厌倦了吗？我太累了，连每周五下午的飞行都不能让自己恢复。每次出庭，我似乎都会变得伤痕累累，有时我觉得自己缺乏足够的韧性来应对这一切。当警察打电话来，把我叫到下一处犯罪现场，接触另一具尸体时，我的脚步不再轻快。我已经对他们打电话征求我对案件的意见这件事不抱希望。而且，展望未来，可以预见，病理学家最终可能会投标，争夺尸体，甚至相互压价。法医病理学属于一项服务，但不再是我曾经投身的那个学术要求严谨，有辩论、研究和社会变革空间的世界了。

珍也对她的工作失去了幻想。尽管她在不小的年纪终于成为一名医生，取得了惊人的成就，但当她作为一名全科医生开始执业时，却发现自己其实并不想从事这个职业。她一直希望我们搬到马恩岛去，并相信在那里可以从事自己的专业——皮肤病学，住在她想住的地方。

还有什么促使我们搬去那里？我们对自身衰老的清醒认识？对玛吉和奥斯汀所享受的生活方式的渴望？如果我们花更多的时间待在一座孤岛上，正在错失的充满爱意的交流会突然重现？

也许我——也许还有珍——正经历着一场被人们称为中年危机的阶段，没有病理学家能够在人体内，甚至在显微镜下找到它的存在。但当应邀撰写《辛普森法医病理学》第12版（你可能还记得该书第3版曾吸引我从事这一职业）时，我一方面感到无比荣幸，另一方面也抓到了急流勇退的借口。所以，我虽然称得上是“法医病理学服务”这个新生机构的助产士，但没有恋栈。相反，珍和我永远离开了伦敦。我们放弃了萨里整洁的树篱和修剪整齐的草坪，在利物浦附近的一个小岛上，迎着狂风，住在一座漂亮的小屋里。同事或同辈大多认为我完全失去了理智。

我很高兴，忙着翻修小屋。我们在狂风呼啸的荒原上走了好几英里，在有时无比晴朗的苍茫天际下，可以看到莫恩山直插入海。我们坐在火炉旁，任凭外面寒风凛冽。或者，我们只是隔着原野望向大海，看它从深处召唤出猛烈的风暴。我没有再进行过一次验尸。

我和珍在马恩岛上有了社交生活。以前我们无暇社交，但现在我们有了朋友。我们比大多数人都年轻得多，但这无关紧要。我们只是融入了玛吉为我们准备的这个社交圈。如果玛吉慢慢老去会怎样？但她还在参加每一次聚会，还会在自家几乎每间卧室的每个衣柜里挂满高级时装。炉子上的美食咕咕冒泡，金汤力随时备好，她周围从来不缺乏对其敬佩有加的朋友。和他们待在一起，感觉很好，成为这个社区的一员，感觉很好。孩子们也经常来探望。

对我来说，也许不用面对更多的验尸，但还有很多有趣的工作。我在撰写法医病理学的教科书。我自己开飞机到本土参加英国法医协会的委员会会议，他们仍在整理即将与内政部签订的协议，谋划与全新的法医私营领域相关的许多其他细节。他们请我对复杂的案件发表意见。我同时忙于几个部长级工作组的工作，修改和促进更为人道的强制措施。

当然，我一直在关注这个领域的所有有趣发展。我得知警方开始重新调查雷切尔·尼克尔谋杀案：他们现在终于开始接受科林·斯塔格以外的其他人可能才是杀害她的凶手。又过了六年，随着 DNA 检测技术的发展，警方终于将罗伯特·纳珀确定为凶手，这名男子以极端暴力的方式杀害了萨曼莎·比塞特，并被判决在布罗德莫精神病院[1]终身监禁。我记得自己曾对萨曼莎·比塞特残缺的遗体进行过第二次验尸，当时我对警探说，此案让我

1 布罗德莫精神病院（Broadmoor Hospital），一家位于伯克郡克罗索恩的高警戒级别精神病医院，也是英格兰三家戒备森严的精神病医院中最著名、最古老的一家。

联想起了雷切尔·尼克尔的谋杀案。我现在真希望当时不是随口一说，而是给出更有说服力、更有质问力、更坚决的主张。

萨莉·克拉克案也取得了重大进展，这位母亲因杀害自己两个儿子而被定罪。萨莉好像正在计划第二次上诉。此时，她已入狱服刑两年有余，但这次上诉将以新的证据作为基础——新的病理学证据。

从她第二个孩子身上采集的血液和组织样本的检测结果现已披露。病理学家以前没有披露这份证据。在一些（但肯定不是全部）专家看来，这表明第二个孩子可能死于细菌（葡萄球菌）感染。

上诉法院要评估的是，如果陪审团在审判时掌握了这些信息，是否足以影响他们定罪的决定。三位法官认为存在这种可能，因此，之前的有罪判决可能会被推翻。

2003 年，萨莉·克拉克获释出狱，当时她已成为一个心灰意冷的酗酒者。四年后，她去世了。

罗伊·梅多爵士，就是此前做出惊人统计，说同一个家庭的两个孩子自然死亡的概率仅为七千三百万分之一的那个人，如今遭受公众的怀疑。曾因他的做证而被定罪并正在服刑的其他几位母亲，现在已成功提起上诉。他的数学模型受到统计学家的质疑，而他本人被英国医学总会[1]除名。后来，过了很久，

---

1 英国医学总会（General Medical Council, GMC），一个收费的注册慈善团体，根据《1858 年医学法令》成立。主要职能为：及时更新合格医师注册信息，培养良好的医疗实践，提高医学教育及培训标准，公正、公平地处理不适宜继续执业的医生。

他终于赢得了针对自己被除名的上诉，但此时他已年过七旬。一个糟糕的、即兴的、在法庭激烈的交叉询问下说出的数字，成为这位杰出医生职业生涯的悲惨结局。

曾为本案两名死亡婴儿进行验尸的那位病理学家，擅自改变了其中一个婴儿的死因，并显然隐瞒了检查结果，医学总会认定其存在严重不当行为。他在 18 个月内不得为内政部验尸。

戴维·索撒尔曾是克拉克案的评论员，而不是直接参与者，但是，萨莉·克拉克的获释促使人们激烈反对他的观点以及不断发展的儿童保护运动。他过去可能进一步加深了我们对婴儿死亡率的医学和道德复杂性的理解，特别是摇晃儿童综合征问题，但遭到怀疑的父母和其他同情他们的人组成了愤怒的压力团体。（对那些声称受到不公正指控的人的内心愤慨，难道我们不都是抱持同情之心吗？）

这些团体向医学总会投诉索撒尔教授。而医学总会则将这些抗议转给了下设的医务人员裁判处。索撒尔教授被认为不适合执业，遭到了除名。他花了很多年时间上诉，最终上诉法院的判决推翻了裁判处的裁断。媒体广泛报道了医学总会对他的谴责，但对他后来沉冤得雪，几乎无人提及。

萨莉·克拉克的案子也许记录了我们与婴儿猝死综合征之间的纠葛。思想潮流不应该在科学真理的世界中占有一席之地，但事实恰恰相反。十年前，萨莉会被认为是失去两个孩子的悲剧人物。当她的第一个儿子死去的时候，婴儿猝死综合征的影响正在下降，但仍然属于一个常见的死亡原因。等到她第二个儿子死去的时候，对相关问题的思索已经取得了进一步的发展，任何一名英国病理学家都会全盘考虑案件情况。本案中，当时实际给出的死亡原因是婴儿遭到剧烈摇晃，这反映了当时摇晃婴儿综合征具有的话题性。总的来说，这起案件揭露出，当孩子突然死亡时，我们对死者母亲的深刻怀疑。而萨莉上诉成功，可能反映出公众开始重新考虑这种怀疑的正当性。

事实上，尽管本案所涉及的病理学家在记录和披露方面确实犯了错，但医学证据极为复杂且富有争议，而且在两名婴儿死亡的几乎所有方面，大量专家在法庭上选边站队，相互驳斥。和许多案件一样，克拉克案的真相并不坚固，而是处于一种不可预测的流变状态。法院希望尽可能保持诚实确信，然后做出选择，针对高度复杂的医疗问题自作判定。

没有人从克拉克案的悲剧中全身而退。对于法医病理学家来说，这无疑是一个可怕的警示，提醒我们这个职业承担的巨大责任。

32

虽然热爱马恩岛的生活状态，但几年后，我就开始怀念法医病理学日常工作中的切切割割。我怀念停尸间和犯罪现场的友情，怀念一个紧密合作的团队在一起工作的感觉。我回忆起同事们所展现出的伟大仁爱，尽管我们面对的是关于残忍、凶恶、不人道的惊人证据。

委员会的工作逐渐填补这个空白。特别是，我参与制定指导方针，帮助警察和其他有关部门应对因快克可卡因[1]滥用带来的全新挑战。这种毒品会让某些吸毒者产生一种异常的精神状态，使他们变得像公牛一样强壮，同时人身危险性是公牛的两倍。如何对这些强健有力的危险人物采取强制措施，以保护公众——同时又不会真的杀死他们？协助解决这个问题是很有价值的，但这不同于在停尸间里解决问题。现在，我似乎始终被

1 快克可卡因（crack cocaine），又称快客可卡因、霹雳古科碱、克拉克可卡因，是可卡因中最危险的毒品。

排除在尸体、犯罪现场以及法医工作第一线之外。

然后，在2004年，我全身心投入当时最有意思、最引人注目的公开调查之一。而其发端于七年前，在千里之外发生的某起事件。

1997年8月31日，周末，我不再是内政部随时待命的病理学家：这份工作落在圣乔治医院的同事罗布·查普曼手上。当天清晨，在巴黎一条隧道内，戴安娜王妃和多迪·法耶兹遭遇交通事故，后者当场死亡，前者则在医院接受手术后不治身亡。尸体当天被空运到诺索特皇家空军基地，时任伦敦西区验尸官的约翰·伯顿碰巧也是负责王室的验尸官，因此，由他负责查明死因。当晚，在高阶警官、取证人员、犯罪现场管理人员、验尸官、伦敦警察厅警察摄影师和停尸间助理的簇拥下，罗布在富勒姆完成了验尸，停尸间外有大量警察忙着阻止公众入内。验尸结果显示，两人都在事故中受伤而死。

对这起死亡事件的质疑，从未消失。为了阻止不可避免的阴谋论浪潮，警方于2004年展开调查。这项工作由时任伦敦警察厅厅长约翰·史蒂文斯爵士，也就是后来的史蒂文斯男爵领导，其目的在于确定是否有理由将这起死亡事件，定性为交通事故以外的其他案件。负责王室的新任验尸官迈克尔·伯吉斯建议，由我担任这项调查的法医病理学家。当然，因为此时这两具尸体都已埋葬了很长时间，所以我的工作主要是审查同事们1997年提供的相关证据。

众所周知，人们对事故原因多有猜测，但我认为以下事实没有任何疑问：多迪和戴安娜从后门离开丽兹酒店，坐上由亨利·保罗驾驶的奔驰汽车，在狗仔摄影师的追踪下，高速穿越巴黎，他们的车以超过 60 英里的时速撞上了阿尔玛隧道的第 13 根混凝土立柱。

如果汽车在受到这种撞击后突然停住，车内人员如果没有系安全带，他们的身体不会随车而停。他们的身体会继续向前，撞到挡风玻璃、仪表板或前面的人。坐在后座的戴安娜和多迪没有系安全带。司机也没有，他撞上了方向盘，他的伤势反映出这一点，同时，他还遭到来自身后的多迪的撞击，多迪是个大个子，而且当时的移动速度仍超过时速 60 英里。亨利·保罗有效地充当了多迪的安全气囊，前者当场死亡。多迪也未能幸免。

戴安娜稍微幸运一点，因为多迪的保镖特雷弗·里斯–琼斯坐在司机的右边，也就是她的前面。保镖通常不系安全带，因为这样会限制他们行动，但里斯–琼斯也许对亨利·保罗的驾驶感到惊慌，也许意识到可能会发生撞车，他在最后一刻都系着安全带。安全带的设计原理是在束缚的同时逐渐受力。因此，戴安娜的身体从后座向前弹射时，这位保镖则被安全带拉住，身体的一部分垫在汽车的安全气囊上，安全气囊现在已经弹出。戴安娜比多迪轻得多，里斯–琼斯的安全带会吸收一些额外的力。对她来说，这稍微减少了撞击的力道，因此，比起多迪，她受到的保护更大，她实际上只有几处骨折和胸部的小伤。

救护车到达时，多迪·法耶兹和亨利·保罗已经死亡，医护人员明智地选择先抢救伤者。他们没有认出戴安娜，据说她当时一直在说话。特雷弗·里斯-琼斯承受了双重打击，惯性迫使他向前冲，而戴安娜又从后面撞到了他，因此他的伤势似乎重得多。当然，他被最先带离现场。实际上，在这名保镖被运走之前，戴安娜一直被困在前排乘客座椅后面。

里斯-琼斯作为伤势较重的一方，被送上了第一辆救护车。戴安娜随后被从车里救出，送往医院接受急救。当时没人知道她一侧肺部的静脉出现了一个细小裂口。解剖后发现，这个部位隐藏在胸腔中心的深处。当然，静脉并不像动脉那样受到心脏高压泵吸作用的影响，流血的速度要慢得多，事实上，正因为流血的速度太慢，因此很难识别出问题，即便发现问题，修复问题将更加困难。

在救护车上的急救人员看来，戴安娜乍看起来似乎受了伤，但状况很稳定，特别是她还能够与人沟通。然而，当所有人都把注意力集中在里斯-琼斯身上时，戴安娜的胸腔在慢慢地流血。在救护车上，她渐渐失去了知觉。当她出现心脏停搏时，医护人员尽一切努力使她苏醒，一到医院她就被送去做手术，他们确实发现了问题，并试图修复静脉。但不幸的是，为时已晚。她在事故发生后的最初意识期，也是她的最后生存期，这是主静脉撕裂的典型特征。戴安娜遭遇的特殊伤情非常罕见，在我的整个职业生涯中，应该还没有见过另一例。戴安娜的伤势不重，但位置致命。

我们会在人死后说“要是……就好了”，戴安娜之死是一个典型的例子。**要是**她撞到座位的角度稍微倾斜**就好了。要是**她能以低于每小时10英里的速度被推到前面**就好了**。她**要是**马上被送上救护车**就好了**。但像戴安娜这种情况，最大的**希望**就在她自己手上。她**要是**一直系着安全带**就好了**。如果有安全带的保护，两天后她很可能会出现在公众面前，可能会是乌眼青，肋骨骨折可能会让她喘不过气来，撞断的手臂也许打着吊臂带。

我相信，对戴安娜死亡的病理学分析是无可置疑的。但围绕肺静脉那一小处致命的裂口，有人编织了许多其他的事实，其中一些极其不透明，让各种阴谋论甚嚣尘上。

阴谋论者，特别是多迪的父亲穆罕默德·法耶兹，认为撞车不是意外，而是处心积虑之举。最普遍的观点是，这对情人之所以被杀，是因为戴安娜即将宣布怀孕，而这会让英国当权派难堪。由于我没有亲自对戴安娜进行验尸，无法明确断定她是否怀孕。罗布·查普曼在这一点上遭到法庭交叉询问，他解释说没有怀孕的迹象：受精两周后，是否怀孕就可以检测出来，而孕后三周的结果更为准确，甚至在被检测者自己意识到怀孕之前就能鉴定出这一身体变化。

有人问我罗布是否在被胁迫的情况下撒谎。我的答案斩钉截铁："不会。"他决不会放弃那些刻进生命的原则，决不会同意在验尸时掩盖真相（如果是我，我也不会这样做）。

然而，阴谋论并不完全建立在所谓戴安娜怀孕这件事上。有人提出了许多理由来解释当晚撞车的原因，而这一案件的各种反常现象也助长了这些理论。

首先，出现了第二辆车，一辆白色菲亚特Uno，在丽兹酒店的奔驰汽车撞上柱子之前，这辆车似乎就与前者发生过碰撞。然而，没有人知道发生了什么，因为这辆车和它的司机——尽管在法国和欧洲进行了广泛的搜索——都没有被找到。

然后是关于司机亨利·保罗的异常情况。他的血样检测显示当时他已经喝醉了，但这引起了保罗的家人以及一些在车祸前不久和他在一起的同事的激烈反对。有人指责说，保罗的血液样品被替换了，部分原因在于，他的样本中含有治疗儿童肠道蠕虫的药物。而保罗既没有虫子，也没有孩子。然而，这种药物也常用于在可卡因中“掺假增重”——但保罗显然没有服用可卡因，至少在当晚甚至几天前都没有。此外，保罗的血液中一氧化碳的含量非常高，尽管还没到致命的程度，也没有人能令人信服地解释这一点。

异乎寻常的是，戴安娜的尸体接受过防腐处理。一位法国殡仪业者来到医院做了这件事，但从来没有人真正解释过为什么有人给他打电话，或者是谁打电话叫他来的，但可以肯定的是，电话不是巴黎医院的病理学家打的。可能的解释是，防腐是王室成员去世后的常规程序，但由于尸体将被立即空运回英国，罗布会在死后24小时内进行验尸，法国人完全没有必要向戴安娜的尸体内注射防腐剂。这样一来，所有的毒理学检测结果将被污染破坏。有些人认为上述行为实属可疑，但由于戴安娜和多迪当时都不是驾驶员，很难看出下毒有什么意义。

经过多次外交争论，英方警察团队和我带着许多问题奔赴巴黎。法国当局没有热情欢迎我们，甚至不是非常帮忙，但我们还是看到了撞车地点，最终甚至看到了发生事故的汽车。其他专家试图解释保罗血液中的一氧化碳，他们立即开始检查气囊，当然，我所担负的角色让我去了停尸间。

在那里，我遇到了多米妮克·莱孔特教授，这位魅力四射的病理学家不幸在当晚值班。她负责亨利·保罗的验尸。她能说一口流利的英语，但等我开始讨论验尸以及记录系统是否可能出现失误时（而这意味着血样可能属于亨利·保罗以外的其他人），她收起了话匣子，坚持只通过翻译发表意见，还经常向坐在她旁边的律师寻求建议。

我希望她能理解我对她有多么感同身受。周六晚上，在大城市的停尸间里，人们会看到奇怪的交通事故、不幸的醉汉、突发的犯罪和斗殴的受害者。在巴黎，病理学家通常不会在周末处理这些问题；他们一般周一早上才开始验尸。莱孔特教授那天晚上正在家里睡觉，她被拽入这个压力重重的突发事件中。全世界出镜最多的一个人毁于一场车祸，司机和男友也一同被运到停尸间。而在停尸间外面，各国政府、死者家人和国际媒体，都在大声疾呼，要这位教授快下结论。

当面对备受瞩目的死亡事件时，一般做法是暂时搁置。做什么事都要慢慢来。正确、严格执行各项程序。遵循上述规则是值得的，因为名人之死意味着病理学家的每一个行为都会在公开和私下里被质疑相当长的一段时间。在事件过程中，你会面临马上完成任务的压力，时间只有通常的一半，而你所掌握的信息，还不足平时的二分之一。你需要针对复杂的医学问题立即给出简单的答案。我吃过这种苦头，明白没有人会对你的付出表示感谢，永远都不会有。如果有评论，也肯定是批评性的——你或者做了不该做的事，或者（更常见的情况是）你没有做一些回头来看可能应该做的事。

不幸的是，在这种情况下，病理学家有时会屈服于巨大的压力，迫使自己匆忙行事，走捷径，止步于“显而易见”。他们做事不再循规蹈矩，可能会表现得异常随意。我并不是说莱孔特教授的验尸工作随随便便。我认为她做得很好，虽然后来我发现了一些错误，但我对她毫无批评。一位英国病理学家突然出现在她的面前，一个劲儿询问七年前某个晚上，她突然被叫醒，之后忙了一个晚上所完成的要求极高的验尸工作，是否遵守了程序要求，如果是我，也会态度抵触。

史蒂文斯主导的这项调查总计花费了 400 万英镑，最终形成了一份 900 页的报告，2006 年年底提交。报告认为：“我们的结论是，根据目前掌握的所有证据，不存在谋杀车上任何人的阴谋。这是一次悲惨的事故。”

报告对阻止阴谋论者无济于事，当然更不可能阻止穆罕默德·法耶兹。2007 年，在巨大压力下，有关方面宣布对此案进行全面调查。我作为专家证人再次被传唤，这次法国人终于被说服拿出更多的档案文件。当然，我已经看过了亨利·保罗的完整验尸报告。接着，在 9 月底，调查即将开始前，法国当局终于公布了亨利·保罗的验尸照片。

1997年时，警察摄影师使用的还是胶卷相机。底片上的编号被复制在印刷品背面，这意味着可以很容易地遵循在停尸间拍摄的照片顺序。第一张照片清楚地表明，保罗在验尸开始时面部朝下。在病理学的学习过程中，你会被教导要查看显微镜下的整个玻片——在某个边缘地带，总是存在一点点癌症细胞的可能。同样的规则也适用于照片。首先应该忽略显而易见的地方，看看背景。所以我看了保罗照片的背景，在尸体后面解剖台旁的水槽上，放着一排空玻璃瓶，等候盛放抽取出来的血样。

莱孔特教授的报告描述了保罗后颈存在大面积出血，这可能是多迪的身体撞击造成的。这并没什么特别之处。但很奇怪的是，根据照片拍摄的先后顺序，我能看到有越来越多的采血瓶被装满。在尸体被翻过来准备打开胸腹之前，已有很多采血瓶满了。

这本来没有什么重大意义，但莱孔特教授在她的报告中表示，自己提交的血液样本是从心脏，而不是从脖子上采集的。

当然，她可能会先从颈部采集样本作为预防措施，然后在将尸体翻过来后放弃了这种做法，因为她发现可以采集心脏血液样本（心脏样本是可以被接受的；事实上，股骨样本才是最好的）。那本是一个很好的做法。但要是她把自己的这些做法记录下来就好了。

或者，她可能把颈部的血样贴上了心脏血样的标签。重要的不是从哪里取样，而是写清楚从哪里取样。取样部位会显著影响毒理学家对结果的解释，错误的标记会导致极大的不准确。

你可能会把这当成一个无心之失，将其认定为记录保存不善的表现。但是，在这样一起每一个小问题都很重要的案件中，它可能会引发更多关于取样点、瓶子标签和转移安全的问题，这无疑助长了人们指控这些不是保罗的血样。我们对样本中的残余血液进行了检测，证明样本属于亨利·保罗的血液，但这并没有终结一切，因为还会有丢失的样本、溢出的样本、与其他实验室共享的样本……这些都给那些真的想提出问题的人留下足够的怀疑空间。

我所提供的证据是否重要，需要由陪审团决定。这个庞大的案件由最高法院法官斯科特·贝克主持，他被特别指定为本次死因调查的验尸官。他由三名出庭律师代表，穆罕默德·法耶兹由三名出庭律师代理，巴黎丽兹酒店派来了两名律师，亨利·保罗一家也聘请了两名律师。此外，伦敦警察厅则由三名出庭律师代表，情报部门和外交部由两名律师代表。其他利益相关方，包括戴安娜的儿子和姐姐，也派律师参与了调查。

当然，虽然在某些时候媒体对此案的关注度相当高，但大多数日子，在法庭上，律师的人数远远超过了媒体和公众的总数。

像往常一样，首先询问证人的是验尸官的出庭律师，但经常会紧跟着一个或多个其他律师的交叉询问。事发当晚，以及此前几个月中的每一个小细节，都被仔细审视。我自己的贡献微乎其微，但我认为，它对结果至关重要。有人问我对这些事件的总体印象如何。我的结论？一起简单的、涉及高速驾驶的、与酒精有关的道路交通事故。

陪审团的最终裁断没有让任何人感到惊讶，也让许多人感到满意：

> 非法杀害，奔驰汽车及后面跟随的车辆存在极度轻率的驾驶行为。这起车祸是由奔驰汽车的行驶速度与方式、跟随的车辆的行驶速度与方式、奔驰汽车司机酒后判断障碍所引起或促成的。

我希望莱孔特教授没有那么抗拒谢泼德医生的魅力攻势，希望她能够多说一点：她的沉默确实意味着，从病理学上讲，验尸过程存在某些不透明的地方。但这并不意味着我支持阴谋论。我不相信那个疯狂的夜晚在停尸间发生的事是一个更宏大的计划的组成部分，而这个计划的内容，便是以如此随意的方式谋杀一个女人，然后隐藏罪证。简单地说，莱孔特教授在重重压力下犯了微小错误，在没有那么多人为他们各自的阴谋论寻找素材的情况下，这本来无关紧要。我完全同意陪审团的裁断。

33

2006年，托尼·布莱尔还是英国首相，时值溽热盛夏，美剧《犯罪现场调查》被评为全球最受欢迎的电视节目。克里斯即将成为一名兽医，安娜的医学院之旅也走到了中途。在马恩岛，《辛普森法医病理学》的第12版不仅撰写完毕，还已问世。这本书的完成给了我一种走向结局的感觉，这在某种程度上缓和了写书带给我的自豪感。读这本书的第3版，开启了我的职业生涯。写作第12版，是我职业生涯结束的标志吗？

我还有很多工作要做：参与委员会，对复杂案件与公开调查中的证据发表意见。但是，现在的生活和我以前所亲历的那个忙碌的世界大不相同，那个世界总是以尸体为中心，死亡原因往往不明，或许死者名字也不为人知。

偶尔，当我牵着狗走过山丘，凝视大海时，开始心生倦怠。那是什么？我花了好长时间才意识到这辈子几乎没有经历过的事情：无聊。还是孤独？我也不知道那是什么。

在某次热闹的社交活动后，我和珍单独在一起似乎无话可说。我们没有必要像以前那样讨论孩子，现在他们已经长大了，小屋的装修也已完成，所以也没什么好说的。珍买了一些羊，开始学习如何管理羊群。我也试着培养对羊的兴趣。但事实是，虽然我很喜欢我们俯瞰大海的家，但它开始显得非常安静。我甚至欢迎那些猛烈的暴风雨，它们撞击着窗户，敲打着屋顶，这一切让我觉得房子有了些生机。

搬到岛上时，我们都以为这里会有一些兼职工作，也许会有适合我的停尸间的工作，肯定有适合珍的皮肤科诊所的工作。但事实证明，我们完全无法插足岛内的医疗政治。最后，珍每个月都需要在英国本土的一家诊所工作一周。2006 年，我收到在利物浦担任周末代班法医病理学家的邀约。我接受了。

也许是感觉到在私营化的法医病理学界，我的工作受到了其中的政治、行政责任、人际关系复杂性的打击，我从伦敦遍体鳞伤地退避到了马恩岛。直到现在，我才意识到自己真正思念的是什么：我的工作核心，即死者和他们的死亡谜团。擦洗洁净后，我站在利物浦的停尸间里，手里拿着 PM40 手术刀，甚至开始因长久以来再次接触到尸体而体会到全新的职业兴奋，这名受害者又臭又醉，被人捅死后丢在垃圾槽里。这是为警方而做的应急法医工作，我每个月都会在一家酒店住上一个周末。有时，我会被叫来处理一组凶杀案。有时，令我大失所望的是，什么也没发生。

我脱离一线工作的时间不长，只有两年，但这个世界似乎已经进入法医病理学的新时代。变化并不强烈，它可以视为我在伦敦第一次注意到的事态发展的延续。

无论过去和现在，尸体都在变化。人体脂肪含量呈指数级增长，因此，除非病人无家可归或死于癌症，除非因太老或太穷而不能吃东西，否则很少有人的体型和我在20世纪80年代开始执业时遇到的死者一样。回顾那个时代的法医照片，我惊讶于当时普通人的尸体是多么纤瘦。

尸体之所以看起来不一样，还因为体表装饰愈加繁复。曾经，文身是为战斗人员和水手设计的。现在看来，大多数进入停尸间的死者的身上都有穿孔或文身。此外，曾几何时，自残几乎闻所未闻，而现在，我惊讶地发现，很多尸体，尤其是年轻人的尸体，带着死者生前自己造成的旧伤和撕裂伤来到停尸间，这能告诉我他们的生活和社会的变化，但没有告诉我他们的死亡原因。他们的死因一般与自残没有直接关系。

对于20世纪80年代的病理学家来说，当时艾滋病和肝炎已成为公认的敌人，现在的情况依然如此。但当我从马恩岛返回工作岗位时，结核病对任何在停尸间工作的人来说都是一种职业危害，我认识的几位病理学家和停尸间工作人员都患上了结核病。结核病的发病率远超普通人的想象，即使在验尸期间也是如此，我们并不知道自己将要面临这种高传染性疾病，而其他医生会将其误诊为简单的肺炎。

验尸报告也发生了变化。当我开始从事这一行时，三页的长度便已经足够。等我重返工作，如果报告不足十页，就会遭到批评，哪怕只是漫无边际地解释人体的工作原理也好。

20 世纪 90 年代的时候，DNA 检测开始成为法医鉴定工作的主力军，物证鉴识科学很快取代法医病理学，成为破案的重要抓手。在我离开法医行业之前，警察已经开始要求我们在犯罪现场佩戴手套。等我回来的时候，要求变成了必须佩戴手套，穿靴子、白色塑料防护服（连帽），戴口罩。DNA 检测变得非常灵敏，现在我们知道只要呼吸、说话，唾液中到处都是 DNA。病理学家和高级调查官穿着制服在现场讨论案件的日子，一去不复返了。白色连帽防护服的设计当然不是为了穿着方便，也不是为了舒适，当全世界的媒体都在拍你的时候，试着穿上它总是会略显尴尬。但在现场检查结束时把它们取下来放在证据袋里，是非常好的做法——是的，现在连这套行头都被留作痕迹物证了。

多年来，在法庭上，我注意到检方办案不再经过仔细研究、精心组织了。与律师讨论案件的会议已经成为历史。再也没有电话了，警察、皇家检控署甚至律师，都不会给病理学家打来电话。如果幸运的话，在进入证人席前，我有机会与王室法律顾问谈十分钟。更常见的情形是，当出庭律师站起来开始询问我时，他们根本不知道我会给出什么答案。一般来说，他们甚至不会让我有机会告诉陪审团我是谁，为什么这些年的经验让我尤其有资格讨论这个问题，他们只是问："谢泼德医生，你是注册医师，告诉我你在检查尸体时发现了什么？"

当我离开伦敦的时候，夸夸其谈的律师风格已经宣告终结：在男妓案件中曾经给我沉重打击的辩方律师，已经成为尘封于过去的老古董。现在，这样的律师几乎绝迹。据推测，出于经济原因，皇家检控署似乎更愿意聘用初级律师，而不是代价不菲的王室法律顾问。当然，风格不再那么火爆、经验丰富的王室法律顾问仍然存在，他们几乎总是为辩方工作。

不管我们有多少经验，法院现在更感兴趣的是专家证人提供所谓“基于证据”的证词，而不是基于经验的证词。法官们偶尔会生硬地打断我，让我不能完整地回答重要的问题，“谢泼德医生，给我们一个是或不是的答案”。这通常发生在我回答律师所提出的一个冗长而详细的问题时。

我离开伦敦时，在英格兰和威尔士引入的法医病理学自负盈亏的结构，几乎完全排除了法医学科学研究的可能性。我们当中的大多数人，现在不在大学工作或教书，法医学甚至不在医学院的课程中占有一席之地。人体组织管理局[1]坚持要求在将尸体样本，甚至极其微小的样本用于研究目的前，必须获得死者家属同意，从而实质上阉割了研究的可能。那么，你可能会问，我们给法庭的答案如何才能是“基于证据”的？

杀人、自杀和意外事件时有发生，但现在常规的法医案件越来越频繁地包括护理院的疏忽和“安全照护”问题。除此之外，肯定还有大量吸毒过量的死者。而且，令人感到可耻的是，在押人员死亡的情况也在变本加厉，这充分说明了英国监狱的

1 人体组织管理局（Human Tissue Authority, HTA），成立于 2005 年，是负责管理英国范围内，基于学术研究、移植、教育和培训目的，移除、存放、使用和处置人体器官与组织的非政府部门公共机构。

真实状况：截至 2017 年 3 月的一年间，共有 316 名在押人员死亡，其中 97 人为自杀。同年，监狱内发生了 4 万多起自残事件和 2.6 万多起袭击事件。这些数字正以惊人的速度逐年上升。

回归后，我注意到的最令人震惊的变化是，法医病理学家应召参与死亡调查的次数急剧减少。启动死因调查的费用和管理难度，似乎促使一些验尸官忽略细小的疑点。如果“可能存在”自然死因，医生“可能”愿意签署这样的报告，许多验尸官会乐于接受，不会进行太多的调查。可悲的是，需要向法医病理学家支付的标准费用，诚然只是几千英镑，便可能足以让警方相信，死亡（特别是接近财政年度末期的死亡）其实并没有那么可疑，完全可以交由当地的普通病理医生来鉴定，而不是选聘在英国内政部注册的约 40 名专家中的一位。

大多数人都同意，无论付出什么代价，一个文明的社会应该努力探究死因真相。围绕斯蒂芬·劳伦斯之死的审判、调查和公开调查所产生的天价费用，足以提醒任何对此抱有疑问的人，在一开始就把所有事情都做好，才是非常、非常好而且非常、非常便宜的解决办法。

我发现，自己很喜欢回到利物浦的工作一线，虽然一切看起来已经很不一样。我有时会应医疗机构或其他专业团体的邀请到英国本土讲课，对此我也颇为享受。讲座结束时，感兴趣的人通常会过来问我问题。在伦敦的一次讲座后，一位法医儿科学家和我聊了聊我的工作。法医儿科学家会参与涉及虐待儿童（包括身体虐待和性虐待）的案件，而这恰恰是儿科学家的专长：不是鉴定死亡，而是保护活着的人。她问了我一些关于瘀伤的问题，我们一致认为，我们真的应该结合我们的专业知识就这个问题联合撰写一篇学术论文。在这个问题上，我对一个孩子是否属于自然死亡的研究，与她对活着的兄弟姐妹是否存在危险的研究之间存在交集。在随后前往英国本土的几次旅行期间，我和她几次会面，讨论这篇关于瘀伤的论文。

在马恩岛，我们的房子变得越来越安静。珍牧养她的羊群。我研究我的论文。

有一天，她说："我们真的应该讨论下我们的婚姻。"

我说："什么婚姻？好像几乎不存在了。"

我们的婚姻就是这样结束的。在 2 月的一个晚上，不是砰的一声，而是一声呜咽。仅有寥寥数语，但痛彻心扉。

与 30 年的长度相比，婚姻生活破裂的速度真的太快了。也许每个实体的生命周期都非常有限。可能衰老也存在于人际关系中，正如它存在于人体中。在我看来，这段婚姻什么都没剩下，但如果要说出来，如果想起来，不可能不引起痛苦和愤怒。我们有一段过去，有两个孩子和共有的财产，当然，所有这些都必须讨论，讨论常常会变得尖酸刻薄，让双方都痛苦不堪。但是我们分享的东西实在太少了，我确信，当喊叫结束，伤痛消退，我们两个都会过上更好的生活。

珍向我提出离婚，离婚手续最终在一年内完成。

此时，我并不清楚自己会爱上那位与我会面并讨论瘀伤论文的法医儿科学家，更没想到她会成为我未来的妻子，但我始终无法说服珍相信我。我确实和一个特别温暖、有同情心且充满智慧的人走到了一起，但我没有进一步的计划。琳达也没有。她在三个女儿很小的时候就开始守寡，几年来一直在和某人谈恋爱。而那段关系和我的婚姻，都以混乱和愤怒告终。

尽管珍决意要和我离婚，但她也承受了很大的痛苦。我们的分手也给孩子们带来了相当程度的不快。我想，孩子们也错误地认为，我是因为找到了琳达，才将他们的母亲一脚踢开。马上就要成为医生的安娜，在她母亲最痛苦的那个阶段怒火中烧，并宣称自己永远不会成为像她父亲那样的病理学家。

令我高兴的是，珍最终找到了能带给她幸福的伴侣。2008年9月，琳达和我步入了婚姻的殿堂。这又给我增添了一个家庭，我发现自己又回到了忙碌的父母照顾青少年的世界。无论多么热爱并欢迎一个新的家庭，每个人之间的关系，两个家庭之间的关系，都必须慢慢地、经年累月地建立起来。我们一直为此努力，我希望，结果将是一个强大而充满爱心的大家庭。

从那时起，我就在英格兰北部生活和工作，担任法医病理学家。这里的生活丰富多彩：刺激的工作，温暖而爱意满满的家，有趣的假期，惊喜的探险，一架共享的飞机，我们的五个孩子——现在我又收获了两名孙辈。

儿子克里斯现在是一名兽医，专攻马匹的救治。他现在住在国外，那里有别样的风景，也许还有更广阔的精神世界。不管怎么说，他肯定逃过了低薪和黑暗的早晨。他在一件事上效仿了我：学习飞行。

安娜是一名组织病理学顾问，是的，她对验尸和法医学有着浓厚的兴趣，甚至与我多年前合作过的一些验尸官合作。我们经常谈论案例：我向她寻求关于“新式”检测的建议，她向我寻求关于死因的意见。她结婚时随了夫姓，没有人会说她的成就与父亲之间存在任何关系。可能没人真的这样想，因为她显然是自己的主人。安娜从未在现代法医实践与成为基思·辛普森的愿望之间左右为难。不，安娜的世界比我在她这个年纪所认识的那个世界要复杂得多，也有更多责任。我认为这个时代不像从前那样多姿多彩。但她不那么想。她从来不知道辛普森的无限视野。

我想说，对死亡的了解，帮助我认识到生活中微小幸福的重要性，而我沉浸其中：一个兴奋地奔跑在红黄相间的厚厚落叶上的可爱孩子，或是怀着深深爱恋抚摸我脸上皱纹的一根手指；屋内是一团熊熊燃烧的火焰，屋外雨点敲打窗户，爱犬冲过来欢迎我回家，一只温柔的手深情地握住我的手。我对快乐并不陌生。我知道，只有那些经历过逆境的人才能真正体会到快乐，而逆境是不可避免的。

34

一天早上，电话铃响了，一个愤怒的声音喊道："你读过这段废话了吗？读过了吗？"

她的声音一听即明，是埃莉。她是一位儿科病理学家，我曾和她一起处理过某些案件。至于她所说的那些废话呢？18个月前，我们一起对一个名叫诺亚的婴儿进行验尸，给出的死因是婴儿猝死综合征。我注意到我的收件箱里有封关于这起案件的新邮件，静待打开。

埃莉一刻不停。

"我们怎么会漏了受伤的嘴唇和骨折的后肋骨呢？怎么会？如果嘴唇伤不是复苏急救时形成的，那我就是娜奥米·坎贝尔[1]！我们没有看到任何肋骨骨折，放射科医生也没有。这个人怎么能只看照片就发现窒息伤和陈旧性骨折？告诉我，迪克！"

已故婴儿诺亚的父母现在又生了一个孩子。社会服务部门

---

1 娜奥米·坎贝尔（Naomi Campbell），英国超级名模、演员、歌手。

认为，在前一个孩子因为婴儿猝死综合征去世的情况下，这对父母相当可疑，为了保护新生儿，有必要把她从这对父母身边带走。他们向家事法院提出了这一申请。最近法院要求我们提供有关婴儿诺亚的报告、笔记和验尸照片的复印件。显然，另一位专门为该法院工作的病理学家已经审查过这一切了。我点击邮件。是的，这是他的评论。

“埃莉，他肯定不是在说我们漏了……”

“他**有**！”

“我看看照片再打给你。”

我觉得心烦意乱。有没有可能我检查了一个因遭到虐待和谋杀而死去的婴儿，却没能找到证据？而给孩子的死因定为婴儿猝死综合征，从而免除了父母的责任，可能危及他们将来生下的孩子？难道证据如此显著，18个月后，另一位病理学家仅仅从照片上就可以找到证据了吗？

我把文件翻了出来。婴儿诺亚案之后，我进行过多次验尸。我得努力回忆那一天究竟发生了什么。

我被警察叫到停尸间，是因为孩子母亲早上发现孩子死了。在休息室里，埃莉在每个停尸间必然存在的鱼缸旁边等着我：一个死因可疑的孩子必须由两名病理学家负责验尸，一名法医，一名儿科医生。埃莉善于合作，她聪明睿智，对自己的结论表现出百分百的肯定，我对此暗自羡慕。

现在，我快速浏览自己的笔记。晚上8点，母亲给诺亚喂了一瓶奶，由于诺亚仍然鼻塞，还给他吃了一些对乙酰氨基酚。

孩子睡着了，但夜里醒了两次。第一次是在凌晨2点左右，父亲轻轻摇晃孩子，哄他入睡。第二次是早上5点，因为需要上早班，父亲挣扎起身。他把孩子安顿好，早上6点离开了家，没有吵醒母亲。早上7点，母亲发现孩子死了。她尖叫着跑到街上。一位邻居曾看过电视剧《东区人》中演示的心肺复苏技术，跑进去试图让婴儿苏醒，直到救护人员赶到接手。抢救没有成功。

这家人的房子照片显示的场景不出所料，家里充满了孩子降生后引发的混乱。几乎没有家具，净是孩子奶奶出于好心在超市购买的那种大型塑料玩具。冰箱里几乎空空如也，只有一些牛奶和外卖纸盒。楼上的卧室几乎被这对夫妇的床铺和婴儿床占满，空出的地板上堆满了婴儿衣服。

对我们这些病理学家来说，最值得注意的是这个地方的温度。我们看到楼下的锅炉恒温器被调到30℃，卧室暖气片也被调到了最大值。警察也提到这间房子温度很高。当然，婴儿猝死综合征和婴儿体温过高之间存在着密切的联系。

在我们完成验尸报告后不久，出现了一些反常情况和谎言。身为穆斯林的邻居们震惊地发现，自己的垃圾箱里装满了空酒瓶，他们向警方报告了这件事。诺亚的父母后来承认，是他们在晚上放了这些瓶子。毒理学检测结果推断，婴儿第一次醒来时，父亲的血液酒精浓度为200 mg/100 ml，已经达到了酒后驾车标准的2.5倍。同样的检测显示，两位父母都曾吸食大麻。

婴儿的父亲曾因打架被判重伤罪，但没有家庭暴力史。婴儿肩部有陈旧伤，但这很可能是难产所致。警方显然对这对夫妇持怀疑态度，但无法真正说明原因——尽管他们确实发现，因为阁楼里设有一个小型大麻农场，所以房子很热。救护人员强烈认为，婴儿已经死亡数小时，而不是像母亲坚持的那样只有一个小时。但他们对此无法确定。婴儿诺亚身上的所有痕迹，都可以用邻居未经训练的复苏技术、随后救护人员的长时间努力来解释。

埃莉和我必须就死因达成一致。作为儿科病理学家，她负责撰写报告，我则负责进行更正，然后签字。

埃莉确信自己想说什么。“婴儿猝死综合征，迪克。是婴儿猝死综合征。”

“但有太多的事情不太对劲。我宁愿说‘死因不明’。”

“看在上帝的分上，我们不是来评判他们在阁楼里种几株大麻植物，或者喜欢喝一杯。他们明显不是一对混乱的瘾君子。父亲有一份固定的工作，孩子很健康，得到了很好的照顾，他们参加了所有的健康访客预约和疫苗接种，还有一个随时提供支持的大家庭——奶奶和姐姐。不，别让我们把‘死因不明’抛在一对穷困潦倒、尽力而为的年轻夫妇身上。”

于是，我们就这样做出了婴儿猝死综合征的死因认定。

但现在，另一位病理学家看过了验尸照片，并认为另有死因。

我在屏幕上点开照片。这是婴儿的嘴唇。它们比我记得的还红，上面的痕迹也更明显，但没有肿胀和瘀伤。这些都是在复苏过程中造成的伤害。然后我找了一系列胸部内部的照片，照片上显示出婴儿的肋骨。当然，我可以看到一些地方变白了。这可能意味着陈旧性骨折。或者，只是摄影师闪光灯的强光反射？

我给埃莉回了电话："在这些照片中，嘴唇看起来比原来更红，痕迹更明显，肋骨后面有些区域实际上看起来是白色的——"我能听出她即将暴怒，所以马上继续说道："我们知道事情不是这样的。如果你仔细看这些照片，就会发现其他器官的颜色很奇怪，而且似乎有闪光反射在图像上。是照片拍摄的问题。"

"谁拍的？"她吼道，"这些垃圾照片是谁拍的？"

我依然记得一位带着相机的犯罪现场调查官羞怯地走上前去。这是他第一份"真正的"工作吗？他曾多次向前辈征求建议，后来辅助闪光灯坏了，他最终不得不依靠相机自带的闪光灯完成拍摄。

当我翻阅其余的照片时，我发现它们的质量太差了，婴儿诺亚的白色尿布呈现出一种蓝色调。为什么我之前没注意到？

"别担心，埃莉，"我说，"这肯定是闪光灯导致的技术问题，而且由于警方存储图像的分辨率太低了，这让情况变得更糟。"

"我不是担心，不不不。"她的语气非常冷静，"我非常、非常生气。这个批评我们的病理学家自己并不验尸。他当时当然不在场。其他代表家人查看尸体的法医病理学家也同意我们的说法，不是吗？他怎么敢质疑我们——"

“因为……好吧，你读过剩下的文件了吗？”

“没有，我没有！”

“因为他们现在发现了关于父母的各种事情。他们以前不知道的东西。这就呈现出了一个完全不同的图景。我们以为他们还年轻，还在努力，想靠阁楼里的大麻农场维持生计……但现在发现父亲和其他人有过孩子，在南方的某个地方。大约四年前。那个孩子死了。死亡原因是婴儿猝死综合征。”

这让埃莉沉默了好一会儿。

我说：“他以前吸海洛因，直到最近才开始服用美沙酮戒毒，这对他没什么帮助。我真希望他们之前就把这一切都告诉我们。”

“哦，继续。当一个男人尽最大努力戒毒的时候，这样做就是在欺负他。孩子死的时候他吃美沙酮了吗？”

“没有。”

“又来这套。”

“当他遇到孩子母亲然后有了孩子时，他真的是在努力过上更好的生活；我是这样理解警方笔录的。”

“没错，如果我们把每个正在戒毒的海洛因吸毒者的孩子带走，镇子上的某些地方，就不会有孩子了。”

“听着，埃莉，我们会上法庭，做证，解释照片有问题，我们确定孩子没有陈旧性骨折，并解释放射科医生同意我们的说法，这就结束了。”

“不会这么简单。我们给出的死因是婴儿猝死综合征，而他们不想听这个。我想他们只是想带走这对父母刚出生的孩子。很明显，他们相信婴儿诺亚是被杀死的。”

“法官获得信息，厘清真相，而不是只听他们想听的内容。”

埃莉发出了介于大笑和不屑一顾之间的声音，然后她就挂上了电话。

上庭的案子不会真的让我担心。事实上，我很好奇。家事法院对我和其他所有人来说都保留着神秘感，因为直到现在，它们只用过我的书面证据。这些法庭处理的问题十分私人、敏感，绝对不向新闻界和公众开放：这里不会让任何没有正当理由出现的人进入，就连死者的家人与近亲也不例外。

埃莉在外面等我。她看起来颇为紧张。

“你应该看看里面有多少人。”

“怎么说？事实上，除了律师和证人外，没有人被允许进入。”

“里面有无数个律师，这位母亲带了一名事务律师、一名初级出庭律师和一名王室法律顾问。父亲也是。地方当局也是。新生的孩子也是！不到 3 个月大，她已经有 3 名律师了！所以他们最开始就有 12 名先发问的律师，然后还有很多官员。迪克，现在他们正在削减刑事案件的法律援助，律师必须像觅食的秃鹰一样挤进家事法院。这里的案子都会持续几周！”

我觉得她可能是在夸大其词。

“不过，只有一个法官，”我说，“听起来好像也没有地方让陪审团坐了。”

但一进法庭，我就发现这个地方确实挤满了律师。当然，从技术上讲，没有人在受审。被告人的席位空空如也。只有一名法官负责决定是否应该对婴儿采取监护措施，或者用其他方式保护婴儿。他会考虑很多因素，但依据盖然性权衡，父母中一人是否伤害或杀害了诺亚，就成了核心问题。那么就不需要审判了，只是调查真相。但实际上进行的是全套的对抗性陈述，律师们每次都会直接询问、交叉询问并代表各自当事人展开辩论。我记得，埃斯库罗斯曾说，战争的第一个牺牲品便是真相。

在埃莉做证期间，我被允许坐在法庭上，因此能够见到这对父母。他们分开坐着，彼此没有眼神交流。他们又有了一个孩子，但似乎并不生活在一起：当然，他们各自的法律团队都在玩互相指责的戏码。

这名母亲看起来很生气。她体重超标，几乎一动不动，脸大得像肿了一样，她总能在周围制造噪声，或者对着她律师的耳朵发牢骚，有时还在安静的法庭里大声喧哗。父亲很瘦，不停地吸鼻子，显得坐立不安，好像诉讼程序让自己无暇从事更为重要的事情。这像是一个困境。如果他们真的杀了诺亚，没人会同情他们。但如果他们没有……他们两个看起来不快乐，不相爱，也许曾努力学习爱自己的孩子。

在证人席上，埃莉阵脚大乱。我越来越担心地看着出庭律师一个接一个质疑她缺乏把诺亚的死因定为婴儿猝死综合征的专业能力。当他们完虐埃莉之后，我知道接下来会发生什么。

几乎就在我完成宣誓的瞬间，第一位出庭律师就指出，事实上，婴儿穿着一件蓝色的婴儿服，上面有绿色的兔子——令人恼火的是，埃莉在验尸报告中弄混了颜色，而在我检查报告的时候，没有注意到兔子不是蓝色的。她还在记录方面犯了一个小错误，颠倒了日期与月份，我再一次没注意到这一点。这些不是重大错误，但这是交叉询问开始时经常出现的吹毛求疵，旨在挑战我的能力，削弱我在大战前的信心。当然，这场大战将会围绕死婴的嘴唇受伤和所谓后肋骨骨折展开。

“谢泼德医生，你是否同意，在死者短暂的一生中，后肋骨骨折算是遭受虐待的一个强有力的标志？”

“我同意，如果骨折愈合了，可能存在虐待。”

“你在婴儿尸体上发现了这样的骨折吗？”

“所有的肋骨都做了非常仔细的检查……”

我指出，相关照片质量很差，无法代表我们实际看到的真实情况。这一点被对方抛在一边：“我们都能在照片中清楚地看到肋骨骨折属于陈旧伤。谢泼德博士，你为什么没有办法判明？”

围绕唇部留存的伤痕，我们之间也有类似的对话。

“看看照片，谢泼德医生！很明显有伤口！”

我解释说，由于图像的存储、传输和打印质量较差，因此我们无法绝对信任图像。不过，很明显，我没有取得任何进展。他们能看到他们想看到的。我不接受这一点，或者是盲目的，或者是愚蠢的，而且我显然是故意混淆，以逃避我——我们（埃莉和我加起来有 70 年的病理学经验）把窒息伤害当成了抢救伤害的事实。

接下来的整个下午，我遭遇到了此前在任何法庭的证人席上，包括伦敦中央刑事法院在内，都没有遇到过的困难局面。在某种程度上，情况更糟了——不是面对一个充满敌意的出庭律师，而是面临代表各方的许多律师从不同角度发起的攻击。我努力坚持自己的立场，承认我们有可能犯错，但同时表示，两位经验丰富的病理学家不太可能错过如此明显的虐待证据。

“你是骨病理专家吗，谢泼德医生？”

“不，我不是。”

“但你曾担心婴儿的肋骨，前肋骨存在明显的骨折？”

“担心骨折是可以解释的，是的，但是考虑到一个未经训练的邻居做的强力心肺复苏……”

“你担心，但还没有担心到把肋骨问题交给骨病理专家，让他发表专家意见的程度？”

“在我看来，谁也无法对肋骨方面的问题提供更进一步的看法。我们已经看到哪些肋骨出现了断裂，我们知道……”

“你认为自己和骨科专家一样了解，是吗？”

“放射科医生表示，在她看来，后肋骨没有骨折。我们很容易看到前肋骨骨折。我认为骨病理学家的进一步介入不会有任何帮助。”

“谢泼德医生，这种态度不是很傲慢吗？”

“我不认为自己是一个傲慢的人。如果我如此表现，那么十分抱歉。”

亚历山大·蒲柏的诗句出现在我的脑海中，好像我父亲刚刚把它们刻入我脑海。

> 不过，你乐于承认自己过去的谬见，
> 即便使每日都成为前日的批判。

“你承认你给出的死因婴儿猝死综合征存在错误的可能性吗？”

“在这样的案件中，对死因的‘评估’总是非常困难的，界限细若游丝。据我们撰写报告时所掌握的证据，应优先考虑婴儿猝死综合征。如果我们得到关于婴儿生死情况的更全面的信息，我认为我们可能会选择‘死因不明’来代替。”

在家事法院度过的那个下午，我遭遇的意料之外的事情，不仅仅是对我的专业，还有对我个人的攻击。第二个“意料之外”源自几周后收到的书面裁定。我从中了解到，在审理这起案件的几周内，多名证人出庭做证，列举种种事实，证明诺亚的父母是如何疏于照顾自己的宝宝。死婴的母亲现在成了酒鬼，父亲则经常吸毒。母亲的妹妹和一位阿姨一直在帮忙照顾婴儿诺亚，无意中给卫生巡访员和其他人留下了母亲有能力照顾婴儿的错误印象。据法官说，是妹妹和阿姨确保了婴儿得到照顾，并带他去预约接种疫苗。

法官表示，婴儿诺亚完全遭到父母的忽视，他对两位病理学家拒绝承认或无法接受他们错过了如此明显的虐待痕迹而感到震惊，任何人都能在照片中看出来。事实上，他认为，两位病理学家似乎仍然认为婴儿猝死综合征很可能是死亡的原因。法官没有提到这些照片往好里说也是质量不稳定的，也不关注我们在验尸时，并未获得关于孩子死亡当天父母情况的充分信息。他也没有谈到警方获得进一步信息后，未能及时告知我们的事实。

法官接着表示，依照盖然性权衡——这是他必须应用的检验标准，他得出结论，父亲杀死了婴儿诺亚。经交叉询问发现，婴儿死亡当晚，父亲曾大量饮酒并吸食了一些毒品，当婴儿哭泣时，父亲做出了反应。法官认为他可能是通过按压婴儿的胸部或脸，使其窒息，并可能因此折断了孩子的肋骨。法官表示说，有证据显示，从婴儿的后肋骨状况来看，类似的事情以前就发生过。在此情况下，母亲明知孩子的父亲对孩子的行为十分粗暴，依然要求其无论如何都不要让孩子继续哭泣，且没有做任何干预。因此，这对夫妇的其他孩子，都不应该由他们照顾。他们刚生出的孩子，将被带走送去领养。

我无法想象诺亚的父母在接受这一判决时的感受。我被它压得喘不过气来。法官对内政部注册病理学家的严厉批评，肯定会引起相当大的反响。我已经快 60 岁了，毕生都在努力通过医学践行正义。现在，我似乎失去了衡平与正义。

那天晚上，我睡不着，几乎喘不过气来。这些批评意见必将引发调查，作为内政部的注册病理学家，我必须向内政部报告。内政部会调查我吗？会让我去医学总会吗？如果发现医生有严重不当行为，医学总会可以剥夺他们的执业资格。

蒙受此种不公的可能性，让我不由得翻身坐起。人们根据糟糕的照片，指控我做出错误的判断。嘴唇上的伤痕和后肋骨愈合的裂缝可能是此前虐待的证据，但嘴唇和前肋骨的损伤都能用心肺复苏来解释，后肋骨根本没有任何裂缝。我肯定，埃莉肯定，放射科医生也肯定。我们在报告中说，虽然前肋骨的损伤可能是由复苏引起的，但我们不能排除是故意造成的。但是，当然，我们最终还是将婴儿猝死综合征作为死因。

我肯定不可能因为这样的事而被除名，对吗？

我终于能够睡着的时候，梦到的全都是奇怪的法庭和婴儿。第二天，昨晚的思绪仍然笼罩着我。尽管我没有直接考虑法庭审理的案子，但它依然支配着自己的一举一动。我内心充满恐惧，脑海里开始出现危机感。那天下午，我坐在办公桌前，被莫名的焦虑折磨着，不得不停下了手边的工作。我知道将会发生什么。最近我在亨格福德上空飞行时，它开始发作。在巴黎爆炸案之后，我学会了握紧拳头，用强大的意志力量使自己远离深渊，我几乎成功了。但现在，它就在我面前徐徐展开。

我闭上眼睛。它在等我。尸体堆得很高，腐烂和高温引发的恶臭，炸弹爆炸时正在跳舞的年轻人，船沉没后失去双手的年轻人，棺材里挖出的孩子，婴儿无助的幼小尸体证明了人类的不人道，烧焦的尸体，淹死的尸体，在铁轨上被切成两段的尸体。人类苦难的深渊。

我抬起头来，眨了眨眼，环顾了一下办公室。电脑、桌子、图片、文件、爱犬，一切正常。这又是一次快速的地狱之旅，就像癫痫发作一样突然且骇人。

不管怎样，我又回到了当下。我打算继续工作，向内政部报告法官对我在诺亚案中的评价。

不久后，内政部回复说，他们已经获悉此事，并且已经知道一段时间了。不过他们没有费心让我知道。参与此案的警官向他们报告了我的情况，他们决定把档案交给医学总会。他们说，我可能需要和律师讨论此事。

我当然和律师讨论了，她一再安慰，但我不放心。晚上，我的梦变得更加可怕。白天，我醒着的时候也在办公室里做噩梦。

终于，来了一封信。我用颤抖的手打开了它。我多么希望它告诉我，整件事被驳回，一切都结束了。

但来信的内容是，我正在接受医学总会的调查。因为我在诺亚的验尸报告上签了名，我的专业能力受到了质疑。

然后，所有的快乐都戛然而止。那些我没有称为惊恐发作的事？好吧，就连我也不得不承认那正是它们的本来面目。

我的整个工作生涯都在审查别人的案件。现在，**我自己**成了身涉其中的当事人，正在接受审查。医学总会本质上是一个私人法庭，会以自己的节奏进行闭门调查。它没有说解决问题需要多久，除了发布公告，没有其他沟通——而我必须在很短的时间内做出回应。

我知道医学总会正在悄悄地联系我的同事、验尸官、警察以及任何与我共事过的人，征求他们对我和我的能力的意见。

医学总会没有说明是否或何时可以将我的案件推进到下一个步骤，即提交给裁判庭审理。他们届时会通知我。

裁判庭，即医务人员裁判处，它独立于医学总会，负责判决医学总会向其提交的案件。裁判庭听取经宣誓的证据，允许出庭律师进行直接及交叉询问，并就医生是否适合执业作出裁断。实际上，这就是一个法庭。

所有这些都是因为另一位为家事法院工作的病理学家认为我犯了错误，漏掉了明显的伤害情况，并对诺亚给出了他认为不正确的死因。病理学是事实、经验和判断的结合。但裁判庭有权忽略这一点，并根据指控得出结论：我不值得信任，我无法确定一个孩子是如何死亡的，因此也无法确定其兄弟姐妹是否有危险。他们可以决定我应该被“除名”，也就是说，从被认为适合执业的医生名册上除名。

医学总会调查一开始，我就以不断令人感到警觉的频率，开始体验到越来越多的惊恐发作症状。一系列令人心惊甚至心碎的画面，完全占据了我的脑海。

我试着用一种超然的医学观点来看待这个问题。所以，当我有一天飞过亨格福德时，伏击开始了。它为什么会开始，为什么会停止？显然，医学总会的调查促使这种丑陋的症状强势回归。公开怀疑一个本不该犯错的人，是否打开了隐藏着恐惧的潘多拉魔盒？这些恐惧，现在已经彻底失控了吗？

没有答案。只有那些在最意想不到的时刻，突然出现在我脑海里的画面。我只是在琳达的饮料里加点冰，然后，突然回到巴厘岛，盯着在融化的冰袋下腐烂的年轻人的尸体。我完全不能打开办公室里堆积如山的文件。因为里面藏着照片，而我脑子里已经有太多的照片了。恐惧感使我无法自拔，我内心充满了不可战胜的恐惧。死亡的恶臭从未离开我。

这样的袭击抢走了我的睡眠，剥夺了我的快乐，用忧虑折磨我，让我充满了自我怀疑。我失去了休息的能力，很快我的阅读能力也丧失了。因为我不能决定要不要拿起一本书，打开它。我根本不能做任何决定。想喝杯茶吗？我不知道。我几乎不知道早上该不该起床，更不用说费心穿衣服了。未来？根本不存在。我以为我知道或关心的一切，都突然失去了意义。一天中的大部分时间，我都在努力尽量不眨眼，因为这会让我注意到那些盘旋在我身上、伺机绑架我心灵的画面，当我闭上眼睛时，它们很快就会扑过来。

一个炎热的夏日早晨，我的头脑被腐烂的身体碎片紧紧纠缠：肠子、海绵状的肝脏、停止跳动的心、断手，其中还有一只手戴着结婚戒指。我得把戒指撬下来看铭文，这样才能知道是谁的手。腐烂的恶臭使我喘不过气来。

我认为，死总比这样活着要好。

但是，要怎么做？

卧轨让人死得痛快，但很自私。突然出现在火车前面的自杀者，会给司机造成创伤，留下难以忘怀的混乱，永远折磨亲人。上吊可能行不通，或者因为不够麻利。有把枪就好了，但我怎么才能弄到手呢？把我的车开下悬崖似乎是个不错的选择。

不过，我得找一个合适的、可以接近的悬崖。但考虑到我几乎没有办法在不弄坏变速箱的情况下挂上二挡，这样做也很难。

我不知道自己在做什么，也不知道自己在说什么，只能看到脑海中的世界，而这是一个没有人想继续活下去的世界。我的一切行为让琳达大为警惕。我丝毫没有任何反抗，就被带到了急诊室，在那里，我被转介给了一个精神疾病治疗小组。神志清醒的高级病理学家理查德·谢泼德博士坐在那里，颤抖着，一位精神病科医生语调轻缓地让他分享所看到的图像。我试着描述，却一个字也说不出来。

诊断起来并不困难。我敢说每一个读这本书的人都已经诊断出，我患的是创伤后应激障碍。显然，只有我一个人没有意识到它的症状。

我的创伤后应激障碍不是由我解剖过的 2.3 万具尸体中的任何一具造成的。这并不是原因所在。也不是我参与善后的任何灾难造成的。它们都不是原因。从整体上说，这是由一辈子代表所有人——法院、亲属、公众、社会——亲自见证人类对人类实施的不人道行为造成的。

诊断的结果？

2016 年夏天，停止工作。

两种治疗方案：谈话治疗和药物治疗。

还有这本书。

我原计划在秋天回归验尸，却不知道如何再次出发。我不知道怎么能再把动脉切成小块，把大脑从头骨里捧出来，再检查一下面部的内部，抑或在一场灾难之后站在一个人满为患的停尸间中，一排排的死者在等着我检查。想了一次又一次，我作为法医病理学家的未来，似乎已经变得难以想象。

后来，事情有了变化，尽管发端极其微弱。我开始说话了。我记得多年前，珍和我一起坐在克拉珀姆的心理咨询室里，我的思想是游荡的，但我大部分时间都守口如瓶。现在，在一个安静的房间里，我和一个富有同情心的专业人士待在一起，我让自己的思想四处游荡——一开始只有一点点——然后告诉专业人士我的体验。这是一个危险的游戏，让我的头脑在它想去的地方溜达。因为只有上帝知道，如果我不牢牢控制它，会是什么后果。但由于有专业人员在场，我一周又一周地慢慢控制思想的释放。我发现，通过叙述自己的地狱之旅，症状发作的次数一点点变得越来越少。

最近有一天，我感觉好多了。医学总会仍然没有消息，我真的不知道何时已经夏去秋来，但是，突然，几乎和第一次在亨格福德的恐慌来得一样突然，我的急性焦虑解除了。随时都会从我身上滚落的巨石，突然停止不动。恐惧之重，曾让我的脚无法行走，让我的头脑无法思考，现在，它像一团放射云一样浮起来，轻轻地飘走了。

此前的生活乐趣，也许还只是一个暗示或一个幻影，但它们取代了恐惧。我知道这不会长久，只是片刻的正常，但现在这已足够。我想抓住这一刻，坐上飞机飞起来，感受起飞的刺激，超越渺小、平凡和日常。当然，在我夏天变得疯狂之后，我就被迫暂时交出了自己的飞行员执照。

我突然出现在琳达面前，她当时正在桌旁办公，为一个马上就要开庭的虐待儿童案件微微皱着眉头。

“我们去散散步吧！”我喊道。可能声音太大了。她奇怪地看着我，但立即停止了打字。

于是，我们把那条老狗和那条小狗放进车里，在我看来，秋天的阳光比整个夏天的都强烈得多。乡村的美景使我吃惊，仿佛我以前从未出过城一般。我们抵达一处荒野，树叶金黄，沙沙作响，像极了点亮在山坡上的路灯。小狗兴奋地绕着圈子跑来跑去，汪汪叫着，那条老狗也撒开了欢。世界是可爱的，身着华服，好像是为了参加某个派对。整个夏天，它都如此美好，而我未曾留意或欣赏。

琳达说：“你看起来……”

“好多了？”

她点了点头，我看到她的脸一动不动，却改变了，仿佛所有细胞根据某种秘密法则，非常微妙地改变了位置。现在，她甚至不必笑就显得很开心了。对于那些不得不目睹创伤后应激障碍的人来说，这一切是多么困难。

我试着去吸纳山坡、树叶、爱犬、琳达和世界的美丽，像男人畅饮啤酒那样尽情享受，在黑暗再次降临之前，我尽力吸纳一切。因为我知道这是必需的。不幸的是，“治愈”并不属于创伤后应激障碍的词汇表。但是，瞥见一个没有疾病的世界——它一定持续了两三个小时——足以让我渴望更多，给我力量去追求更多。下一次，回归正常的暗示将持续更长时间。最终，一次可以持续一整天。渐渐地，这个色彩斑斓的世界，就像一个拼图，在我周围开始重塑。

当然，过去会（现在依然会）出现故态复返的情况。如果琳达想喝一杯，她一定要自己把冰块放进去。律师反馈的关于医学总会调查的任何信息，即使她只是说没有消息，也让我一天无法行动，就好像被推倒在地一般。在办公室里，我仍然需要尽可能避免触及某些文件，里面有一些我见不得的图片。就连这本我断断续续地写了一两年的书，最后也被放在一边，其中的某些章节我宁愿暂时不去重读。但这个夏天的经历告诉我，我想完成它，我不希望自己一辈子从事的法医病理学工作成为公众眼中的幽灵，成为一个可怕的秘密。因为讨论文明社会需要文明人去做的事情，会使我们所有人变得更加健康。

接下来的某一天，电话响了，是我的律师打来的。她还没有正式收到回函，但有人告诉她信正在路上。对我不利的案子已经撤销了。这件事颇为突然，未经协商，也没有解释，如它开始时那样，甚至都没有被送到裁判庭。

我不能说这是真正值得开香槟庆祝的时刻。我为此跋涉了太久，太痛苦了。但我的确如释重负。世界看起来更清晰，更锐利，好像有人重新调整了我的镜片。有几分钟，我不知道该做何感想。无论有没有医学总会的调查，我的心已经裂开了一道伤痕，它永远都会在那里。

当我告诉琳达这个好消息时，她脸上的宽慰和幸福又映照在我的脸上，我开始感受到她的快乐，也许还有一点我自己的快乐。这么多年的执业生涯，不会以一连串不公正的指控而告终。我可以继续，如果我想的话。

回去工作真是太可怕了。我定了重新开工的日期，但随着日期的临近，我觉得自己其实无法做到。心理学家提醒我，我一直在学习如何管理糟糕的记忆。她是对的。我可以把记忆拿出来，想看就看，不想看就放回抽屉里。这些记忆挥之不去，但可管可控。我可以回去工作。

第一天走进停尸间的时候，曾有片刻，我闻到了这个地方的味道，门在我身后关上，我失去了动力。

我停了下来。

我进退两难。进去是无法忍受的，逃跑是无法想象的。我徘徊不定，头脑一片模糊。就在那一刻，警察来了。

“你好，医生，很高兴再次见到你，你好吗？”

我现在不能回头了，但也不必再往前走了，我们要在这里互相问候和交谈。我一动没动。

那是一位我认识并喜欢的警探。他说：“今天有一个很奇怪的案子给你，期待看看你能发现什么。”

一个很奇怪的案子，嗯？一定是那些话在推我前进。五分钟后，我坐在沙发上，一手拿着一杯热茶，一手拿着一块饼干。

警探翻阅着他的笔记。

“死者已经五十多岁了，当时已经完全喝醉了，坦白说，还有些难搞。她的女婿借了一些钱，然后把她的女儿甩了，也没有还过钱，所以，有一天，这位女士喝了几杯，决定去女婿家和他对质。当时两人大吵大闹。女婿说自己轻轻地把她推开了，但她当时因为喝醉，所以摔倒了。这位女士也说女婿推了自己。不管怎样，她最终死了。”

这听起来一点也不奇怪。在我的世界里，稀松平常。

“女婿推了她吗？”我问。

“我们认为他推了。虽然刚开始嫌疑人的新女友说他没有，她是唯一的证人。”

但现在还没什么奇怪的。

当尸体在冰柜里进进出出的时候，我能听到冰柜门的叮当声。我咽了咽口水。这声音让人想起了许多灾难、许多尸体。我试着把注意力集中在这位警探身上。

“在你看来，医生，问题是：如果他把死者推倒在地，这是杀死她的原因吗？”

“那她摔倒后多久死的？”

“过了好几天。她当时躺在地上，站不起来。他叫了救护车。院方告诉她骨盆骨折了，对此他们不能做什么。继续吃止痛药。这是正常的治疗方法。事实上，她对急诊室的工作人员大喊大叫，骂骂咧咧的，他们没法足够快地摆脱她……”

这会变成医疗过失案吗？我喝了一口茶。事情开始变得有趣了。

“她搬去和女儿住在一起，在那里，她喝了很多自己最喜欢的烈酒，但依然感觉很痛苦，再多的酒和止痛药也帮不了她。最终，几天后，女儿叫来了救护车。这次是不同的医院。这次，医院方面说她骨盆有五处骨折，而非一处，需要住院治疗。但她喘不过气来，骨科小组认为她应该去住内科病房，因为她的哮喘实在太严重了。”

“医疗小组同意了吗？他们真傻。所以，死者患有哮喘，酗酒，骨盆严重骨折？”

“实际上，我认为她还患有癫痫。”警探把住院记录递给我，我看了看档案，上面写着：骨质疏松症、哮喘、酗酒、癫痫……

“哦，还有糖尿病。”我说。

“这位女士早就是在等死了，”其中一名警官说，“她听起来像一本医学词典。”

警探的反应很快：“但那并不意味着她是自然死亡的。”

“的确如此，”我认同，“那么，接下来发生了什么？”

“嗯，在内科病房，他们注意到这位女士伴有剧烈的咳嗽，于是开始着手治疗她的哮喘和胸部感染。她咳嗽不止，然后晕倒。大约五天后，她又出现了一次剧烈的咳嗽。只是这次她彻底垮了，一命呜呼。”

“院方是怎么做的？”

“当然是心肺复苏。他们以为这是……呃……嗯……嗯……”

我说：“肺栓塞？骨盆骨折，她躺在床上好几天了，这是显而易见的诊断。”

“对，就是这个。不管怎样，他们还给病人用了一些东西来……”

“来溶解血块。”

对此我很抱歉。这当然是正确的做法，但并没有救回病人的命，也无法帮助病理学家。因为，如果我本来能找到一处血栓，现在也早就溶解了。

“我们一直在等她好起来，可以讨论对女婿的重伤罪指控，当我们打电话问医院是否可以进行询问时，护士说：‘哦，我们忘了告诉你，她已经死了。’所以，突然间，罪名不再是重伤，而是非预谋杀人。”

我此时已经喝完了茶。现在，这个案例变得非常奇怪了。我刚刚被告知了五种可能的死因，但死因可能是完全不同的事。只有现在正等着我们的尸体，能告诉我们她为什么死了。我站了起来。我对这个谜团很是好奇。

“好吧，我们去看看她。”

在通往验尸房的路上，我对警探说：“虽然这是你负责的工作，不是我的，但你没有足够证据能证明女婿推倒了她。如果她喝醉了，她甚至可能在到他家之前就摔倒受伤了。”

“事实上，我们已经找到了嫌疑人的新任女友。她和他分手了。现在她改变了自己的说法，说曾看到他把那位女士推倒在地，使劲推她。”

好吧，证人180度大转变，不会给任何陪审团留下好印象。

“而且，”他补充说，“我们找到了死者去女婿家之前大约五分钟的闭路电视录像，当时她走路没有问题。所以，如果我们要起诉，真正需要的是你的证据，医生。”

我会寻找证据。但我始终意识到根据非预谋杀人罪的指控，被告人有可能被判入狱。在我向警方陈述之前，必须确信自己的观点是绝对正确的。

这位女士年仅 56 岁，看上去却足有 96 岁。

“你确定她的年龄是对的吗？”我问。

警察点点头。

我检查了死者臃肿的身体外部。上面布满了擦伤和瘢痕，酗酒者的身体经常如此。每一处伤痕都必须被测量和描述。我做了笔记，让摄影师忙个不停。

“你在相机上设置了什么质量的图像？”我问他。

他看着我，惊讶地说：“最低的，医生。”

这话引起了我的注意。“为什么是最低的——你当然想要尽可能高质量的图像？”

“是的，”他说，“但警方的计算机系统不能处理大文件，所以我们必须使用低质量的文件类型。”

就算无法解决这种被迫接受不精确的情况，我也听不到他声音中明显的苦恼。在他看来，这是一个简单而合理的结论，因为计算机系统很差。他拍的照片被用来给数千人定罪，这一点似乎并不重要，而这差点结束了我的职业生涯。我只能叹了口气。还能做什么呢？

是时候切开第一个切口。我站在病人右侧，手里拿着 PM40 手术刀。距离上次我站在一具赤身裸体的尸体旁边，感觉像是过去了好多年。我真的想这么做吗？把更多糟糕的记忆储存在我脑海里那本恐怖的剪贴簿里，任它随时毫无征兆地打开？

我逐渐打开死者的身体，用独特的切口进入腹腔。之所以独特，是因为我发明了它，我们可以称其为谢泼德切口。我没有沿着中线切开肌肉，而是沿着肋骨底部和腹部两侧切开。然后我把腹壁的肌肉折起来，就像打开盒子的盖子一样。整个过程整洁、有效。我发现，在骨折的骨盆周围，肌肉和组织中积存大量的血液。

“看起来很有希望！”警探高兴地说。

“她肯定有出血。”我同意他的看法，把血清除干净，然后看了看在胸腔和腹腔里的身体器官，“但没有一处是最近才造成的。”

我盯着面前的尸体，挖出器官，戳了戳，死者的生活路线图就摆在我面前。

“那是她的肝脏吗？”一名警官指着她腹部上方的一个灰色小器官问道。即使是一个外行也能看出，它在很久以前便已不是一个健康的器官了。“看起来像只死鹦鹉。”

“你不需要腌制它，医生，她已经为你腌制过了。”另一个警官说。

警探在摇头。他说：“医生，请不要告诉我是她的肝脏杀死了她。”

我说道：“我同意，它看起来很糟糕，但只有在显微镜下观察后，才会知道到底有多糟糕……她的肺也不太好，肺气肿很严重。”

死者或者在一条十分繁忙的主路旁度过了一生，或者在一家肮脏的工厂工作，或者她吸了很多烟。她的肺很黑，有些地方特别黑，而且有很多大洞。

“我不想听到她是因为哮喘去世的，”警探沮丧地说，“如果你说她也有心脏病，我会哭的。”

“她很可能有这个问题。我得把她的心脏掏出来好好看看。”

“医生，别给我自然死因。我真的很想逮捕他。这位女士可能只有 56 岁，但她看起来很老很虚弱，而她的女婿是个大块头，并用力推搡她，她的骨盆摔断了 5 处，然后就死了。他不应该逍遥法外。”

我说：“她的家人可能会对第一家医院提起诉讼，因为在骨盆骨折 5 处的情况下，仅仅让她服用了对乙酰氨基酚就打发了。当然，除非她后来去女儿家时，又摔断了 4 处……”

“女儿没有那么说，但我们会检查第一家医院的 X 光片。”警探说，并做了一个记录。“不过，我对针对医院的诉讼并不感兴趣。她一开始骨折，是因为女婿推了她。”

“她怎么会死于骨盆骨折呢？”另一位警官问道。

“骨盆骨折的间接死亡原因可能是肺栓塞：她躺在病床上好几天了，这意味着腿部很容易形成血栓，并通过血管进入肺部。不幸的是，医院在复苏过程中给她开了药，帮助分解血块，所以我不太可能找到血栓——如果它曾经存在过的话。”

“哦，上帝，”警探叫道，“我们需要证据。”

“嗯，骨折后死亡的另一个常见原因，是另一种叫作脂肪栓塞的栓塞现象。我们还不知道这究竟是怎么发生的。也许骨折处骨髓中的脂肪，通过受损的血管进入肺部。一旦抵达那里，就可以通过肺到达心脏、肾脏、大脑……这通常是致命的。奇怪的是，从创伤到死亡，大约需要一周左右的时间。”

“啊！”警探的脸上露出了喜色。“你什么时候才能知道她有没有这种栓塞？”

“她可能在某种程度上得了栓塞，很多人在骨折后，经历过各种事情之后，都会出现类似的情况。这只是一个程度问题……我需要知道她有多少脂肪栓塞，如果这个数字有意义，我才能说这是死亡的原因。”

“你什么时候能知道，医生？”

“大概一周吧，但我们还是要等毒理学检验结果。”

警探看着我。他说：“我告诉过你这是个奇怪的案子。”

我对他笑了笑。“是的，”我同意，“是这样的。”

我仔细考虑了这个案子。但不是在验尸第二天。因为我刚拿回自己的飞行员执照，现在就要驾机起飞。独自一人，我被虚空托起，无挂无碍，目睹了一场惊艳的盛宴，那就是在飞机下面展开的英国乡村景致，在远处，是深蓝色的大海。飞机腾空而起。我翱翔天际。我的思绪像天空、像大海一样纯净。

大约一周后，我在另一场验尸中遇见了同一个侦探。又一个奇怪的案子。

一个男人从酒吧出来后，被发现死在河里。死者家人确信，他被一名袭击者击昏，然后被扔进水里。

“怎么样？”解剖台对面的侦探说，“找到那个被推倒的女士的死因了吗？”

我正盯着河里的那个人。我对他的死亡有一个想法。

“我一直为此而苦恼。那位女士的案件真是复杂。我确实在死者的肺部和脑部中发现了一些脂肪栓塞，但根据研究，还不足以百分之百确定它们是致命的。”

警察抱怨了一声。

“我要把骨盆骨折导致的出血和脂肪栓塞作为死因。第二部分——相关的发现——我将把肝硬化、糖尿病等作为潜在的原因。”

他看了我一眼。“所以！是骨折！”

“我给出的是我对死因的看法。其他人可能不同意，最终将由皇家检控署决定是否起诉。我认为他们应该起诉。但是，想想现在皇家检控署……”我翻了翻白眼。“当然，最后还是要由陪审团来决定是否排除合理怀疑。”

“如果他没被起诉，陪审团就无法决定。谢了，医生。我告诉你，我要以非预谋杀人罪逮捕那个女婿。”

“只有在能够胜诉的情况下，皇家检控署才会让你那么做，显然，现在他们还无法决定嫌疑人是否该被起诉。”

“他们遇到了什么障碍？”

“他们希望我更强调骨盆骨折。”

他紧紧地盯着我。“好吧，你会吗，医生？”

我隔着溺毙的尸体盯着他。“我已经尽我的良心所能了。”

“但是……”

“我给出的死因说明了一切。她死于骨盆骨折的并发症，但她已经是一个患有多种慢性病的病人。找到受害者，你就需要照顾他们，对吧？如果皇家检控署的某个助手不明白我写了什么——我想他们也不明白——如果他们直截了当地拒绝了我当面向他们解释我的发现和理由的请求，我还能做什么呢？”

“医生——”

“我尽量公平。保持公平，这是我的工作。”

在这种时候，警探们会对病理学家感到非常恼火，所以我把注意力集中在我面前的尸体上。我怀疑这属于那些解小便时不慎死亡的案例。我们知道醉汉会变得步履蹒跚，摇摇晃晃。这通常不会有太大问题，哪怕在他们小便的时候，尽管确实会造成盥洗室内脏乱不堪。然而，如果醉汉在回家的路上停下来到河边或湖边解手，摇摇晃晃就会成为一个问题。然后，如果摇晃得太厉害，情况就会突然变得十分危险：喝得酩酊大醉，然后浸泡在冷水中。

我仔细检查了这名男子的尸体，看是否存在死者家人确信其遭人击打的痕迹。只找到一些轻微的瘀伤……有几处裂伤，看起来好像是在河里造成的。最重要的发现是：前裆纽扣被解开，阴茎暴露出来。当检查他的骨盆时，我确信自己能找到一个充满的膀胱。他的嘴和鼻子里渗出很多泡沫，这是典型的溺水迹象。所以，他下水时还活着，然后……我太专注了，差点忘了那个愤怒的警探。

“医生……？”

我抬头看了他一眼。

“我真的很佩服你。”

我使劲眨了眨眼。以前没有，从来没有警察对我说过这样的话。

“这些年你做了大多数人想都不敢想的工作。你仍然对此深深着迷，我通过观察你的工作就能发现这点。有个白痴死了，可能是因为在撒尿时摔倒了。那位女士是个无可救药的酒鬼，无论如何都快死了。你仍然关心他们。不管怎样，你真的在乎要对他们公平。”

在我们身后，停尸间里叮当作响，推车载着尸体四处走动。附近，在灯光柔和、粉刷一新的遗属休息室里，有人在大声哭泣。一群警察围着我们，等待着，看着我手里的手术刀。我看着面前的尸体。超重，秃顶，手指皱白，皮肤有些滑脱，尸体开始分解，他的运气十分糟糕。他是我的同胞。

我试着轻松、随意地回应警探的话，大概想说 40 年后我仍然喜欢解谜之类的。但我说不出口。因为我知道刚才那位警探说得没错。我真的在乎。我现在仍然在乎。

致谢

我非常幸运地把自己的职业生涯花在了一个从我知道它存在的那一刻起就让我着迷的行业上。当我回首四十多年短暂的执业生涯时，我才意识到，家人、朋友和同事在其中扮演了多么重要的角色。我记得他们所有人，但是，因为人数太多无法一一列出，在这里，只能感谢其中的一些人。鲁弗斯·克朗普顿医生和比尔·罗伯逊教授，他们专门为我在圣乔治医院研习法医病理学设立了一个职位，并为我指明了前进的道路。

我为许多验尸官工作过，其中包括保罗·克纳普曼、约翰·伯顿、戴维·保罗、埃莉森·汤普森、迈克尔·伯吉斯，他们曾帮助我理解、抚慰诸多遭受重创的家庭。

我在盖伊医院的同事有伊恩·韦斯特医生、韦斯娜·久罗维奇医生和伊恩·希尔医生。当然，还有圣乔治医院法医学部门同人：罗伯特·查普曼医生、玛格丽特·斯塔克医生和德比·罗杰斯博士，还有不知疲倦的里安农·莱恩和永远开朗的凯西·佩勒。

不能忘记全英各地停尸间的工作人员，他们高超的技艺很少得到认可和赞扬，感谢他们的友谊、支持，当然还有无数杯茶！我在国内外的各种法院都工作过，法院的工作人员总是彬彬有礼，乐于助人。我必须特别提及伦敦中央刑事法院的工作人员，在花费大量时间等待出庭做证的过程中，我和其中一些人变得非常熟悉了。我也一直很感激偶尔有某位好斗的出庭律师将我抨击得体无完肤时，他们给予我的愉快微笑和鼓励话语。感谢与我共事过的许多警察朋友，特别是史蒂夫·格威廉，他是一位出色的同事，我们早年在专业上共同成长。正是他教会了我驾驶飞机，为我开启了一个全新的世界。感念许多事务律师、出庭律师和法官，和他们一起工作是一种乐趣。当然，还有我的家人。首先感谢珍在我事业发展过程中对我的支持，在我们一起走过的那段岁月里，她凭借决心将自己的医学事业带入了此前未曾料想的广阔领域。我为我们的孩子克里斯和安娜，以及我的孙辈奥斯汀和艾奥娜感到无比自豪。琳达，我了不起的妻子，我生命中的恒定点，她让我脚踏实地，教会我爱护我们的花园。没有她的爱和支持，有时我根本不可能坚持下去。当然，我十分高兴她还为我带来了三位新成员——雷切尔、萨拉和莉迪娅。感谢你们，感谢我的家人，感谢你们为阻止我变老以及稍微有些傲慢而付出的艰辛努力。

感谢马克·卢卡斯、罗兰·怀特及其优秀团队的耐心和支持，尤其是迈克尔·约瑟夫出版社的阿里尔·帕基尔，是他保驾护航，确保你手中这本自传成功付梓出版，在此向他们表达衷心感谢。

最后，感谢我的杰克罗素梗阿奇和伯蒂，以及它们的前任，你们是我永远的伙伴、私人教练以及无限宽容的知己。

译后记*

用生命，感受死亡的余温

2019年10月23日凌晨，英国警方在伦敦以东的埃塞克斯郡某工业园内发现一辆集装箱卡车，内有总共39具疑似偷渡者的遗体（其中包括一名未成年人）。这群亚裔死难者的身份识别，成为伦敦警方的第一要务。事实上，无论是亨格福德大屠杀、巴厘岛爆炸案、伦敦七七爆炸案、克拉珀姆交会站惨案、哈罗德·希普曼连环谋杀案、侯爵夫人号沉没案、“9·11”事件与戴安娜王妃车祸遇难案，还是本书提到的其他非正常死亡事件，相关调查的发端，均是法医病理学家等专业人士从事现场物证识别鉴定。

法医，即便不考虑其与中国古代社会的仵作之间的“源流关系”，但身处“贱籍”的“高级技工角色”，使其似乎“只要

* 译者在伦敦希思罗机场偶得本书英文版，在回国的航班上将其一口气读完。随后，在版权不明的情况下将本书译完，其间得到了吉林省长春市公安局张丰凯法医、毒物检验实验室陈洁师妹的慨然帮助，特此感谢。此外，本书付梓，还需要感谢企鹅兰登公司的徐畅女士，以及译林出版社的王笑红、潘梦琦老师。

能找出足够的证据，完成科学的证明也就完成了使命”[1]。在英国，这一点体现得尤为明显。20 世纪 80 年代，英国法医病理学界发生了重大变化，各大学附属医院以法医缺乏相关科学研究，无法在知名学术期刊上发表论文为由，接二连三关闭法医病理学科系，其中很多科系历史非常悠久。偶有幸存者，也被迫推行“私营化”，自收自支。除此之外，法医病理学家还需要应对验尸过程、庭审诘问、媒体质疑、遗属责难、家人抱怨等导致的巨大心理压力。其生存状态，岂是“恶劣”二字能够形容？

作为英国当代著名法医病理学家，本书作者理查德·谢泼德医生为我们近距离描述了一个又一个耳熟能详的惊天大案中某些至为关键，又至为黑暗的验尸现场。但让人印象深刻的，不是书中“血腥刺激”的细节，而是一个普通人用真实的生命感受死亡余温的心路历程。

死亡是一个过程，身体的不同器官，根据各自内部细胞的新陈代谢速度，以不同的速度走向终结。而且，从科学角度来说，死亡是一个有温度的过程。虽然并不绝对准确，但尸体温度正是法医病理学家确定死亡时间的指标之一。

作者的幼年偶像、传奇法医病理学家基思·辛普森教授，曾搭乘蒸汽列车奔赴现场，然后利用自己掌握的医学技能，帮

1 马翀炜、吴坚：《法医人类学的文化视阈拓展》，《广西民族大学学报（哲学社会科学版）》2019 年第 3 期，第 130 页。

助警探重建杀人过程，侦破悬案，解救无辜，出庭雄辩，让犯罪分子得到应有惩罚。作者经过多年努力，进入了偶像曾经供职的盖伊医院，成为一名法医病理学家。尽管作者也无奈地承认，案件真相存在极大的弹性或张力，但他并未因此放弃理想，“依然一厢情愿地认为，总能想办法找到一条在所有人看来都明确无误的道德路径”。

追求理想，让作者付出了极大代价。无论是死者父亲的责难，还是为了鉴定溺水者尸体的指纹，背负切断罹难者双手的舆论唾弃，抑或是为了工作封闭内心，无法好好经营婚姻生活，这些都让作者痛感挫败。

谢泼德医生和他的故事，或许已湮灭在科技浪潮中。曾几何时，他和同事还在周五办公室例行聚餐时，争论 DNA 检测是否代表着未来，是否会成为比指纹识别更好的鉴识手段。而现在，在法医物证 DNA 分型、死亡时间推断、个体特征刻画、年龄和性别推断、毒物目标化合物筛选与检测峰判读以及影像图像与病理学切片诊断方面，人工智能的加入，让新科技在法医工作中的作用发展到了全新阶段。例如，法医昆虫学结合人工智能，利用两种人工神经网络的方法，分析尸体上丝光绿蝇幼虫烃类化学物质的 GC–MS 谱，估计绿蝇的生活阶段，进而得到准确度高达 80% ～ 87% 的鉴定结果。[1]

---

1 刘志勇、张更谦、严江伟：《人工智能在法医学中的应用与展望》，《刑事技术》2019 年第 5 期，第 384 页。

也正是在冰冷的科技面前，谢泼德医生及其代表的传统法医精神，才更加弥足珍贵。我们更加喜欢，或者说更加钦佩那位在自家厨房里做实验，希望能“汇编出有关刀伤的轨迹、角度及刀柄瘀伤方面真正全面的分析”的年轻病理学家。让人略感欣慰的是，时至今日，作者在刀伤痕迹方面的专长与兴趣，并未如他担心的那样已经过时，“沦为一无是处”。[1]

法医病理学家被很多人视为“散发着万圣节般恐怖光芒的死亡使者”，在本书中，作者对这个行业与自己的工作和生活进行了最为真实的“解剖”。他让我们明白，死亡不可避免，因此更应珍视生活中的微小幸福。

李立丰

---

1 针对刀伤鉴定，包括中国在内的各国法医依然坚持传统的鉴定方式，参见张惟、薛瑞、黄志平、刘钊：《命案作案人刻画方法初探》，《刑事技术》2019 年第 4 期，第 363 页。